日本のビジネスシステム

その原理と革新

加護野忠男《Kagono Tadao》・山田幸三《Yamada Kozo》 編

有斐閣

はしがき

企業は、新しい商品やサービスの開発をめぐって苛烈な競争を繰り広げている。商品やサービスのレベルでの差別化競争はわかりやすく、顧客へのアピールが容易だという利点もあって日常の話題になりやすい。このレベルの差別化競争に打ち勝てば、企業にとってシンボリックな成功物語となるだろう。ただ、商品やサービスのレベルでの差別化には、それを長く維持するのが難しいという弱点がある。いったん差別化に成功しても、それを模倣しようとする企業やそれを上回る新しい差別化製品を開発する企業が、また現れてくるからだ。

ところが、こうした商品やサービスでの差別化競争の背後で、企業は、それらと異なるレベルで持続的な競争優位を確立しようと、顧客や競争相手には見えにくいが、きわめて深い意味のある差別化競争を繰り広げている。それが、原材料や部品の調達から、生産、販売、そして流通とアフターサービスに至る事業の仕組み、すなわち、顧客に製品やサービスを届けるまでのビジネスシステムの競争である。

日本の産業社会では、これまでも新しいビジネスシステムがつくり出されてきた。この顧客との接点に至るまでの仕組みづくりで主導権を握った企業は、着実に成果を上げている。実際、多くの新興企業が、ビジネスシステムの競争に打ち勝つことで優位を占めるに至った。中小規模の新興企業は、大企業に対抗してニッチと呼ばれる市場のすき間を積極的に狙うことが多い。その小さなすき間には、大きく育って新しい市場の創造につながる可能性があるため、最初は規模の小さなビジネスであっても、先発者の利益を狙って市場のすき間で事業を営んでいれば、市場の成長とともに大きな発展を遂げられるのである。

たとえば、宅配便事業は、個人顧客を対象に「翌日配送」と「地域別均一料金」をパッケージにしてハブ・アンド・スポークのシステムをつくり出した。はじめは小口の非商業貨物運送で、大きな商業貨物運送市場のなかの小さなすき間にすぎなかったが、普及と成長にともなって参入する事業者が増え、市場は急速に成長して事業規模も大きくなった。

逆に、旧来のビジネスシステムで戦っている企業は、それが業界の中枢を占めてきた歴史をもつ大規模な企業であっても苦戦を強いられている。こうした競争構造の大きな変化は、目立たず、ビジネスの第一線にいる人々でさえも気づきにくいが、革命的といってもよいほどの変化である。すなわち、「静かな革命」と呼びうる変化なのである。

これは、日本の産業社会だけの現象ではない。アメリカでも、自動車産業は、販売とアフターサービスのディーラー網をつくることで発展し、清涼飲料産業は、輸送コストの大きい最終製品の製造を地域ごとのボトラーに委託して自らは原液生産に特化するという分業体制の構築によって全国市場の開拓に成功した。さまざまな産業は、独自のビジネスシステムを生み出すことによって発展してきた。

そして、現代社会の生活の利便性も、新しいビジネスシステムの構築によって大きく高まった。それは、携帯電話、宅配便、コンビニエンス・ストア、通信販売、引っ越しサービス、ビデオレンタル、惣菜や弁当などの中食《なかしょく》ビジネスを思い起こせば実感できるだろう。

また近年は、情報技術の著しい発達を背景として、企業の盛衰に大きな影響を与えるビジネスシステムの競争が始まっている。たしかに情報技術の発達は、ビジネスシステムの構築に対して大きなインパクトをもつ。だが、情報技術は、ビジネスシステムを構築するための一つの要素にすぎない。新しい情報技術の活用が大切なのではなく、顧客にとっての価値を創造し、できるだけ安い価格で提供できるビジネスシステムをつくり出すことが問われているのである。大切なことは、ビジネスシステムを組み上げる技術ではなく、いかにビジネスシステムをつくるかという設計思想である。

このようなビジネスシステムの設計に関しては、日本の伝統的な産業のビジネスシステムから学べることも多い。日本の伝統産業には、最終顧客に価値を届けるための組織間ならびに諸個人の協働と競争のルールの集合体（制度や慣行）としてのビジネスシステムがある。産業固有の問題に対応するため、産業が必要とする人材を育成し、それらの人々を真剣に仕事へ取り組ませる制度と慣行をつくり出してきたのである。その制度や慣行は、長きにわたって一つの産業を生き残らせてきた頑健さをもち、その頑健さの背後には伝統産業を支えてきた人々の叡智が凝縮されている。

日本企業は今、少子高齢化の急速な進行という社会構造の大きな変化とグローバルなレベルでの厳しい競争に直面しており、サスティナビリティ（持続可能性）をキーワードにした新たな価値の創造と、組織変革や人材育成の仕組みの改革を求められている。そうした価値の創造や組織・制度の変革は、外国のモデルをそのまま移植すればうまくいくという単純な話ではない。

本書は、日本の産業社会が生み出し育んできたビジネスシステムを、日本企業の再生と成長を支えたシステム、伝統産業の長寿を支えたシステム、新しい設計思想をもった先駆的なシステム、という三つのカテゴリーの多様な事例に基づいて俯瞰し、日本のビジネスシステムの原理がどのようなものであり、その革新性はいかなるものなのかを探索的に研究した成果である。

真の企業競争力の源泉を再認識して、二一世紀を生き抜いていこうとする日本企業の戦略、グローバル化、組織変革と人材育成に寄与することが、本書のささやかな目的であり、ビジネスの最前線で課題に向き合うビジネスパーソンが、本書の議論から何らかの手がかりを得られるなら、執筆者にとってこれに勝る喜びはない。

最後に、出版事情のたいへん厳しい折り、本書の企画段階から公刊に至るまで、有斐閣書籍編集第二部の尾崎大輔氏と得地道代氏にはたいへんご尽力していただいた。とくに、得地さんには公刊プロセスで非常にきめ細かなご支援をいただいた。執筆者を代表して厚くお礼申し上げる。

二〇一六年一〇月

執筆者を代表して

加護野　忠男

山田　幸三

目次

第2部　地場産業・伝統産業のビジネスシステム

執筆者紹介（執筆順）

加護野 忠男（かごの・ただお）　甲南大学特別客員教授、神戸大学名誉教授　編者、序章・第1章・終章
主要著作　『経営はだれのものか』（日本経済新聞出版社、二〇一四年）、『経営の精神』（生産性出版、二〇一〇年）、『組織認識論』（千倉書房、一九八八年）

山田 幸三（やまだ・こうぞう）　上智大学経済学部教授　編者、序章・第9章・終章
主要著作　『伝統産地の経営学』（有斐閣、二〇一三年）、『新事業開発の戦略と組織』（白桃書房、二〇〇〇年）

吉村 典久（よしむら・のりひさ）　和歌山大学経済学部教授　第1章・第10章
主要著作　『会社を支配するのは誰か』（講談社、二〇一二年）、『日本の企業統治』（NTT出版、二〇〇七年）

真鍋 誠司（まなべ・せいじ）　横浜国立大学大学院国際社会科学研究院教授　第2章
主要著作　『オープン化戦略』（共編著、有斐閣、近刊）、「R&D関連部門の物理的近接による逆機能の発生メカニズム」（『組織科学』第四五巻第三号、二〇一二年）

石井 真一（いしい・しんいち）　大阪市立大学大学院経営学研究科教授　第3章
主要著作　『国際協働のマネジメント』（千倉書房、二〇一三年）、『日本企業の国際合弁行動』（千倉書房、二〇〇九年）

伊藤 博之（いとう・ひろゆき）　滋賀大学経済学部教授　第4章
主要著作　『アメリカン・カンパニー』（白桃書房、二〇〇九年）、『組織能力を活かす経営』（共著、中央経済社、二〇〇四年）

岡本 博公（おかもと・ひろきみ）　高知工科大学経済・マネジメント学群教授　第5章
主要著作　『現代企業の生・販統合』（新評論、一九九五年）、『現代鉄鋼企業の類型分析』（ミネルヴァ書房、一九八四年）

加藤 厚海（かとう・あつみ）　広島大学大学院社会科学研究科マネジメント専攻教授　**第6章**
主要著作　『需要変動と産業集積の力学』（白桃書房、二〇〇九年）、「産業集積における仲間型取引ネットワークの機能と形成プロセス」（『組織科学』第三九巻第四号、二〇〇六年）

曽根 秀一（そね・ひでかず）　静岡文化芸術大学文化政策学部専任講師　**第7章**
主要著作　『日本のファミリービジネス』（共著、中央経済社、二〇一六年）、「老舗企業の継承に伴う企業家精神の発露」（『日本ベンチャー学会誌』第二二号、二〇一三年）

柴田 淳郎（しばた・あつろう）　滋賀大学経済学部准教授　**第8章**
主要著作　「日本型スピンオフ戦略の形成プロセスと論理」（『日本経営学会誌』第二二号、二〇〇八年）、「陶磁器産業における会社制度に関する研究」（神戸大学大学院経営学研究科博士論文、二〇〇六年）

栗木 契（くりき・けい）　神戸大学大学院経営学研究科教授　**第11章**
主要著作　『マーケティング・コンセプトを問い直す』（有斐閣、二〇一二年）、『マーケティング・リフレーミング』（共編、有斐閣、二〇一二年）

井上 達彦（いのうえ・たつひこ）　早稲田大学商学学術院教授　**第12章**
主要著作　『ブラックスワンの経営学』（日経BP社、二〇一四年）、『模倣の経営学』（日経BP社、二〇一二年）

稲葉 祐之（いなば・ゆうし）　国際基督教大学教養学部上級准教授　**第13章**
主要著作　*Japan's New Local Industry Creation*（Alternative Views, 2009）、『キャリアで語る経営組織』（共著、有斐閣、二〇一〇年）

序章 ビジネスシステムの視点

加護野忠男・山田幸三

1 はじめに

ビジネスシステムとは、企業内ならびに企業間の協働の制度的枠組みという「ビジネスの仕組み」を指す。歴史的にみると、日本企業はその存続や成長のプロセスで、業界特有のビジネスシステムをつくり出してきた。さらに、近年の情報技術の発展は目覚ましく、次々と新しいビジネスシステムがつくり出されている。この仕組みづくりで主導権を握っている企業は勢いがあり、着実に成果を上げている。逆に、旧来の事業の仕組みで戦っている企業の多くは、苦戦を強いられている。競争構造の非常に大きな変化が起こっているといってよい。

だが、革命的といってよいほどの変化であるにもかかわらず、製品やサービスと違って、その背後に隠れているビジネスシステムとその競争は目立たない。顧客にみえるのは製品やサービスであって、その背後にある仕組みではない。新商品を手にとってみることはできるが、それがどのようなビジネスシステムでつくられ、店頭に届けられたのかはわからないことが多い。競争相手にもみえにくいため、仕組みの重要性とその競争の深刻な意味は、多くのビジネスパーソンが気づかないうちに変わってしまうのも珍しくない。

ビジネスの世界で新製品や新サービスの開発を通じた激烈な競争が主流なのは変わらない。だが、その背後で、企業の競争優位を持続して確立するのに、目立たないがきわめて深い意味をもつ競争が行われている。その競争こそが、顧客に製品やサービスをうまく提供するための仕組み、すなわち顧客に価値を届けるためのビジネスシステムの競争である。競争の焦点は、商品の競争からビジネスの仕組みの競争へと移っているのだ。

本書では、さまざまな財やサービスの取引について、その制度的枠組みに焦点を合わせて分析する。ビジネスの世界でつくり出された代表的なシステムの長所と限界を理解することによって、価値創造のための新たなシステムを設計する手がかりが得られるだろう。

ここでは、まずビジネスシステムの概念がどのような新しい視点を提供してくれるのかを整理しておこう。

2 ビジネスシステムによる競争

❖ ビジネスシステムによる差別化

なぜビジネスシステムの理解が必要になっているのだろうか。この問いを立てた理由を考えるには、ビジネスの世界で起こった変化に注目する必要がある。

日本の戦後の経済復興は、繊維、鉄鋼、造船、化学、機械、電機、自動車などのさまざまな産業が入れ替わりながら支えてきた。その産業の中核となった企業の成長の背後には、業界独自のビジネスシステムがあった。たとえば、パナソニック（松下電器）に代表される白物家電産業は、特定メーカーの商品のみを売る系列チェーンストアを組織化した化粧品産業に類似する、「ナショナルショップ」のような系列店販売網をつくり出すことによって成長し、その系列販売店のシステムは台湾やマレーシアにも移植された。大規模なチェーンシステムとセントラル・バイイングの仕組みは、小売店が中心になってつくり出された。また、自動車産業の成長の背後では、販売とアフターサービスのためのディーラー網がつくられ、トップ企業のトヨタ自動車は、トヨタシステムと呼ばれる多品種生産を可能にする柔軟な新しいシステムを構築した。

さまざまな産業で長期にわたって競争優位を築いた日本企業、前述したパナソニックとトヨタ自動車、さらには資生堂、キリンビール、ヤマハなどは、ビジネスシステムによる差別化がその源泉となって継続的な優位性を構築してきたのである。ソニーやホンダのように、業界のトップ企業に挑戦したチャレンジャー企業も、トップ企業とは異なったビジネスシステムをつくり出して競争優位を築いてきた。

これらのビジネスシステムは、時代の社会的な要求とその時代に活用できた技術とを組み合わせてつくり出されたものである。

とくに、一九九〇年から二〇一〇年に至る世紀をまたいだおよそ二〇年の間に、日本のさまざまな産業分野でビジネスシステムが大きく変貌し、新たにつくり出されたシステムと相まってわれわれの生活を大きく変えた。

　たとえば、自動販売機（自販機）を顧客との接点とする清涼飲料業界もその一つである。人々が外出先で清涼飲料を買うとき、自販機が利用されることが多い。長年、日本の自販機設置台数の国内首位は、設置台数で二位以下のサントリーやダイドードリンコなどを大きく引き離すコカ・コーラグループだった[1]。同グループの自販機は、グローバルに事業を展開する原液メーカーのザ コカ・コーラ カンパニー傘下の日本コカ・コーラと、フランチャイズ契約を結んでいる地域別一四社のボトラーによって所有・運営されてきた。

　日本国内だけで事業を営む飲料メーカーによって、自社あるいは子会社で所有・運営される自販機や、飲料メーカーやボトラーとは独立したベンダー運営会社によって運営されている自販機もある。この業界にも、原液メーカーとボトラーの取引のルール、ボトラーと設置場所を提供する人々との取引のルールなど、さまざまな取引のルールがあるのだ。

　われわれの生活に欠かせない存在となったコンビニエンス・ストア（コンビニ）業界でも、コンビニと本部の取引のルールはチェーンごとに違っている。コンビニは、自社店舗で営業するスーパーマーケットや百貨店と違い、その多くは地域の商店主をフランチャイジーとして運営されている。粗利益を店舗と本部で分けあうルールもあれば、売上げの一定比率をフィーとして本部に支払うルールを採用する例もある。

　取引のルールには、法律や契約として明文化されたルールとともに、慣行として守られているルール、すなわち書かれざるルールもある。書かれざるルールの典型は、日本企業の雇用のルールである。企業と従業員との間には雇用契約が結ばれ、雇用契約書には解雇のためのルール、休暇の日数と休暇取得のルールなどが明文化されていることが多い。だが、どのような仕事をするか、どのくらいの期間雇用を継続するか、どのような賃金を払うかについては書かれておらず、多くの場合、慣行として決まっている。

日本企業の多くは、正規従業員を大きな過失のない限り定年まで雇い続けるという、終身雇用と呼ばれる書かれざるルールのもとで雇用してきた。それに呼応して、正規従業員の側も自己都合で簡単に会社を辞めず、原則として会社が求める業務を拒否しないという義務を負ってきた。その結果、終身雇用という労働協約に明示されていない長期の雇用関係は、企業と正規従業員の間の書かれざる契約として存在し、職場の共同体に生涯にわたる強い結びつきを生み出してきたのである。

ビジネスシステムは、ここで例示した自販機の運用やコンビニ業界での企業間の協働の仕組みや、雇用制度のような企業内の協働の仕組みを包括的に指す概念である。ビジネスシステムが、産業や企業の発展に重要な意味をもつのは、ビジネスシステムという企業内と企業間の協働がその産業に固有の戦略的な課題をうまく解決してきたからなのである。

だが、日本企業の企業内と企業間の制度的枠組みは急速に変わりつつある。日常生活で購入する商品は、多様な取引制度を通じてわれわれの手元に届けられるが、その取引に基づく制度は目に見えて変わっている。たとえば、かつて、電気製品は、その多くが大手電機メーカーの系列店であった地域の家電店で購入されていた。だが、最近は、ヤマダ電機やヨドバシカメラといった大型量販店で購入されることが多くなった。白物家電産業の成長を支えた商品の取引制度も大きく変化しているのである。

取引制度のプレーヤーの役割も変わっている。アパレル産業では、家電の流通システムとは違い、メーカーが開発した商品を卸業者、小売業者を経由して流通させるビジネスシステムに代わり、小売業者が自ら開発した商品を自ら生産し、自らの手で流通・販売するＳＰＡ（specialty store retailer of private label apparel）という仕組みがつくり出された。この垂直統合型小売業のビジネスシステムにも、さまざまなバリエーションがある。

取引制度のプレーヤー自身の存亡も問われている。文房具を買う際に、これまでの地域の小売店に代わって通信販売による購入が台頭している。たとえば、文具メーカーのプラスから誕生した「アスクル」はその代表である。一方、地域の小中学校の校門前にあった小規模な文具小売店の廃業が増え、それらの小売店を支えていた総合文具メーカー最大手のコクヨのビジネスシステムは変革を迫られた。

雇用制度という企業内の協働の仕組みも大きく変わりつつある。かつては、日本企業の従業員のほとんどは正規従業員だったが、派遣従業員、請負会社に雇用されている従業員、パートタイマーなどが急速に増えている。

❖ビジネスシステムのフレームワーク

ビジネスシステムは、実務家がビジネスモデルあるいはサプライチェーンと呼ぶことも多い。ビジネスパーソンには、ビジネスモデルという言葉のほうが馴染み深いかもしれない。ビジネスモデルは、業種などの特定の文脈から切り離されたモデリングとしての設計志向が強い。一方、ビジネスシステムは、個別企業や産業のおかれた文脈を経路依存的にとらえ、その特殊性を踏まえて設計の結果としてのシステムを包括的に説明しようとする。[2] だが、実際には両者を明確に線引きせずにとらえることも多い。

本書で、あえてビジネスシステムという言葉を使うのには理由がある。一つは、学問の世界の先輩への敬意である。経営史の分野では、事業の制度的枠組みをビジネスシステムと呼ぶ慣行があった。[3] ビジネスシステムは、人々の協働の枠組みであり、学問的に表現すれば協働の制度的枠組みである。研究者は概念を商品としない。コンサルタントのように商品としての新しさを強調する必要がない以上、この伝統的概念を用いるのが適切である。

もう一つは、不要な誤解を避けるためである。ビジネスモデル特許があるように、ビジネスモデルは、情報技術を用いたモデルを限定的に指すことが多いのではないだろうか。しかし、日本のビジネスシステム研究には、地場産業や伝統産業、長寿企業などまでも含めた多様なビジネスを対象とする研究の蓄積がある。[4] これらの研究でも、人間間、企業間の利益の分配、リスクの分担という制度的枠組みに焦点を合わせている。ビジネスシステムを支えるさまざまなルールは、互いに支え合って一つのシステムをなしているのである。

現代の経営学の中心テーマの一つは、どのようにしてビジネスシステムを構築するかという問題である。この問題に答える手がかりは、ビジネスシステムの設計者の視点から多様なシステムを比較し、ビジネスシステムにはどのような長所と限界があるのかを多くの事例から理解することだろう。そのことで、長所をうまく活用するとともに、問題を発生させないように限界を定めてシステムを構築できるからである。ビジネスシステムの分析枠組みの一つは、このような組織分析の枠組みである。

もう一つは、取引分析の枠組みである。取引に焦点を合わせ、そのルールの束である取引制度に注目して協働の仕組みとしてのビジネスシステムを分析する。取引分析では、取引制度の違いに注目して、その違いが何によって生み出されるのかを探るという発見的な議論が試みられる。その際には、条件の違いに適合した制度が生み出されていると仮定し、異なる条件の事例を比較する簡便法による条件適合アプローチを用いて考察できる(5)。

さまざまな取引制度は、労働の取引が人事管理理論、モノの取引が流通論、資本の取引が金融論、情報の取引が知的財産論などで議論されてきたように、各々異なった学問分野で研究されてきた。これらの多様な領域に共通した理論的枠組みはなく、構築してもきわめて一般的なものになるだろう。だが、この多様な領域にまたがる現象であることに大きな意味があるのではないだろうか。

3 ビジネスシステムの設計

❖ ビジネスシステムの設計思想

企業内外で協働の制度的な枠組みの変化が起こっている背後には、ビジネスシステムを支える設計思想の変化がある。前節でみた清涼飲料の自販機は、コンビニの台頭で以前よりも存在感が低下した。最近では、国内の自販機の設置台数は頭打ち状態が続いている。その一方、コンビニで清涼飲料を買う消費者は増えている。

コンビニの各店舗は、地域の小売店と同じく独立した事業者であり、コンビニの本部は、売れ筋商品を見極め、卸やメーカーと協力しながら、新商品を開発し、すばやく店舗に供給する仕組みをつくっている。かつて卸が演じていた機能のいくつかはコンビニの本部に取り込まれている。コンビニ本部は加盟店に経営指導を行い、加盟店はその指導に従う義務を負うとともに経営指導料を支払う。その支払い方のルールも多様である。

コンビニ業界の成長は、卸によって支えられていた地域の独立した小売店の衰退だけでなく、その小売店の集積でもある街中の商店街の衰退も招いてしまった。そのコンビニ業界も、銀行や郵便局の守備範囲だったお金の振込みを手がけ、宅配便の配送や郵便の窓口にもなり、新しいビジネスシステムをつくり出して生き残りを図っている。

ビジネスシステムの支配的な設計思想は、長きにわたって規模の経済であった。規模の経済は、大量の商品を生産・流通させることでコストを下げて需要を拡大し、それをもとにさらにコストを低下させ、さらなる需要の拡大をもたらそうという思想である。

二〇世紀前半には、大量の商品を安く生産して安価に流通させ、低価格で需要を拡大できる企業間の協働関係が構築され、スーパーマーケットはその典型的なビジネスシステムであった。ところが、近年は、こうした規模の経済という設計思想によるシステムに加え、それとは別の設計思想でつくり出されたビジネスシステムがみられるようになっている。

その設計思想の一つめは、「速度（スピード）の経済」である。商品の回転速度やサービスのスピードをあげることによって、投資の効率性や顧客価値を高めようとする思想だ。コンビニやSPAは、速度の経済を実現することで成り立つビジネスシステムである。

二つめは、「組み合わせの経済」と呼べる設計思想である。異なるビジネスをうまく組み合わせることで人材、設備、情報の多重利用を図り、単一のビジネスでは難しい効率性や有効性を実現しようとする。引っ越しサービスなどは、この設計思想を活用することで成り立っている。

三つめは、「外部化」である。業務の外部化によって、専門家の活用や競争原理を機能させることができる。自社の業務の範囲を集中し、それ以外の業務を外部委託することで効率性や有効性を高められるという設計思想である。

これらの設計思想は、まったく新しく生み出されたものではない。「時は金なり」という諺があるように、昔からスピードは商人に利益をもたらす基本的な要因であった。民間の鉄道会社は、鉄道事業と住宅開発、百貨店、娯楽産業などを組み合わせ、鉄道事業の効率化とともに組み合わせの経済を活用して経営の安定化を図ってきた。

❖ 伝統産業のビジネスシステム

日本の産業社会では、新しいビジネスシステムが次々に出現しているが、その設計には、日本の伝統的なビジネスシステムから学べるものも多い。

日本には、織物、漆器、醸造、染色、陶磁器、和紙のように地域の歴史や文化を色濃く反映し、数百年にわたって生き続ける地場の伝統的な産業の集積がある。こうした伝統産業の産地は、ただ古いものを伝えるだけで生き残ってきたわけではない。

伝統産業の内部でも、独特のビジネスシステムがつくり出され、それが産業集積の特徴を生み出している。さまざまな伝統産業のビジネスシステムには、最終顧客に価値を届けるための組織間ならびに諸個人の協働と競争のルールの集合体（制度や慣行）がある。

たとえば、陶磁器産地は、江戸期に藩の専売制度などで支えられていたが、明治維新でそうした制度が崩壊するという環境の激変に直面した。しかし、それぞれの産地は自生的に復興の道を歩み出し、有田、信楽、京都、美濃など多くの産地が現在まで生き残っている。その存続を支えたのは、窯元を中心とする取引関係に基づく組織間の協働と、伝統工芸技術を継承する人材が切磋琢磨して育つための制度的な仕組みである。

清酒醸造業では、消費地である江戸の問屋が中心のビジネスシステムが構築されていたが、明治になって全国市場が成立すると清酒醸造会社中心のシステムがつくられ、瓶詰めの酒を出荷して自社ブランドを確立した。戦後になると、メーカーの主導権はさらに強くなり、メーカー主導で製販一体型のシステムが構築されるようになった。また、この業界では、老舗の蔵元は醸造の中核となる技術を杜氏と蔵人からなる杜氏集団にゆだね、杜氏集団に技術を担ってもらうことで技術や技能を伝承してきた。出稼ぎの杜氏集団に中核となる技術をゆだね、酒造りの仕事をアウトソーシング（外部委託）しているのだ。

現在、さまざまな業界で新しいビジネスシステムがつくり出されているが、伝統産業のビジネスシステムは、新しいビジネスシステムの設計に多くのヒントを与えてくれるはずだ。その理由の一つは、これらのシステムの多くが自然発生的に生み出され、公権力がつくり出したものではないということである。さらに、多くの人々の知恵を集めてつくり出されたものでもある。人々の叡知を自生的に蓄積したという意味での強靭さをもっているのである。もう一つは、伝統産業というきわめて長い歴史的な淘汰のなかを生き残ってきた産業を支えたものであり、その意味でも強靭さをもっているのである。

伝統産業は、持続可能なビジネスシステムを設計するための重要なヒントを与えてくれる。ビジネスシステムの設計について、歴史的な視点から学ぶ意義は大きい。

❖ビジネスシステムの変化

しかし、ビジネスシステムは永遠に不変のものではない。ビジネスシステムには、その変化を触発する要因がある。一般的には、①製品やサービスの開発と生産加工の技術、②人の移動や物の輸送の技術、③情報の伝達や処理の技術、④商取引を制御し、人々の協働を促進するための技術、という供給側の要因の変化、ならびに⑤社会構造や生活習慣の変化という需要側の要因の変化が挙げられる。だが、これらの要因が変化すれば、新しいビジネスシステムが自動的に生み出されるわけではない。新しいビジネスシステムは、企業あるいは企業家による革新の結果として創造されるのである。

それでは、近年のビジネスシステムの急速な変化を生み出している理由は何だろうか。一つめは、ビジネスシステムの寿命、もしくは成熟化である。環境変化によって有効性を失ったシステムや、効率性の低下したシステムは変わらざるをえない。前述した家電や化粧品の系列店を中心としたビジネスシステムはその例であろう。

二つめは、新しいビジネスシステムの構築が、他のシステムの変化を促す連鎖反応が生じることである。たとえば、宅配便という小口高速輸送システムの確立は、部品や最終製品をめぐるビジネスシステムの革新を促している。

三つめは、ビジネスシステムそのものが付加価値と直結することである。テレビゲームの普及には、顧客に訴求するソフトを継続的に開発して供給するシステムが必要だった。任天堂が一歩リードできたのは、そのためのビジネスシステムをつくり上げたからである。

最後は、情報・通信技術の進歩である。コミュニケーション技術の進歩は、さまざまな産業分野で新しいビジネスシステムを生み出すきっかけになっている。

これらのなかで最も大きな影響を与えているのは、ＩＴの技術革新、とりわけ消費者を含むコンピュータ・ネットワークの広がりと通信コストの低下である。宅配便などの小口配送のコスト低下もそれに劣らない変化促進の要因である。経済の成熟化に伴って高度成長時代のビジネスシステムが組み替えられている。この変化は今後も続くだろう。

4 おわりに

本書は、日本の産業社会でつくり出されたビジネスシステムについて、日本企業の再生と成長を支えたシステム、伝統的な地場産業の企業の長寿を支えてきたシステム、新しい設計思想をもつ将来のベンチマークとなりうるシステム、の三つのカテゴリーに分けた視点から俯瞰する。

第１部では、日本企業の再生と成長を支えたビジネスシステムの事例を分析して、その歴史的な意味を考えたい。コーポレート・スピンオフ、長期継続的取引、製販統合などをキーワードとし、日本の自動車産業や日本発の組織である総合商社を対象にして日本企業の再生と成長の軌跡をたどる。

第２部では、地域や業種に根差した地場産業と伝統産業の長寿を支えたビジネスシステムの事例から持続可能なシステムの要因について考えてみたい。地場産業や伝統産業は、その産業が必要とする人材を育成するユニークな制度や慣行をつくり出してきた。伝統的な技術の継承だけではなく、人材育成の仕組みのなかでの切磋琢磨という競争と仕事に取り組む姿勢の意味を学べるだろう。

第3部では、日本の先駆的な事例と複合的な競争における協同、創造的模倣などの事例を通じて、ビジネスシステムの新たな構成要素について改めて考えてみたい。

ビジネスシステムは日本固有のものではない。だが、日本のビジネスシステムで取引を媒介とした企業間協働の仕組みがつくり出されているのは、日本的な取引観によるところが大きい。取引の文化的な側面と深く結びついているがゆえに、ビジネスシステムの表面的な移転だけではうまく機能せず、国際的な移植を難しくしている。また、この点がビジネスシステムという概念で説明する意義でもある。

本書では、三つのカテゴリーの事例分析を通じて、日本のビジネスシステムがどのようなものであるか、なぜそれらのビジネスシステムが効率性や有効性を高めることにつながるのかを考えていくことにしよう。

注

(1) 二〇〇七年一二月末の自動販売機設置台数は、トップの日本コカ・コーラが九八万台であるのに対し、二位のサントリーは四二・九万台である。近年のビジネスシステムの変貌については、加護野ほか(二〇〇八)参照。

(2) 加護野・井上(二〇〇四)。

(3) 大東ほか(二〇〇七)。

(4) 西尾(二〇〇七)、加藤(二〇〇九)、森元(二〇〇九)、山田(二〇一三)などを参照。

（5）　条件適合アプローチのもう一つの方法は、各々の条件ごとにうまくいっている事例と、いっていない事例を取り上げ、前者をその条件に適合した例とみなして、適合・不適合を明らかにすることである。優位の制度が劣位の制度に取って代わる事例の分析もこの方法の応用である。ただ、条件の違いに適合した制度が生み出されていれば、異なる条件の事例を比較する簡便法でも適合を明らかにできる可能性がある。

参考文献

加護野忠男（一九九九）『競争優位のシステム――事業戦略の静かな革命』ＰＨＰ研究所。

加護野忠男・井上達彦（二〇〇四）『事業システム戦略――事業の仕組みと競争優位』有斐閣。

加護野忠男・角田隆太郎・山田幸三・上野恭裕・吉村典久（二〇〇八）『取引制度から読みとく現代企業』有斐閣。

加藤厚海（二〇〇九）『需要変動と産業集積の力学――仲間型取引ネットワークの研究』白桃書房。

大東英祐・武田晴人・和田一夫・粕谷誠（二〇〇七）『ビジネス・システムの進化――創造・発展・企業者活動』有斐閣。

西尾久美子（二〇〇七）『京都花街の経営学』東洋経済新報社。

森元伸枝（二〇〇九）『洋菓子の経営学――「神戸スウィーツ」に学ぶ地場産業育成の戦略』プレジデント社。

山田幸三（二〇一三）『伝統産地の経営学――陶磁器産地の協働の仕組みと企業家活動』有斐閣。

第1部

日本企業の再生と成長を支えたビジネスシステム

第1章　コーポレート・スピンオフ

子が親を超える事業展開

吉村典久・加護野忠男

1　はじめに

本章では、日本の企業史を振り返り、ビジネスシステムの設計における重要な特徴を浮かび上がらせていく。本章でとくに注目するのは、「法人企業」「会社」の枠組みを超えて新たなビジネスシステムがつくり出されてきた過程である。本書の序章に、「日本の戦後の経済復興は、繊維、鉄鋼、造船、化学、機械、電機、自動車などのさまざまな産業が入れ替わりながら支えてきた」とある。これら各産業分野を代表する企業の少なからずは、そうした枠組みを超えて誕生あるいは成長した歩みをもっている。

少し、具体的にみていこう。戦前、そして戦後の復興期における重要な産業は繊維産業であった。それに欠かせない関連産業としてあったのが繊維機械産業であった。繊維機械メーカーであった豊田自動織機製作所（現・豊田自動織機）内に設置された自動車部が分離独立して、それにより一九三七（昭和一二）年に誕生したのがトヨタ自動車工業（現・トヨタ自動車）であった。全く新たなビジネスシステムの構築が必要となる新規事業が生み出された歴史を振り返ると、このトヨタ自動車の事例のように、その新たなビジネスシステムが最終的には既存企業内には構築されず、別法人として構築・設置されてきた数多くの事例をみてとることができるのである。こうした手法は「分社化」あるいは「コーポレート・スピンオフ」（以下、スピンオフ）と呼ばれてきた。

次節では、日本を代表する企業の歴史を振り返り、「法人企業」「会社」の枠組みを超えてビジネスシステムが構築されてきたことを確認する。次に第3節では、スピンオフの現象そのものに焦点を当てる。既存と新規それぞれの事業上の特性の違いへの対応など、分離独立の理由はさまざまである。さまざまな理由を確認するとともに同節では、重要な理由の一つとして既存企業内の企（起）業家精神にあふれた「人」をより活かすための舞台として別法人が準備・活用されてきたことを論じる。[1]

2　日本を代表する企業の成り立ち
――鉱工業上位一〇社のランキングにみる

❖戦　前　期

（1）一八九六年のランキング――繊維産業におけるM&A

本節では、「法人企業」「会社」の枠組みを超えてビジネスシステムが構築されてきたことを論じていく。日本の企業史を概観したとき、そうした構築が一貫して観察されたことを示すのが、表1・1である。

1936年（昭和11年）	1955年（昭和30年）	1990年（平成2年）
日本製鉄（新日鉄住金）	八幡製鉄（現・新日鉄住金）	トヨタ自動車
王子製紙（王子HD）	富士製鉄（現・新日鉄住金）	松下電器産業
鐘淵紡績（現・クラシエHD）	日本鋼管（現・JFE HD）	日立製作所
三菱重工業	日立製作所	日産自動車
日本窒素肥料（現・チッソ／JNC）	東京芝浦電気	新日本製鉄（現・新日鉄住金）
日本鉱業（現・JX HD）	新三菱重工業（現・三菱重工業）	東芝
東洋紡績（現・東洋紡）	三菱造船（現・三菱重工業）	三菱重工業
川崎造船所（現・川崎重工業）	東洋紡績（現・東洋紡）	日本電気
三井鉱山（現・日本コークス工業）	住友金属工業（現・新日鉄住金）	三菱電機
大日本紡績（現・ユニチカ）	川崎製鉄（現・JFE HD）	富士通

た総資産額（使用総資本）による上位10社。資料の制約により，株式会社に限定
除く）。
り総資産額上位10社までを摘出。

明治二〇年代からの産業革命が進展するなかの一八九六（明治二九）年は、繊維産業が上位を独占する状態にあった。鉱工業企業上位一〇〇社でみたときには、五八社の繊維会社が登場し、その大半は綿紡績業の企業である（中村、一九九三／一九九九）。そのうちの一社でもある第一位の鐘淵紡績（一九七一年から鐘紡、二〇〇一年からカネボウ）は一八八七年に設立された東京綿商社が源流である。

表1・1　鉱工業上位10社の変遷

	1896年（明治29年）	1919年（大正8年）
1	鐘淵紡績（現・クラシエ HD）	川崎造船所（現・川崎重工業）
2	大阪紡績（現・東洋紡）	三菱造船（現・三菱重工業）
3	三重紡績（現・東洋紡）	久原鉱業（現・JX HD）
4	北海道製麻（現・帝国繊維）	鐘淵紡績（現・クラシエ HD）
5	摂津紡績（現・ユニチカ）	東洋紡績（現・東洋紡）
6	岡山紡績（現・クラシエ HD）	三井鉱山（現・日本コークス工業）
7	東京紡績（現・ユニチカ）	大日本紡績（現・ユニチカ）
8	金巾製織（現・東洋紡）	三菱鉱業（現・三菱マテリアル）
9	大阪アルカリ（現・石原産業）	北海道炭礦汽船
10	尼崎紡績（現・ユニチカ）	台湾製糖（現・三井製糖）

（注）　鉱工業分野（水産業と建設業を含む）の企業を対象とし
（財閥に代表される個人経営，合名会社などの非株式会社は
（出所）　中村（1993／1999）のそれぞれ「表1」から「表5」よ

一八九三年、当時の三井銀行理事であった中上川彦次郎が社長に就任、その配下の武藤山治らは積極的な拡大路線をとることとなる。海外の大型資本に伍するための規模の拡大と経営効率の向上をめざして、明治年間を通じて経営不振に陥っていた操業間もない国内外の多くの紡績会社（上海紡績、河州紡績、柴島紡績、淡路紡績など）を傘下に入れた。一九一六（大正五）年には当時、東洋最大となる綿布加工工場の建設に乗り出し、これにより綿業の総合的な一貫経営体制を確立した。また綿糸紡績から織布、絹糸紡績にも進出した。この絹紡分野でも多くのM&Aを実施し、絹業での一貫経営体制も確立した。一八九六年のランキングの第六位に登場する岡山紡績も何回かの合併と買収を経て、一九一一年に鐘淵紡績に合併されている。こうした結果、鐘淵紡績は戦前期の日本を代表する企業――

一九一九年は第四位、三六年は第三位にランクイン――となった。

一八九六年、第二位の大阪紡績と第三位の三重紡績を主たる源流とするのが、一九一一年の合併により誕生した東洋紡績（二〇一二年より東洋紡）である。両社ともそれ以前からM&Aを繰り返すことで成長を遂げていた。東洋紡績の誕生によりさらなる規模の拡大が成し遂げられ、そのメリットを活かして国内外の市場進出を加速していった。一九三一年には当時国内の五大紡績の一つとされていた大阪合同紡績を合併し、それにより世界レベルで最大規模をもつ紡績企業にまで成長した。こうした結果、東洋紡績も戦前期の日本を代表する企業――一九一九年は第五位、三六年は第七位にランクイン――となった。また戦後においても、一九五五年の段階では第八位にランクインしている。同様に現在のユニチカも、第五位の摂津紡績と第一〇位の尼崎紡績の合併などを経て、戦前を代表する企業となった。

（2）　一九一九年と三六年のランキング――新たな産業分野の成長と戦後期へのつながり

こうした有力企業による、有力企業間のM&Aが活発に行われたこと、そして重化学工業企業の発展などを背景にして一九一九年のランキングには繊維業、紡績業以外に分類される企業が複数、登場している。造船、石炭、精糖といった業を手がける企業である。

こうした点に加えて注目すべきは、それら当時、日本を代表する各社が後々、事業部門のスピンオフを行い、それら部門の少なからずが戦後、「子が親を超える」規模にまで成長したことである。

たとえば、第一位の川崎造船所（現・川崎重工業）に対する川崎製鉄（現・JFEホールディングス）である。また第二位の三菱造船（現・三菱重工業）に対しては三菱電機がある。この両社を比べると、親たる前者の売上高および純利益（連結・二〇一六年三月期）が四・〇兆円および六三八億円であるのに比較して、子たる後者は四・四兆円および二二八五億円、また時価総額も一・五兆円に比較して二・八兆円と、いずれの実績においても子が親を上回っている。

また久原鉱業（現・JXホールディングス）に対する日立製作所では、八・七兆円およびマイナス二七八五億円に比較して、一〇・〇兆円および一七二二億円と、こちらも子たる日立製作所が売上高についても利益についても親を上回る実績を示している。時価総額でも、〇・九兆円に対して二・三兆円と、約二・五倍なっている。

次に一九三六年のランキングをみたときにも、同様の事例を見出せる。第五位の日本窒素肥料（現・チッソ）(2)の事例である。一九〇六年、日窒コンツェルン総帥で同社の初代社長の野口遵が鹿児島県に設立した曾木電気が源流となっている。曽木滝を利用して水力発電を行っていたが一九〇八年、その電力を利用して熊本県水俣でカーバイド製造を開始、日本窒素肥料と改称、化学会社に生まれ変わった。同社にも、同社あるいは同社の関係者によって「親を超える」事例が生み出された歴史がある。一九三一年、同社延岡工場を分離して延岡アンモニア絹絲が設立された。同社は戦後、旭化成工業と改称、現在の旭化成に至ることとなる。現在、両社の間には、連結の売上高で約一一倍、当期利益で約六倍の差がある。また、後年、経営からは手を引くこととなるが一九二六年には、現在の信越化学工業につながる信越窒素肥料の設立にも四〇％の出資というかたちで関係している。

なお、さらに戦後の一九四七年、日本窒素肥料の一部従業員がプラスチックの総合的事業化を計画し、積水産業が設立された。同社は、一九四八年には、日本窒素肥料から買収した奈良工場にてプラスチック成形品の製造を開始し、積水化学工業と改称した。初代社長は空席となっていたが一九五一年には、日本窒素肥料の常務の上野次郎男をそれに迎えた。この積水化学工業からは一九六〇年、ハウス事業部がスピンオフして現在の積水ハウスが誕生した。水力発電やカーバイド製造に端を発し、それが住宅分野の最大手につながるまでの系譜をみることができるのである。

❖戦後期

(1)　一九五五年のランキング――高度成長を支えた製鉄・電機業の成長

一九五五年から始まったのが設備投資主導型の高度成長であった。それを支えた代表的な産業は、製鉄、電機、そして自動車であることは論を俟たない。

一九五五年のランキングをみると、戦前の代表的な企業からスピンオフして誕生した企業が大きな成長を遂げていることがわかる。既述のように第四位の日立製作所は、久原鉱業を源流とする。後に、日立製作所自身も事業部門の分離独立を積極的に推し進め、「御三家」と呼ばれた日立金属、日立電線、日立化成工業をはじめとする数多くの上場子会社を生み出した。

また第一〇位の川崎製鉄も既述のように、一九五〇年、川崎造船所の製鉄部門がスピンオフして誕生している。当時、第三位にランキングされている日本鋼管と二〇〇三年に経営統合し、ＪＦＥグループとなっている。

(2)　一九九〇年のランキング――自動車産業においても

一九七三年の石油危機を境に、日本経済は低成長期に入った。減量経営、輸出拡大が企業経営の基本におかれたが、輸出の中心は、造船や鉄鋼に代表されるいわゆる「重厚長大型」産業から、電機や自動車などの技術集約的な高加工度製品へと移行した。

一九九〇（平成二）年のランキングでまず目に留まるのは、第一位のトヨタ自動車である。本章の冒頭でも述べたように一九三七年、繊維機械大手の豊田自動織機製作所（現・豊田自動織機）の自動車部の分離独立で誕生した。一九五五年下期の段階では八五位であったが、六五年下期は一七位、七二年は一一位となっている（中村、一九九三）。

親たる豊田自動織機の売上高および純利益（連結・二〇一六年三月期）二・二兆円および一八三〇億円に比較して、子であるトヨタ自動車は二八・四兆円および二・三兆円と、売上高・利益とも一〇倍以上の差となっている。また時価総額も一〇倍以上となっている。現在、豊田自動織機の部門別の売上高は、車両および自動車関連製品の開発・生産を手がける自動車部門が約半分（四六・六％）を占めている一方で、繊維機械は三・一％にとどまっている。株主としての関係は、豊田自動織機はトヨタ自動車の大株主（六・六％）であり、また豊田自動織機の筆頭株主はトヨタ自動車（二三・五％）となっている。戦後の基幹産業、それを代表する企業は、戦前の基幹産業である繊維産業（あるいはその関連産業）の企業から生み出され、「子が親を超えた」代表的な事例であると指摘できるのである。

また電機産業においても、当時の三菱造船から誕生した三菱電機が第九位、当時の富士電機製造の電話機部門の分離独立により誕生した富士通信機製造（現・富士通）が第一〇位にそれぞれ登場している。現在の三菱重工業と三菱電機との比較は前にみた通り、二〇一六年三月期においては連結売上高と純利益、そして時価総額のいずれも、子である三菱電機が親を上回る状況にある。

3 スピンオフを通じた新たなビジネスシステムの構築
――多数の「子が親を超える」事例

❖ 分離独立を通じての命脈の維持

前節において、法人企業、会社の枠組みを超えるかたちで企業成長が図られてきた事例を確認した。本節ではとくに、事業部門などのスピンオフを通じて企業成長が図られた事例に注目し、そうした現象が起こる理由をみていくこととする。

表1・2には、「子が親を超えた」代表的な事例を掲げた。とくに代表的な事例の一つは、戦前の基幹産業から戦後のそれが生み出されたトヨタグループの事例であるが、同様に、とくに代表的な事例とされてきたのが、より何代にもわたり超え続けてきた古河鉱業（現・古河機械金属）からの事例であろう（米倉、一九九一／岡本、二〇一〇）。一八七五年に新潟県で草倉銅山の経営を手がけたことを創業とする同社からは、古河電気工業（子）、そして順次、富士電機（孫）、富士通（曽孫）、ファナック（玄孫）が切り出されることによって、グループ、ファミリーとして着実に命脈を保ち、成長を実現してきたことがわかる。売上高、純利益、時価総額をみると、代が替わるほどに実績が高いものとなる傾向をはっきりと見て取ることができる。その背後には、富士通がコンピュータ、ファナックが工作機械用NC（数値制御装置）を主力事業としてきたように、順次、新たな産業分野を手がけ、成功を収めてきたことがある。

以下、スピンオフという現象が起こる理由をみていこう。分離独立が行われる理由には、さまざまなものが指摘されてきた。表1・2で取り上げた事例に関して、社史にある記述をみていこう。

まず、事業分野・特性の違いを背景にした意思決定のあり方の見直し、労働条件の見直しが理由として取り上げられている。

意思決定のあり方の見直しに関してはたとえば、現在の富士通からファナックのスピンオフの事例がある。ファナックの源流は、一九五〇年代半ばからの富士通における電子計算機の開発と並行して行われた工作機械の自動制御装置の開発である。そして一九七二（昭和四七）年、富士通の計算制御部門がスピンオフして誕生した。スピンオフの理由を、社史では以下のように説明している。

「当社（富士通——引用者注）は昭和四七年に計算制御部門およびラジオ部門を相次いで分離し、新会社『富士通ファナック株式会社』、『富士通テン株式会社』を設立した。いずれも専業化することにより、ユーザーである工作機械メーカーあるいは自動車メーカーとの連携を従来より一層緊密化して、市場動向の迅速的確な把握、タイムリーな新技術開発、きめ細やかなサービスの提供等、経営の機動化を図るとともに利益責任体制の一層の明確化を図ったものである」（『富士通社史Ⅱ——昭和三六～五〇年』一九七六年、一八四頁）

現在のダイセルからの富士フイルムホールディングス（富士フイルム）の事例でも、類似する理由が説明されている。一九二〇年、当時の大日本セルロイドによりフィルムベース生産の研究が開始された。

主要事業	相互の持株比率[3)]（2015年度末） / 順位
二輪車（22%）	−
鉄　鋼（46%）	−
金　属（46%）	2.1%[4)] / 8位
電装，エレクトロニクス（37%）	1.5%[5)] / 8位
産業インフラ（24%）	9.9%[6)] / 1位 / −
テクノロジーソリューション（68%）	7)
ロボット（30%）	−
合成樹脂（36%）	4.7% / 4位
ドキュメントソリューション（47%）	1.2% / 10位
自動車（47%）	23.5%[8)] / 1位
自動車（91%）	6.6% / 3位
住　宅（44%）	2.3% / 6位
不動産フィー（24%）	7.3% / 1位

『会社四季報 2016年4集 秋号』(東洋経済新
ら。

（注） 1） 2002年，川崎製鉄と日本鋼管（NKK）の経営統合に伴いJFEホールディングス設立。

2） 親である古河鉱業の事業所の併合先であった横浜電線製造の設立年。

3） 分離独立の源となった会社（親）の株主名簿上位10位内に，分離独立した会社（子）が登場する場合の持株比率と順位。逆も同様である。登場しない場合には「−」。たとえばダイセル（親）の場合，その4.7％，第4位の株主として富士フイルムHD（子）が登場。逆に，富士フイルムの場合，1.2％，第10位の株主としてダイセルが登場。ただし，古河鉱業（現・古河機械金属）から分離独立を繰り返した会社の場合，表中では相互ではなく親の株主名簿に登場する子の持株比率，順位を記載。それ以外の情報については注釈を参照。

4） 古河機械金属に対して，富士通は2.3％で7位，富士電機は2.1％で9位の大株主。

5） 古河電気工業に対して，古河機械金属は1.8％で6位の大株主。

6） 富士電機に対して，ファナックは1.7％で7位，古河機械金属は1.4％で8位の大株主。

7） 富士通に対し，富士電機は11.0％で1位。ファナックは10位までの大株主としては登場しない。

8） 豊田自動織機に対して，トヨタが主要株主であるデンソー（トヨタが22.2％所有，1位）は9.0％で2位，豊田通商（21.5％，1位）は4.6％で4位，アイシン精機（22.2％，1位）は2.0％で9位，トヨタグループの不動産会社である東和不動産は4.9％で3位。

表1・2　「子が親を超えた」事例

親 子（孫，曽孫…）	設立年	設立時の社名	売上高（2015年度）（百万円） 子/親	純利益（2015年度）（百万円） 子/親	時価総額（2016年8月29日時点）（億円） 子/親
川崎重工業	1896年（明治29年）	川崎造船所	1,541,096	46,043	4,912
			−	−	−
JFE HD[1]	1950年（昭和25年）	川崎製鉄	3,431,740	33,657	9,662
			2.2	0.7	2.0
古河機械金属	1918年（大正7年）	古河鉱業	161,799	5,056	639
			−	−	−
古河電気工業	1896年[2]（明治29年）	古河電気工業	874,879	10,007	1,893
			5.4	2.0	3.0
富士電機	1923年（大正12年）	富士電機製造	813,550	30,644	3,381
			0.9	3.1	1.8
		（対古河機械金属）	5.0	6.1	5.3
富士通	1935年（昭和10年）	富士通信機	4,739,294	86,763	10,511
			5.8	2.8	3.1
		（対古河機械金属）	29.3	17.2	16.4
ファナック	1972年（昭和47年）	富士通ファナック	623,418	159,700	35,131
			0.1	1.8	3.3
		（対古河機械金属）	3.9	31.6	55.0
ダイセル	1919年（大正8年）	大日本セルロイド	449,878	40,313	4,447
			−	−	−
富士フイルムHD	1934年（昭和9年）	富士写真フイルム	2,491,624	123,313	19,777
			5.5	3.1	4.4
豊田自動織機	1926年（大正15年）	豊田自動織機製作所	2,228,944	183,036	15,640
			−	−	−
トヨタ自動車	1937年（昭和12年）	トヨタ自動車工業	28,403,118	2,312,694	20.8兆円
			12.7	12.6	13.3
積水化学工業	1947年（昭和22年）	積水産業	1,096,317	56,653	7,269
			−	−	−
積水ハウス	1960年（昭和35年）	積水ハウス産業	1,858,879	84,302	11,915
			1.7	1.5	1.6

（出所）「設立年」「売上高」「純利益」「時価総額」「主要事業」「相互の持株比率」については，
報社）。持株比率に関する数値は，同書に示される株主名簿上位10位までの数値か

その後、フィルムベースから製品までの一貫生産に目途が立ち、一九三三年には政府助成を得て足柄工場の建設に着手した。翌年の工場完成と同時に、同社の写真フィルム部がスピンオフして誕生したのが当時の富士写真フイルムであった。

「しかし、究極的には、セルロイド事業がすでに大成の域に到達しているのに対し、写真フィルム事業は、製造についても、販売についても、セルロイド事業とは全く異なる分野であり、将来写真フィルム事業を大成させるには、製造面でも販売面でも、セルロイド事業とは別の取り組みが必要であるとの考え方に基づいて、新会社の設立を決めたのである」（『富士フイルム五〇年のあゆみ』一九八四年、一七頁）

このような意思決定のあり方に関わる記述は、富士通の社史（当時の富士電機製造からのスピンオフに関して）、積水ハウスの社史（当時の積水産業からのスピンオフに関して）にもある。

こうした理由に加えて、労働条件について記載があるのはたとえば、現在の川崎重工業からのＪＦＥホールディングス（川崎製鉄）の事例である。一九〇六年、当時の川崎造船所が造船用鋳鋼品の自給を目的に工場を開設し、造船用鋼材や特殊鋼の製造に進出したのがそもそもであった。その後、各地に工場が建設され、一九五〇年に製鉄部門がスピンオフされた。

「製鉄所担当の西山取締役（西山弥太郎、後に川崎製鉄初代社長――引用者注）は製鉄所の分離を強く主張した。その主張の背景には、……❷製鉄所と造船部門では労働条件に差異があるため同一企業内にあっては十分な管理ができない……という考え方があった」（『川崎製鉄五十年史』二〇〇〇年、三九頁）

同様の労働条件に関わる理由は、古河電気工業の社史にも確認できる。

これらに加えて、資金調達の問題も含めたリスク負担の問題なども指摘されてきた。以下は、トヨタ自動車の社史にある記述である。

「豊田自動織機製作所は一九三六（昭和一一）年九月に『自動車製造事業法』の許可会社に指定され、自動車の量産体制を確立する義務を負った。月産二〇〇〇台の挙母工場の建設計画は、是が非でも完遂しなければならなかったが、建設資金の見積もりは三〇〇〇万円に達し、資本金六〇〇万円の豊田自動織機製作所の資金調達力を越える金額であった。このため、資本金三二〇〇万円の新会社を設立し、より広い範囲の出資者から資金を調達する方法が検討された。しかし、挙母工場の早期完成を迫る外部事情から、資本金一二〇〇万円の新会社を設立したうえで、早急に工場建設に着工し、工事費の不足資金は借入金で補うことになった。この方針に沿って、豊田自動織機製作所から自動車部が分離独立し、新会社としてトヨタ自動車工業株式会社が設立された」（『トヨタ自動車七五年史』二〇一三年、六六頁）

❖人的結社としての日本企業――森村グループの事例分析

スピンオフが行われた理由について、代表的な事例に関わる社史の記述をみてきた。事業分野・特性の違い、それらに対応することによる意思決定の迅速化、労働条件の違い、あるいは、資金調達も含めたリスク負担の問題などが指摘されてきたことがわかる。

こうした理由とも関連するが、森村グループ、なかでも日本陶器の事例に基づき、日本企業の性格・性質という側面から新たな主張を行っているのが、柴田（二〇〇八）である。以下、主張をみていく前に、その事象を概観しておこう。

注目された森村グループは日本の陶磁器産業を代表するグループであり、「森村グループの最大の特徴は、新技術を開発し市場を開拓すれば速やかにスピンオフ（事業の分離・独立）する『一業一社』の系譜だ。ノリタケからTOTOと日本ガイシが分離、日本ガイシから後に日本特殊陶業が独立した。TOTOの独立は一九一七年。日本のスピンオフ史の先べんともなった。だが、三菱や住友など旧財閥のような資本関係はない。強いて挙げれば富士電機から富士通、富士通からファナックが分社した古河グループに近い」（『日本経済新聞』二〇〇三年八月一九日付朝刊、地方経済面）と指摘されるように、スピンオフの代表的な事例と指摘されるものである（図1・1）。

源となった森村組は一八七六年、森村市左衛門と森村豊兄弟の両氏によって創立された。同社は骨董品や陶磁器の輸出を手がけ、日本における貿易業の草分け的存在であった。

グループ化は、一九〇四年に日本陶器合名会社（後に日本陶器株式会社、現・ノリタケカンパニーリミテド）の森村組の創業者らによる設立から始まった。森村組では売上拡大をめざして洋食器の製造に着手

図1・1　森村グループの沿革（略図）

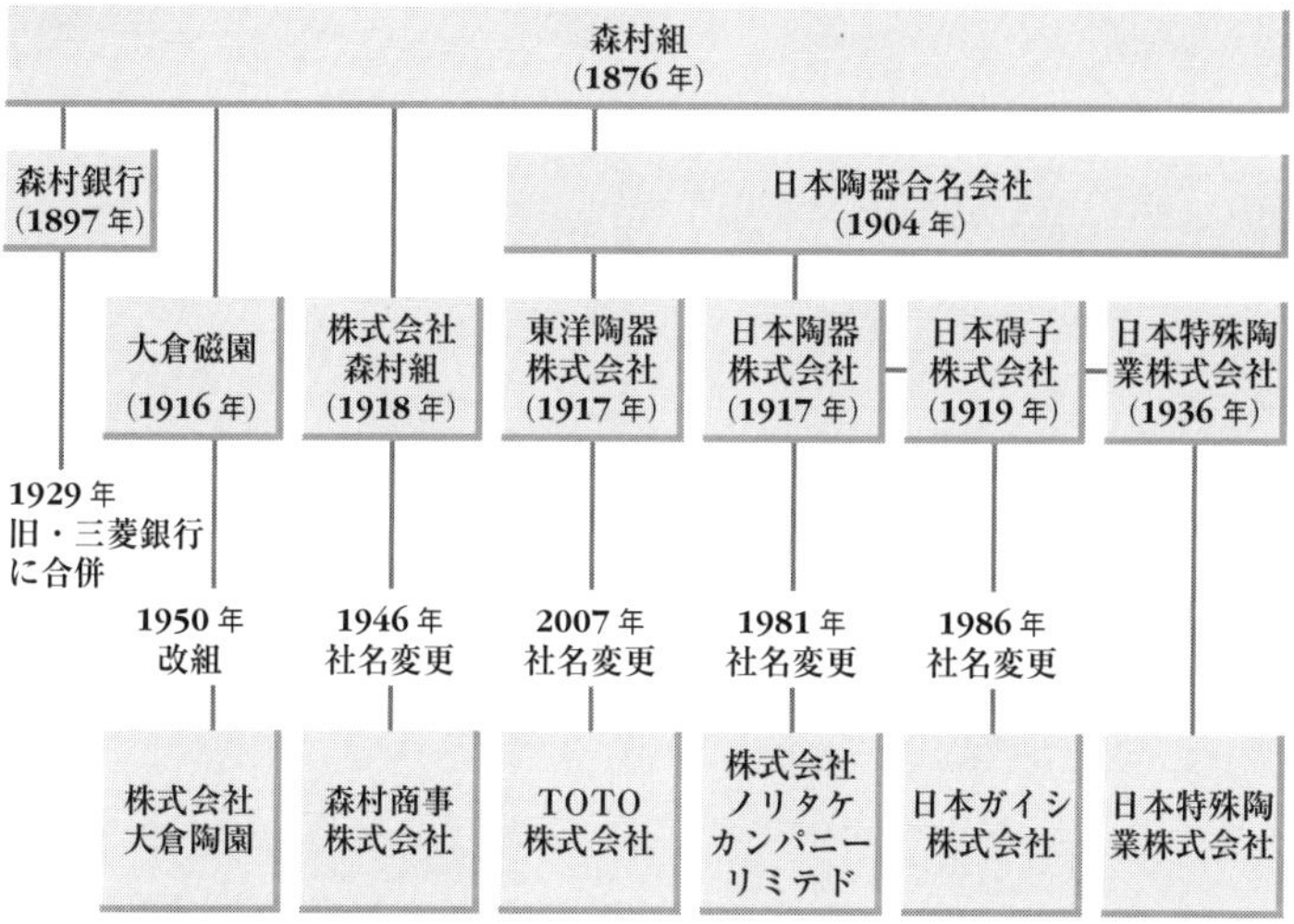

（出所）　森村グループ各社のウェブサイトから筆者作成。

していたが、日本陶器合名会社の設立により、機械制工場生産体制の確立がめざされ、素地生産から画付けまでを含む輸出向け陶磁器の一貫生産に乗り出した。その後、一九一七年に、同社の衛生陶器部門が分離独立して東洋陶器（現・TOTO）が設立された。また、一九一九年に碍子部門が分離独立して日本碍子（現・日本ガイシ）が設立された。一九三六年には日本碍子のスパークプラグ部門が分離独立して日本特殊陶業が設立された。

　すでに述べたように、日本陶器の事例に焦点を当てた柴田（二〇〇八）では、日本企業の性格・性質という側面から新たな主張が行われている。それはすなわち、分離独立、スピンアウトが起こるのは日本の会社がもってきた基本的な性格と深い関係があるという主張である。具体的には、日本の会社は利害の共通する人々の協働の単位であり、人的結社という制度としての性格をもっていたとする。そして、経営層の間で意見対立が起こった場合、資本的結社であれば株式の保有量で対立は解消できる。しかし人的結社の場合、対立の解消は容易ではない。株式の保有量では解消しえない。

日本陶器の場合にも、森村組の創業者である森村市左衛門と、森村組の番頭・出資者でもある大倉孫兵衛とその息子の大倉和親との間で、日本陶器の経営のあり方について大きな意見対立があった。この対立の存在が、日本陶器の分離独立の背後にあったとされる。こうした対立を解消するには、会社として分離独立させることが最も効率的であったとするのが、柴田（二〇〇八）の主張である。

4 おわりに

本章では、法人企業、会社の枠組みを超えてつくり出されてきたビジネスシステムに注目してきた。第2節では、そうした取り組みが一貫して観察されることを確認した。加えて第3節では、事業部門などのスピンオフを通じての企業成長を注視し、日本企業においてそれが観察され続けてきたさまざまな理由を確認するとともに、それがもっている人的結社という性格上、経営者層において意見対立があった場合においてはスピンオフが効率的な対立解消となってきたことを確認した。

川崎造船所から分離独立した川崎製鉄、それが現在のＪＦＥグループにつながった事例でも、分離独立を実施するか否かについて経営陣の間で大きな意見対立があった（Yonekura, 1994／濵田、二〇〇五）。独立を主張し、初代社長となったのが西山弥太郎である（伊丹、二〇一五）。

より多くの事例分析を通じて、新規事業の育成、それを担う人材を活躍させる場作りのあり方が明らかになるであろう。

また外部成長、M&Aの手法が採用されてこなかったわけではないことも確認した。近年になり規模の拡大などの手法として、そうした手法はより一般的なものともなってきている。ただし、その成功率は高いものではない。そのなかで成功といわれているのは、日本電産グループや、川崎製鉄とNKKの統合により誕生したJFEグループの事例である。これらの事例では、M&Aは資本の結合であると同時に「人」の結合でもあることが意識され、人事政策上の各種の工夫が丁寧に施されてきた(3)。

表1・1において、一九九〇年の第二位に登場した松下電器産業（現・パナソニック）はその多角化の過程において、新分野で実績のある会社を傘下に迎え入れる戦略を多用した。それら会社のもつ技術だけではなく、「人」も巧みに活用することで企業成長を実現したとされる。戦前の一九三五年、乾電池を自社生産していなかったため朝日乾電池と業務提携、翌年には傘下に迎え入れた。これに伴い入社したのが高橋荒太郎である。同氏は松下幸之助の「大番頭」として知られるようになり、最終的には松下電器本社の会長となった。また、一九五二年に傘下に入った当時の中川電機の事例もある。同社の創業者である中川懐春は、松下電器の傘下にあった他社（宮田製作所、若山鉄工所――当時）の再建の責任者などを務めるだけではなく後年、松下電器本社の副社長まで務めている。

事業部門のスピンオフ、M&Aといった手法のあり方が議論される際には、資本、ファイナンスの側面からの議論が主たるものとなる。しかしながら本章の議論を通じて、「人」という側面からそうした手法を再検討することの重要性を指摘できるであろう。

注

（1）本書の第10章では、積水ハウスの事例を取り上げている。同社は、現在の積水化学工業から分離独立して誕生しており、スピンオフに関わる事例となっている。

（2）熊本県同社の水俣工場の排出したメチル水銀化合物による公害は、一九五六年以降から現在に至るまで、非常に大きな社会問題となり続けている。水俣病患者への補償金支払いは巨額なものとなっている。二〇一一年には、一〇〇％子会社のＪＮＣ株式会社が設立され、チッソの事業が譲渡された。現在はＪＮＣの収益を通じて、患者などへの補償が続けられるスキームとなっている。

（3）服部（二〇〇五）、伊丹・一橋ＭＢＡ戦略ワークショップ（二〇〇七）、渡邉・天野（二〇〇七）、文堂（二〇〇八ａ／二〇〇八ｂ）などを参照。

参考文献

伊丹敬之（二〇一五）『高度成長を引きずり出した男――サラリーマン社長・西山彌太郎の夢と決断』ＰＨＰ研究所。

伊丹敬之・一橋ＭＢＡ戦略ワークショップ（二〇〇七）『企業戦略白書 Ⅳ』東洋経済新報社。

岡本久吉（二〇一〇）『日本における企業の分離・独立の研究――古河グループの電機エレクトロニクス企業の事例を中心として』東京リーガルマインド。

柴田淳郎（二〇〇八）「日本型スピンオフ戦略の形成プロセスと論理――日本陶器合名会社の事例分析」『日本経営学会誌』第二二号、四一－五二頁。

中村青志（一九九三）「企業ランキングの変遷――鉱工業上位一〇〇社と運輸・電気・ガス業上位三〇社」伊丹敬之・加護野忠男・伊藤元重編『リーディングス 日本の企業システム　4　企業と市場』有斐閣。

中村青志（一九九九）「付録2　日本企業のランキング推移」宇田川勝・中村青志編『マテリアル 日本経営史』有斐閣。

服部暢達（二〇〇五）『M&A最強の選択』日経ＢＰ社。

濱田信夫（二〇〇五）『革新の企業家史――戦後鉄鋼業の復興と西山弥太郎』白桃書房。

文堂弘之（二〇〇八ａ）「Ｍ＆Ａの成果検証――ＪＦＥホールディングスの経営統合」『年報 経営分析研究』第二四号、六四－七一頁。

文堂弘之（二〇〇八b）「M&A後の企業価値向上――JFEホールディングスの経営統合」坂本恒夫・文堂弘之編『ディール・プロセス別 M&A戦略のケース・スタディ』中央経済社。

米倉誠一郎（一九九一）「企業革新と組織外部化戦略――富士電機・富士通・ファナック」『一橋論叢』第一〇六巻第五号、四七二-四九五頁。

渡邉渉・天野倫文（二〇〇七）「グローバル競争優位の構築と移転――日本電産のM&A戦略」宮島英昭編著『日本のM&A――企業統治・組織効率・企業価値へのインパクト』東洋経済新報社。

Yonekura, Seiichiro（1994）*The Japanese Iron and Steel Industry, 1850–1990: Continuity and Discontinuity*, Palgrave Macmillan.

社史

『川崎製鉄五十年史』二〇〇〇年。

『トヨタ自動車七五年史』二〇一三年。

『富士通社史Ⅱ――昭和三六～五〇年』一九七六年。

『富士フイルム五〇年のあゆみ』一九八四年。

第2章 長期的関係による信頼構築

自動車部品の系列取引システム

真鍋 誠司

1 はじめに

日本の企業間取引関係は、他国の取引関係と比べて長期継続的な傾向があることが知られている。その独特な取引のシステムは「系列」という言葉で呼ばれ、過去には「系列は閉鎖的である」とアメリカを中心に問題にされたことがあった。しかしながら、最近の研究では、日本特有の系列取引システムが国際競争力の源泉であるという主張がなされている。

なお系列には、金融系列、販売系列、生産系列の三つの形態が知られている。金融系列とは金融機関を中心とするグループ企業間の取引関係であり、販売系列はメーカーと流通業者の取引関係、生産系列は組立メーカーとそこに部品等を納入するサプライヤー（供給企業）の取引関係を意味する。本章では、生産系列に分類される日本自動車産業の取引関係を取り上げて、ビジネスシステムにおける信頼について考えてみよう。

2 日本の取引関係

❖ 日本自動車産業の系列取引システム

日本の自動車産業は、生産や開発において後発であったにもかかわらず、第二次世界大戦後から短期間に競争優位性を構築した。近年では、日本の自動車生産システムや開発システムは、自動車の先発国であった米国自動車産業からベンチマークの対象にされている。実際、日本的な製品開発システムや生産システムのアメリカへの導入が始まっているという報告も少なくない。

ただし、日本自動車産業の競争優位性の源泉は、自動車メーカー内部の生産システムや製品開発システムのテクニカルな側面だけではない。系列に代表される、開発や生産を含めた部品取引関係の優位性が特徴的であることは、これまでも議論されてきた。後述するように、自由市場における価格メカニズムを基礎にしたスポット的な（その場限りの）取引に比べ、日本では長期継続的な関係が成立しているのである。端的にいえば、この長期継続的な取引関係において、自動車メーカーとその部品メーカー（サプライヤー）が一体となった種々の共同問題解決が可能になっている。たとえば、サプライヤーによる自動車メーカーの開発への早期参加（デザイン・イン）、VA・VE、技術指導や改善提案などである(1)。

さらに、このような協調は、自動車メーカーとサプライヤーの間のみにおいて観察されるわけではない。サプライヤー同士も協調して行動している。日本製造業における系列的な関係では、系列のトップに位置するメーカーを中心にして、サプライヤーが仲間組織への意識をもとに行動しているのである。

この典型的な協調的行動の例として、サプライヤー間の学習を挙げることができる。優れた生産方式や品質向上方法、人材育成策などについて、サプライヤー間で積極的な情報交換と相互研鑽がなされているのである。直接的に競合していないかぎり、サプライヤーの協力会、およびその協力会で組織される研究グループでサプライヤー同士の組織間学習が行われていることがある。(2) また、不慮の事故や天災の発生時に、サプライヤーが部品供給の危機に陥れば、自動車メーカーとともに他のサプライヤーも協調的に対応する場合もある。つまり、企業間の協調が単に自動車メーカーとサプライヤーの間だけではなく、サプライヤー間にも存在している。以上については、次の第3節で検討する。

協調的取引システムと競争的取引システム

このように、競争優位性が指摘される日本的な長期継続的取引では、最終組立メーカーとサプライヤー、サプライヤーと他のサプライヤーの間に協調が存在していることが最大の特徴であるといえる。日本の取引関係、とくに自動車産業における系列取引システムは、アメリカの取引システムに比べて、協調的であるといえる。

協調的取引システムの特徴は、取引関係に固有な資産が存在し、また、この関係から利益が生まれることであり、取引は長期継続的になる。たとえば、その取引相手にのみ有効な機械設備への投資は、典型的な関係特殊的資産である。もしも、取引関係を止めてしまえば、この設備投資が無駄になってしまう。したがって、取引は継続されていく。また、とくに系列と呼ばれる関係では、資本関係や出向等の人的関係が認められることも多く、これらも取引が継続する要因となる。さらに、協調的取引システムでは、共通する問題に対して共同問題解決が図られる。このため、経験を通じた相互信頼が構築され、信頼の蓄積が多ければ多いほど情報交換の質と量に好影響を与える。ただし、少数の取引相手との取引が継続的に続くと、いわゆる競争のメリットが失われてしまうおそれがある。そのため、協調的取引システムでは、自動車メーカーが比較的少数の取引相手を競争させることによって、このデメリットを解消している。このように、サプライヤー間に自動車メーカーによる意図的な競争のメカニズムが働いているが、自動車メーカーとサプライヤーの関係は協調的である。

　これは、アメリカのような経済学的自由市場モデルにおいて、自動車メーカーとサプライヤー、サプライヤーと他のサプライヤーが競争的であることと対照的である。市場のような競争的取引システムでは、価格メカニズムを基礎にして取引が行われる。つまり、競争的取引システムでは、自由市場の考え方をベースに競争入札が行われ、可能なかぎり完全な契約が重視される。契約期間内は取引が続くが、契約期間終了とともに取引関係はいったん打ち切られる。したがって、同じ相手と取引をするためには、サプライヤーは再度、競争入札において選ばれなければならない。そのため、ある程度は客観的に高い能力が評価される必要がある。取引ごとに取引相手が代わりうるという意味において、競争的取引システムは短期的であると考えられる。競合するサプライヤー同士が競争関係にあることはもちろん、自動車メーカーとサプライヤーの関係においても、価格を基準にした交渉は競争的である。部品を販売するサプライヤーは少しでも高く販売しようとし、他方、部品を購入する自動車メーカーは少しでも安く購入しようとするからである。

　このように、日本を典型とする協調的取引システムとアメリカを典型とする競争的取引システムに分類することができる。

3 取引関係と信頼

協調的な取引関係において、信頼はメンバーの協調性を促進するので、信頼の役割は大きい（真鍋、二〇〇二）。第2節では、日本における協調的取引システムが成立した経緯を確認したうえで、信頼概念とその意義を説明する。

❖ 協調的取引システムの成立と信頼の構築

日本自動車産業の発展は、第二次世界大戦後に製品技術や製造技術を海外企業から導入することにより始まったと考えられる。一九五〇年代からは、日本政府は自動車産業の保護・育成政策を実施し、自動車生産が拡大する契機となった。一九六〇年代には、国内の需要が急増し、自動車メーカーは部品産業を含む周辺産業の育成を通じ、競争力を高めていった。自動車メーカー自身でも、製品開発力や品質・コストの改善能力を向上させ、一九七〇年代には輸出が増大していった。一九八〇年代には、日本の自動車産業は、アメリカやドイツに対抗できるほどに成長し、輸出もさらに拡大していく。しかし、一九八五年の円高によって輸出依存型の経営は転換を迫られた。一九九〇年代以降、自動車産業の世界的再編とともに日本の自動車産業の変化も加速している。

それでは、協調的取引システムは、上述の歴史のなかで日本企業が事前合理的に選択し、形成してきたのであろうか。協調的取引システムの象徴的な要素は、自動車メーカーとサプライヤーの共同開発を意味する承認図方式にある。承認図方式とは、サプライヤーが自ら開発した部品について図面を作成し、自動車メーカーがその図面（承認図）をチェックして承認し、サプライヤーに部品の製造を認める方法である。藤本（一九九八）によれば、承認図方式の普及は一九六〇年代後半である。この時期に、国内市場の急成長に合わせて新型モデルが次々と開発され、自動車メーカーの開発作業負荷が増大した。これにより、自動車メーカーがサプライヤーの開発能力を頼って、開発作業負荷を軽減しようとした可能性がある。結果的に、承認図方式は開発工数の節約、開発期間の短縮、部品コストの低減といった点で合理的であった。しかしながら、こうした競争力への貢献は事前に予想されていたわけではないという。同様に、Sako（1991）では、日本の取引関係について歴史的分析を行い、技術力のあるサプライヤーの不足が、自動車メーカーによる相互信頼を基礎にした長期的関係構築の主要要因であることを明らかにしている。

つまり、協調的取引システムは、事前に合理的に設計されたビジネスモデルというよりは、後に歴史的に合理性をシステム化していったビジネスシステムである。

❖「信頼」のとらえ方

日常生活ではもちろん、ビジネスにおいても「信頼」は重要である。たとえば取引の場面では、相手を信頼していれば、過剰に詳細な契約を結んだり、相手を監視したりする必要性もなくなる。また、その相手と相互に協力して取引上の課題を解決することもできるだろう。それでは、そもそも信頼とはど

図2・1　信頼の分類

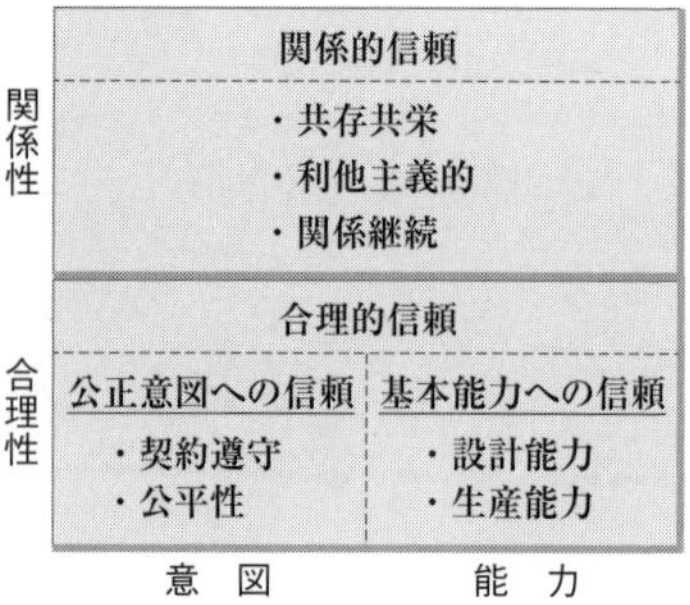

（出所）　真鍋（2002）。

のように考えることができるだろうか。

例を挙げて考えよう。あなたが大病を患ってしまい、手術をしなければならなくなったとする。あなたは担当医を信頼し、身を任せて、手術をしてもらわなければならない。ここで信頼できる執刀医の必要条件は、いうまでもないかもしれないが、医師免許をもっていることである。また、経験の少ない、若い医者よりも、ベテランのほうが信頼できそうである。以上の考察は、信頼は「相手が能力をもっていること」が重要になるケースが多いということを示している。この場合は、手術を成功に導くと期待できるだけの能力である。ただし、能力があればよいというものでもない。その能力を全力で発揮してもらう必要がある。したがって、親戚などの身内や友人に執刀医がいれば、その人に手術を担当してもらえると、より安心であろう。つまり信頼は、「相手が自分に対して協力的であるという意図や意思があること」とも関係していることがわかる。

以上の議論から、ここでは信頼を、「相手が自らにとってポジティブな役割を実行する意図への期待と、相手が自らにとってポジティブな役割を遂行する能力への期待」と定義しよう（たとえば、山岸、一九九八）。相手がいくら役割を遂行する能力を保有していたとしても、それを実行する意図がなければ、それを期待することはできない。逆に、相手に役割を実行する意図があっても、それを遂行する能力がなければ，やはり期待することはできない。

次に，信頼はその成立する背景や根拠により，図2・1のように「合理的信頼」と「関係的信頼」の二種類に分類できる。前者は信頼の構築とその保持が，客観的な事実を根拠にした合理的判断によって行われ，短期的自己利益の追求をめざす。後者は，主観的な判断をもとに相手との共存共栄を図るもので，社会的関係性に強く影響を受けている。合理的信頼は，相手の意図や能力について合理的に判断するため，さらに「公正意図への信頼」と「基本能力への信頼」に分類することができる。取引関係では，公正意図への信頼は相手が契約を遵守し，公平で公正に振る舞うであろうという期待を意味する。また，基本能力への信頼は，相手が設計や生産に関する基本的な能力を保有していることへの期待である。他方，関係的信頼は，社会的な結びつきを根拠にしているため，意図や能力に対する明確な期待はないと考えられる。取引相手が共存共栄を望み，場合によっては自分（自社）に対して利他的な行動をとり，関係の継続を図るだろうという期待が関係的信頼である。(3) このうち，日本の系列取引システムでは，とくに関係的信頼を基礎にした関係が重要になる。次節ではまず，日本の系列取引システムについて概観し，追って関係的信頼の重要性を検討することとしよう。

❖ 協調的取引システムにおける信頼の意義

取引をする場合，信頼を基礎にした取引のほうが，契約を重視する取引に比べてメリットが多い。そもそも，ある程度の信頼は取引において必要である。あらゆる事態を想定し，すべての情報を網羅した完全な契約は，存在しえないためである。

また、信頼は取引コストの削減に貢献する。信頼関係にあれば、相互に機会主義的行動を抑制すると期待できるので、複雑な契約を結んだり、企業行動を監視したりする取引コストは必要なくなる。機会主義的行動とは、隙あらば相手を裏切り、出し抜き、自分だけ利益を得ようとする行動である。また、取引コストとは、取引相手の探索コスト、交渉コスト、監視コストを指している。つまり、相手が裏切らないと確信できて、新たに取引相手を探したり、取引ごとに交渉したり、取引相手を監視したりする必要がないので、それだけ費用もかからないということになる。したがって、強い相互信頼関係に基づいた取引関係は、経済的な面でよく機能するといえる。

さらに、企業間の信頼のなかでも関係的信頼が共同で効果的な問題解決を可能にするという研究結果もある。加えて、平常の取引だけでなく、事前に予測できない災害や急激な市場変化に直面した際にも、関係的信頼によって弾力的で協調的な行動が生まれて、早期に企業間取引を安定させることができる。この点については、次節で事例を検討する。

4　トヨタの事例

ここでは、協調的取引システムの例として、トヨタ自動車株式会社（以下、トヨタ）とそのサプライヤーの関係についてみてみよう。結論を先取りすれば、トヨタとそのサプライヤーは相互に学習して知識を創造する仕組みをもち、その仕組みを通じて企業間の信頼関係を強化している。

❖ 組織間学習の仕組み

トヨタは、サプライヤーとの長い歴史のなかで、知識を創造する組織間学習活動の仕組みをつくってきた。この仕組みを通じて、トヨタとそのサプライヤー間の信頼関係が強化されたと考えられる（真鍋・延岡、二〇〇二）。この組織間学習の仕組みは、①協豊会、②生産調査部、③自主研、④ゲストエンジニアの四つの要素から構成されている。

(1) 協　豊　会

トヨタは、一九四三年に同社とそのサプライヤー間における相互友好と情報交換を目的とする協豊会を組織した。二〇一六年現在の会員企業数は二二四社で、幹事は二九名いる。協豊会の幹事会は毎月行われる。生産計画、施策、市場動向などについて意見交換がなされている。

協豊会の活動は、総会、幹事会、委員会、部会からなるが、とくに重要であると思われるのは、テーマ研究部会である[4]。テーマ研究部会では、タイムリーなテーマの研究に取り組み、トヨタと会員企業への提言を行っている。たとえば二〇〇八年より三年間、間接部門の「自工程完結」が研究部会におけるテーマの一つとなった。自工程完結とは、従業員一人一人が、後工程（カスタマー）のことを何よりも先に考えて、決して悪いものはつくらず、仮につくってしまっても後工程には流さないということを意味する。これは、トヨタやそのサプライヤーの工場では、トヨタ生産システム（Toyota Production System, TPS）の要である「自働化」としてよく知られる概念であるが、製造現場における自働化の実践方法を間接部門にそのまま適用することはできない。工程において付加価値を付ける対象が工場では目に見えるものであるのに対し、間接部門のそれは情報であり、目に見えず把握しにくいためである。

そこで、トヨタのサプライヤーは、協豊会において数社がグループを形成し、自工程完結の展開方法を研究している。

(2) 生産調査部

トヨタ生産システムをトヨタ内外に普及させる目的で、一九七〇年に生産管理部内に生産調査室が設置された。その後、生産調査室は一九九一年に「生産調査部」に名称変更される。生産調査部は、TPSの視点から短期的には工場の生産性向上、在庫削減、品質改善に関する問題を解決するため、一日から数カ月にわたってチームをサプライヤーに派遣する。同時により長期的には、トヨタ内外にトヨタ生産システムを熟知した人材を育成する目的があると考えられる。

(3) 自主研(自主研究会)

一九七六年から、トヨタは社外の共同学習活動である自主研を支援している。自主研は、生産性と品質の向上について、サプライヤーが相互に学びあうことを目的としている。トヨタは、キーとなるサプライヤーのうち五〇~六〇企業を自主研として組織した。さらにそれらの企業は、生産プロセスの類似度、地理的近接性、非競合性、トヨタ生産システムの習熟度などから、五~七の企業にグループ分けされる。また、グループは、アイデアの多様性を維持するため、数年ごとに再編成される。各サプライヤーは、部門長や主担当など、五~八名を参加させている。

毎年、サプライヤーはトヨタの生産調査部とともに集合し、その年のテーマを決定する。自主研では、トヨタ生産システムに関する課題について自由に設定することができる。テーマが決定されると、一年間ですべての参加企業の工場を順番に訪問し、その過程で顕在化した問題点(品質改善、リードタイム短縮、在庫削減など）について解決策を検討する。各参加企業の工場に数カ月間メンバーが常駐し、徹底的に議論を重ねる。

（4）ゲストエンジニア

トヨタと関係の深いサプライヤーは、トヨタにゲストエンジニアを派遣し、共同開発を行っている。現在でも、トヨタには一五〇〇人以上のゲストエンジニアが常駐していると考えられる。サプライヤーのゲストエンジニアは、トヨタのエンジニアと協働して、特定の製品の開発を数カ月から数年にわたって実施する。この制度を通じて、ゲストエンジニアは、トヨタの知識や開発プロセスを習得し、能力を高めることができる（真鍋・延岡、二〇〇二／河野、二〇〇九）。

❖ 協豊会の組織間学習システムによる信頼の構築

以上の組織間学習の仕組みを通じて、トヨタとそのサプライヤーは信頼関係を強めていると考えられる。信頼を高める要素は、この仕組みのなかで観察される①アイデンティティの確立、②知識と価値観の共有、③共同学習である。

（1）アイデンティティの確立

トヨタによる組織間学習の仕組みに参加することで、サプライヤーはトヨタとその取引ネットワークに帰属していることを強く認識するだろう。

（2）知識と価値観の共有

組織間信頼の構築において、価値観の共有が重要な役割を果たすことが指摘されている（Sako, 1991）。

トヨタ生産システムは、生産に関する具体的な知識という側面だけでなく、ジャストインタイムや自働化の思想という価値観の側面がある。先に挙げた自工程完結に関するトヨタとサプライヤーの共同研究も、自働化の思想を応用したものである。

(3)　共同学習

協豊会や自主研といった他のサプライヤーとの相互学習の機会は、トヨタとの間の信頼関係だけではなく、サプライヤー間の信頼関係も高める。トヨタのオリジナルな哲学であるトヨタ生産システムをメンバーがともに学習し、習得していく過程を通じて、一体感を得るためである。同時に、トヨタへの能力の高さも再認識すると考えられる。

以上、三つの要素は相互に影響を与えあっている点が重要である。知識や価値観を共有していることに加えて、実際に共同学習する体験は、アイデンティティの確立にプラスの影響を与える。また、アイデンティティの確立によって、さらに知識や価値観の共有が促進され、効率的で効果的な共同学習が可能になるのである。また以上のプロセスを通じて、サプライヤーはトヨタとその他のサプライヤーに対する関係的信頼（共存共栄への期待）と、合理的信頼（基本能力への信頼、公正意図への信頼）の両方を高めている。トヨタや他のサプライヤーとともに一体となって学習することが、共存共栄への期待を高める。つまり、組織間学習システムに参加すること自体が関係的信頼を強める。他方、トヨタの生産に関する能力の高さは基本能力への信頼を、メンバーへの適切な学習機会の提供は公正意図への信頼を生じさせると考えられる。

❖危機的状況における対応

それでは、信頼が行動に表れるのは、どのようなときであろうか。一つには、信頼関係にある一方が危機的な状況にあるとき、他方が信頼をベースに協調的な行動をとると考えられる。そこでここでは、アイシン精機の工場で火災事故が起きた際の、トヨタとそのサプライヤーがとった行動を中心にみてみよう(5)。

一九九七年二月一日の午前四時一五分頃、アイシン精機の刈谷第一工場（愛知県刈谷市）から出火、約八〇〇〇平方メートルが全焼した。出火の原因には、「機械作動で生じた火花が、作業用オイルに点火した」可能性や、「生産ラインのモーターが加熱し、作業用の木製の足場に引火」した可能性が指摘されている。

火災で焼失した刈谷第一工場が生産していたのは、ブレーキの関連三部品であり、トヨタの購入している三部品のうち、八～九割がアイシン製となっていた。とくに、プロポーショニングバルブ（以下、PV）は、刈谷第一工場でしか生産していなかった。さらにトヨタには、ジャストインタイム生産のため、約二日分のPVしか在庫がなかった。その影響から、トヨタでは全工場が一時操業停止に追い込まれた。トヨタは、一連の操業停止で合計七〇〇〇〇台の減産になり、三菱自動車でも四五〇〇〇台の減産になった。

この火災事故において注目すべきは、主にトヨタグループのサプライヤーによる自主的な代替生産である。トヨタでは、火災の対応としてデンソー、豊田自動織機製作所、豊田工機などのグループ内各社に振替生産を要請し、各社は緊急に不足する部品の生産ラインを設置した。また、グループ内だけでは絶対量が不足するため、ナブコといった独立系や他系列の部品各社からの購入も決定した。結果的に、PVの代替生産のために二〇〇社を超える企業が参加し、そのうち六二社が直接的にPVの加工・製造に関わった。

また補償問題について、トヨタはこの事故に関連し、直接的に取引のある一次部品メーカーからの部品購入価格を一～三月限定で一律一％引き上げた。この措置は、サプライヤーへの事実上の補償と考えられる。この結果、デンソーに一〇億～一五億円、アラコには三億～四億円の補償金が支払われた。さらに、デンソー、アラコなどトヨタグループの部品メーカーは、アイシン精機の火災事故に関してトヨタから支払われる補償金の全額を二次以下の部品メーカーに還元した。この結果、トヨタの生産停止に伴う損失は、原則としてトヨタと一次部品メーカーまで負担することになった。つまりトヨタは、生産停止に伴う損失とサプライヤーに対する補償金という二重の損失を負担したのである。

アイシン精機は、火災事故の影響で一九九七年三月期に八〇億円の特別損失を計上した。特別損失の内訳は、生産委託による部品購入価格の増加分が四八億円、刃具・測定具など工具の購入費が二三億円、物流・人件費の増加分が九億円であるという。また、アイシン精機は火災の経験を踏まえて、緊急生産復旧ガイドを作成した。このガイドには、生産復旧作業の足跡や緊急時の対応のポイントがまとめられている。さらに、迅速な復旧が実現した背景として、阪神・淡路大震災後の危機管理体制の見直しが奏功したこと、グループ企業や取引先からの支援が得られたことが述べられている。

以上のトヨタのサプライヤーの協調的行動について、西口＝ボーデ（一九九九）は、通常時における グループ内の問題解決活動を通じて共有された潜在能力があることを指摘した。同時に、信頼が大きな役割を担ったとも考えられる。通常時に関係的信頼が発展していた場合、予期せぬ事態において協調的行動がとられるだろう。なぜなら、関係において相互に能力を認めあい、また相互に協調的な意図を確認しているからである。火災事故におけるラインの復旧などは、短期的には損得の計算は不可能だといえる。しかしながら、取引関係のパートナーは、相互に運命共同体としての信頼が存在していることから、迅速に協調的行動を引き出すのである。

5 おわりに

系列と呼ばれている日本の取引システムでは、信頼に基づく協調的行動が観察されることを議論してきた。協調的取引システムでは、事前に詳細な契約を結ぶことなしに、パートナー同士による共同問題解決が可能になる。それこそが日本産業における強みの源泉の一つであるともいえるだろう。

ただし、協調的取引システムを取り巻く経営環境にも、変化がみられる。経営環境の変化は、ビジネスシステムに少なからず影響を与える。ここでは、次の二点を指摘しておこう。

第一に、取引のグローバル化である。自動車メーカーの取引先が、日本にとどまらず海外へと広がっている。とくに自動車メーカーの海外進出に伴い、それまでの日本における取引関係の見直しも行われている。トヨタも「世界最適調達」を標榜し、品質や納期といった条件さえ満たせば、現地のサプライヤーから部品を購入することを明言している。したがって、海外の現地部品メーカーと新たな信頼関係を構築する必要性も生じている。

第二に、自動車のアーキテクチャ（構造）の変化である。ガソリン・エンジンを使用した自動車から、ハイブリッド自動車、クリーン・ディーゼル自動車、電気自動車、プラグイン・ハイブリッド自動車、燃料電池自動車と、多様なシステムが乱立しつつある。また、自動運転技術などの自動車の電子化も急速に進んでいる。自動車そのもののアーキテクチャが変化すれば、それに対応して取引相手や取引システムも変化せざるをえないだろう。

これまでの取引関係の解消や、新たな取引関係の構築には、企業間の信頼が鍵となる。取引関係の解消によって信頼が失われれば、単なる取引停止ではなく、二度と良好な関係を結べなくなる可能性もある。とくに、関係的信頼は関係性や経験を基礎にした、運命共同体としての共存共栄への期待である。そのため、関係の解消が、そのまま関係的信頼の崩壊を招くことになりかねない。したがって、取引関係の解消は慎重に行わなければならないといえるだろう。

だが同時に、関係性にとらわれすぎるのも危険である。過剰な信頼は、相手企業の能力や意図に対するバイアスをかけることになる。つまり、相手の正確な評価が不可能になる。また、信頼関係によって取引システムが固定されると、システムの外にいる優れた相手との取引機会が失われてしまうというデメリットもある。

一九九九年、日産自動車はカルロス・ゴーンCOO（当時）のもと、再建計画である「リバイバルプラン」を発表し、翌二〇〇〇年から実行に移した。リバイバルプランの内容は多岐にわたるが、同社が出資して株式を保有している一三九四社のうち四社のみを残し、あとは売却するという系列解体策は、大きなインパクトを社会に与えた。「日産自動車の系列システムは機能していない」とカルロス・ゴーン氏が評価したと伝えられている（藤樹、二〇〇一）。

ビジネスシステムは、永遠に維持されるものではなく、変化するものと考えられる。系列のような協調的取引システムを解消するにせよ継続するにせよ、取引システムの評価と見直しが常に必要である。

注

(1) ＶＡ（value analysis, 価値分析）とは部品の設計改善提案を通じての原価低減の努力であり、ＶＥ（value engineering, 価値工学）とは量産段階に先行する期間中に、部品の設計改善に関する提案を通じて、見込まれる製造原価の低減を達成することである（浅沼、一九九〇）。

(2) 協力会のメンバー企業すべてが系列というわけではないが、ここでは協調的な取引を支える仕組みとして協力会を取り上げる。

(3) Sako（1991）では、約束厳守の信頼、能力に対する信頼、善意に基づく信頼の三つに区分しているが、分類の基準や根拠は本章と異なっている。

(4) 木村（二〇一五）は、協豊会とテーマ研究部会について、詳細な実態調査を行っている。

(5) アイシン精機火災事故については、西口＝ボーデ（一九九九）、真鍋（二〇〇一）、Whitney *et al.*（2014）を参照されたい。なお、危機における自動車メーカーとサプライヤーの協調的行動については、阪神・淡路大震災時における住友電気工業株式会社・伊丹製作所のディスクブレーキ・ライン復旧（真鍋、二〇〇一）や東日本大震災におけるルネサスエレクトロニクスの工場復旧（佐伯、二〇一二）においてもみられる。

参考文献

浅沼萬里（一九九〇）「日本におけるメーカーとサプライヤーの関係――『関係特殊的技能』の概念の抽出と定式化」『経済論叢』第一四五巻第一・二号、一－四五頁。

木村泰三（二〇一五）「『組織の組織』の組織化プロセス――協豊会におけるテーマ研究部会の事例研究」横浜国立大学国際社会科学府博士号認定論文。

河野英子（二〇〇九）『ゲストエンジニア――企業間ネットワーク・人材形成・組織能力の連鎖』白桃書房。

佐伯靖雄（二〇一三）「サプライ・チェーンのリスクマネジメントと企業間の協調的行動の限界――東日本大震災後のルネサスエレクトロニクス復旧プロセスを事例に」『産業学会研究年報』第二八号、二九–四二頁。

西口敏宏＝アレクサンダ・ボーデ（一九九九）「カオスにおける自己組織化――トヨタ・グループとアイシン精機火災」『組織科学』第三二巻第四号、五八–七二頁。

藤樹邦彦（二〇〇一）『変わる自動車部品取引――系列解体』エコノミスト社。

藤本隆宏（一九九八）「サプライヤー・システムの構造・機能・発生」藤本隆宏・西口敏宏・伊藤秀史編『リーディングス　サプライヤー・システム――新しい企業間関係を創る』有斐閣。

真鍋誠司（二〇〇一）「サプライヤー・ネットワークにおける組織間信頼の意義――日本自動車産業の研究」神戸大学経営学研究科博士号認定論文。

真鍋誠司（二〇〇二）「企業間協調における信頼とパワーの効果――日本自動車産業の事例」『組織科学』第三六巻第一号、八〇–九四頁。

真鍋誠司・延岡健太郎（二〇〇二）「ネットワーク信頼の構築――トヨタ自動車の組織間学習システム」『一橋ビジネスレビュー』第五〇巻第三号、一八四–一九三頁。

山岸俊男（一九九八）『信頼の構造――こころと社会の進化ゲーム』東京大学出版会。

Sako, M.（1991）“The role of ‘trust’ in Japanese buyer-supplier relationships,” *Ricerche Economiche*, XLV, 2–3, pp.449–474.（酒向真理「日本のサプライヤー関係における信頼の役割」藤本隆宏・西口敏宏・伊藤秀史編『リーディングス　サプライヤー・システム――新しい企業間関係を創る』有斐閣、一九九八年）

Whitney, D., J. Luo and D. Heller（2014）“The benefits and constraints of temporary sourcing diversification in supply chain disruption and recovery,” *Journal of Purchasing and Supply Management*, Vol. 20, Issue 4, pp. 238–250.

第3章 新たな協業の形

境界を越えていく自動車開発

石井 真一

1 はじめに

本章では、企業の価値創造活動において重要な役割を果たす製品開発に関するビジネスシステムに着目する。とくに長期的な競争優位を維持してきたといわれる、日本の自動車企業の製品開発を中心に取り上げる。まず、自動車開発マネジメントの特徴を踏まえたうえで、製品開発に関する諸側面や概念について概観する。そのうえで、自動車開発マネジメントに関する分析の範囲が、開発プロジェクトのレベルから開発組織全体（開発プロジェクト間）、部品企業や競合企業などの他社との連携、そして国際拠点間の連携といったレベルへと及んでいることを示す。本章では、これらの自動車開発における組織内・組織間の境界を越えた連携について実践的・理論的な観点から検討する。

2 製品開発の概要

自動車開発のプロセスと組織からみていこう。自動車開発では、設計や評価（試験・実験）、製品企画、デザインなどの機能を含む開発部門の人々が中心的な役割を果たす。これには商品企画やマーケティングを含む販売部門や工場を含む生産部門、調達部門なども関わる。図３・１に示した日本企業の一般的な車両開発のプロセスは、機能横断的な統合・調整活動を含む、多様な部署の人々による複雑な連携のもとで進められる。

車両開発は、開発責任者を含む製品企画グループが主導する製品企画から始まる。車両開発の責任者はトヨタではチーフ・エンジニア（CE）と呼ばれ、製品企画だけでなく車両開発全体を管理・統括する。製品企画では市場性やコンセプトに関する企画案、技術的な企画案、デザインや市場調査・技術検討を踏まえた最終企画案が策定される。これと並行して、デザインのコンセプトやデザイン案の検討、足回り部品などの開発も行われる。デザイン案はデジタル図面化され、次の段階で設計される図面のもととなる。最終的な製品企画案は、最終デザイン案とともに全社的な開発会議などで承認を受ける。

近年は製品企画の段階に、ある程度確定したデザイン案をもとにサイマルテニアス・エンジニアリング（SE）と呼ばれる設計検討も行われる。SEでは設計担当者が後工程の工程開発（工場の設備・作業の生産準備）の担当者などと協力し、生産情報とデザイン情報をもとに図面（SE図）上で技術的な検討を行う。その結果はデザインや部品・技術の先行開発等に反映される。このように複数分野の担当者が

図3・1　日本の自動車企業における車両開発プロセス

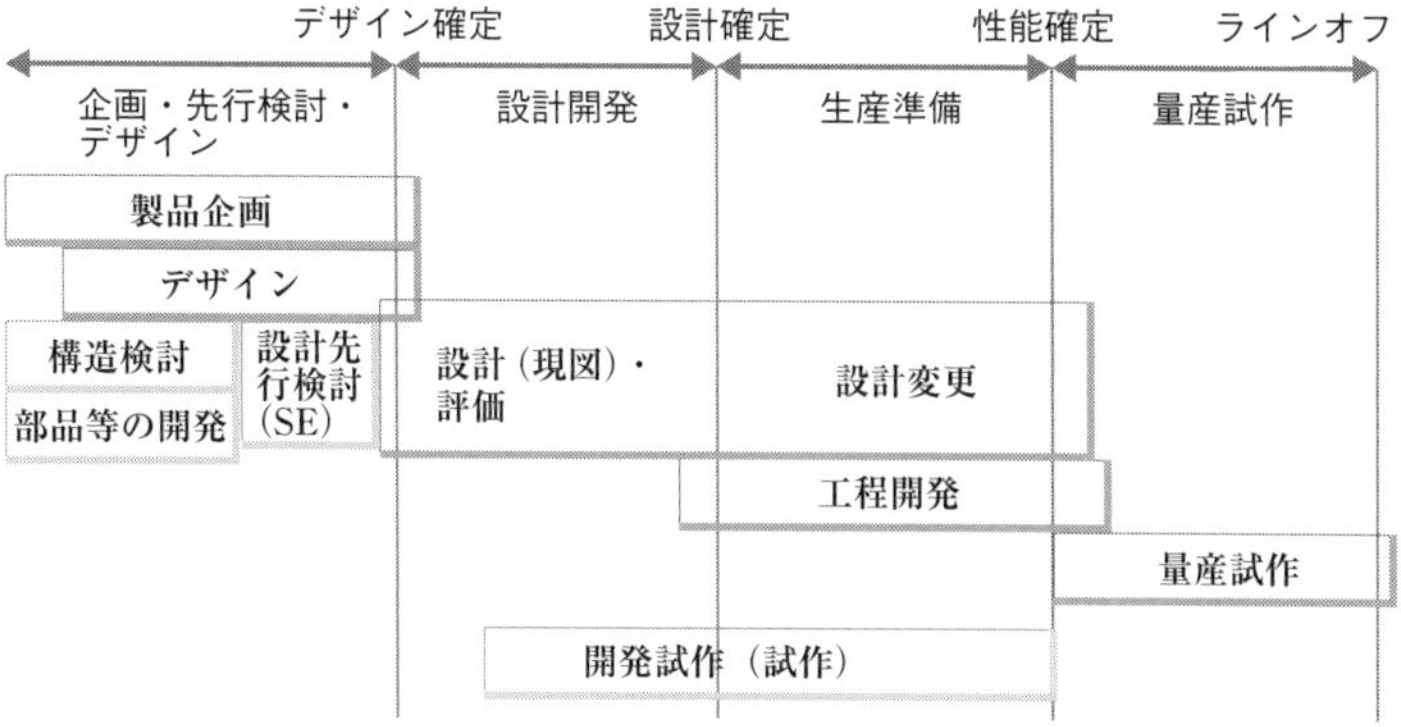

（出所）　石井（2013）を一部修正。

後工程の問題を前倒しで解決・調整するＳＥは、開発プロセスにおける「すり合わせ」の典型である。車両開発では前工程が作業を終える前に後工程が作業を開始する形で前後の工程が重複しており、そこでも工程間の調整が行われる。このような「すり合わせ」による問題解決の前倒しや調整は、開発に伴う期間・費用の削減や開発品質の向上などに寄与するといわれている。

デザインを含む製品企画が社内で承認されると、現図と呼ばれる量産金型用の図面の設計に移る。現図は、主に内外装部品についてＳＥ図をベースに設計される。これとほぼ並行して部品・車両の性能や品質、生産性や原価などの評価も行われ、工数と呼ばれる開発の作業量はピークを迎える[(1)]。

車両設計が固まると工程開発が本格化する。この段階でも生産面の品質・効率向上に向けた設計変更が行われる。生産準備の終盤に現図が確定すると、量産用金型で製作した性能確認用の車両（confirmation vehicle またはＣＶと呼ばれる）による最終確認が行われる。これに続く工場の量産試作でも、設計担当者による設計の修正や、デザイン担当者による量産車の仕上がり確認などが行われる。

❖ 製品・産業の特性による違い

製品や産業の特性によっても開発のあり方はさまざまである。曖昧な顧客ニーズをもとにつくられるビールなどの食品や嗜好品の開発でみてみよう。(2) ビールや発泡酒の開発では、感覚的で曖昧な消費者ニーズを取り込むマーケティング部門が主導してコンセプト作りと製品化を進める。まず、曖昧な嗜好情報をもとに、消費者の日常的な言葉(「すっきりとした」など)のコンセプトが生み出される。この消費者調査の情報をもとに、開発に携わる部門間の情報共有や、顧客への働きかけがなされる。

多くの部品が複雑な構造で構成される自動車と比べて、ビールは単純な製品構造をもち、パッケージなどを除けば基本的には複数の要素に分解できないという特徴がある。しかも自動車のようにさまざまな評価項目・基準を満たすことよりも、消費者の嗜好に合うかどうかという実際の味覚による評価がビール開発では重要となる。構造が単純で複数部品に分解できない製品では、組織の調整・統合の問題は相対的に小さくなる。また、ビールの開発では開発担当者がその製法・レシピを見つけ出すための試験醸造を行う。このような装置産業に特有の開発手法も、あらかじめ分業された設計工程と生産工程の間の統合が鍵となる自動車開発と異なる特徴である。

❖ 製品アーキテクチャ

製品アーキテクチャによっても，製品開発のあり方が異なるといわれている。製品アーキテクチャとは「どのようにして製品を構成部品に分割し，どのように製品機能を配分し，それによって必要となる部品間のインターフェースをいかに設計・調整するかに関する基本的な設計構想」のことである(3)。

製品アーキテクチャにはモジュラー型とインテグラル型がある。デスクトップ・パソコンなどのモジュラー型のアーキテクチャを有する製品は，インターフェース（接合部分）が標準化された部品を寄せ集めてつくられる(4)。モジュラー型の製品を構成する各部品は機能面と性能面でそれぞれの役割を果たしており，部品に問題があれば同じインターフェースと機能をもつ別の部品で代替できる。技術進化や製品アーキテクチャの変化が頻繁に起こるパソコンの開発では，最適なアーキテクチャのデザインとこれに適した部品を組み合わせる能力が重要だとされている。

自動車の製品アーキテクチャはインテグラル型である。自動車を構成する多数の部品はそれぞれが独自の機能を有し，自動車の品質や安全性能，走行性能，燃費などに影響を及ぼす。同時に部品間の複合的な組み合わせや配置も自動車の品質や性能に影響する。このため自動車部品は他の部品との相互調整のなかで開発され，部品間のインターフェースは複雑になり，製品特殊的な設計となる部品も少なくない。また，自動車は多くの部署や部品企業を含む構成単位間の調整を通じて開発される。この複雑で多様な構成単位間の連携を上手に管理することが，自動車開発の成功の鍵となる。たとえばNVH（noise, vibration, harshness）と呼ばれる振動騒音関係の性能開発では，エンジンやタイヤ，ボディ，シートなどを含む広範な分野の技術者間の調整が重要である。また，製品によって求められるNVHの要件は異なる。この複雑で多義的な条件のもとで，各専門技術者が臨機応変な調整や試行錯誤を行いつつ，自動車の品質・性能を作り込んでいく。加えて、自動車は製品アーキテクチャや技術・競争環境が比較的安定している点でも、製品開発における構成単位間の統合能力が重要になる。日本企業はこの統合能力を製品開発において実現してきた(5)。

❖開発プロジェクトのマネジメント

ところで自動車企業の間でも製品開発マネジメントに違いがある。Clark and Fujimoto（1991）の車両開発（日米欧の二九プロジェクト）の比較分析によると、開発プロセスの違いが、異なる製品の品質や開発期間、生産性につながる。とくに重量級プロダクト・マネジャー（heavy weight product manager, HWPM）と呼ばれる組織タイプによる製品開発の成果が高いとされている。図3・2は彼らが示した機能別組織（左側）とHWPM（右側）の開発組織タイプである(6)。

図3・2左側の機能別組織は、欧米企業の開発プロジェクトで比較的多くみられるものである。機能別組織では各部門の技術者がそれぞれの専門機能を果たすなかで開発が進められる。そこでは各部門が専門機能に特化することで技術やノウハウが高度化され、各部門の業務が効率化される。ただし、製品の開発に責任・権限をもつ人が明確でなく、各部門長のもとで個別に運営される部門の間では連携をとりにくいという問題もある。

日本企業の自動車開発で比較的多いのが図3・2右側のHWPMである。HWPMでは、製品の企画やコンセプト創出について強い責任・権限をもつ開発責任者がプロジェクト全体を統括する。開発責任者は機能部門長と同等またはそれ以上の職位に位置づけられ、製品開発の遂行においては機能部門長よ

図3・2　機能別組織と重量級プロダクト・マネジャー（HWPM）

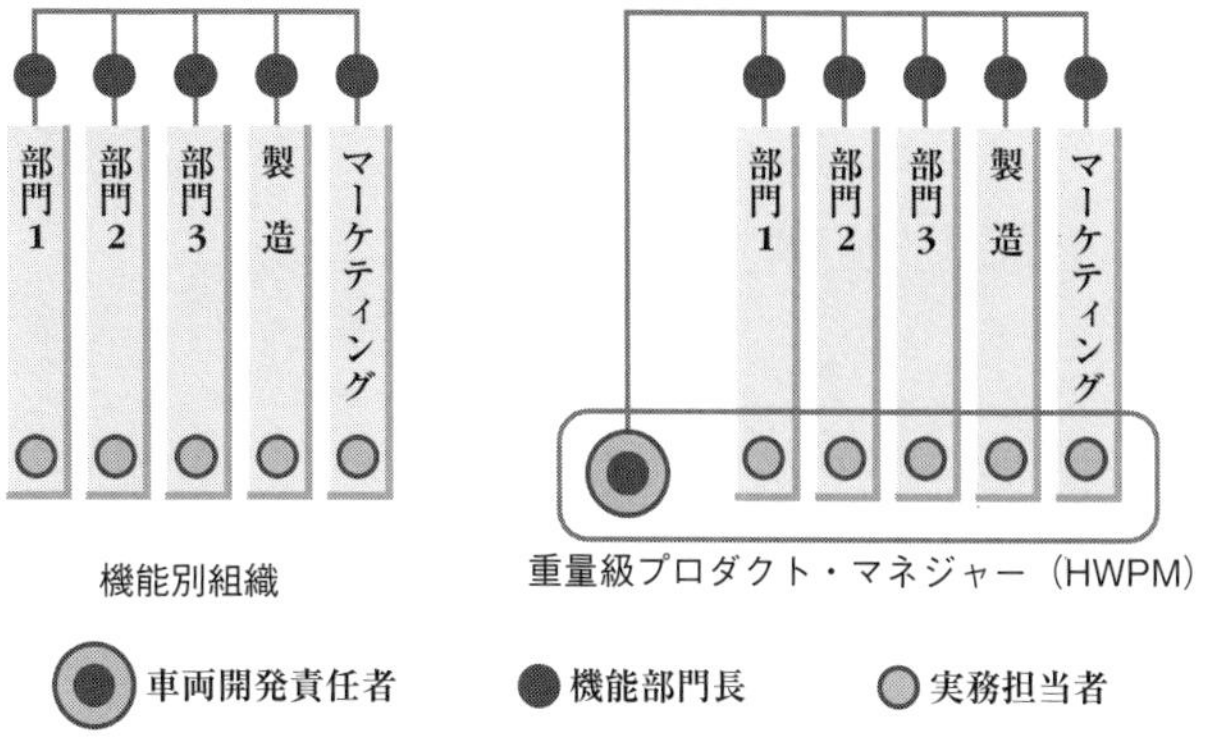

（出所）Clark and Fujimoto（1991）の内容を筆者が簡略化。

りも強い権限をもっている。[7] 多数の部品が複雑に組み合わされる自動車の開発では、車両・部品の設計担当者は各部品だけでなく、車両全体の品質や性能にも配慮しなければならない。車両として一体的な性能や品質を高めるには各機能の統合（内部統合）が鍵であるが、これにＨＷＰＭが適しているといわれている。また、自動車開発では多様な顧客ニーズや使用環境、競合製品などの情報をもとにデザインや燃費、静かさ、価格などを含む製品コンセプトが練り上げられ、製品化されていく。この多様な市場ニーズの車両開発への取り込みも、日本企業はＨＷＰＭを通じた内部統合によって実現している。

また、複数の開発プロジェクトを含めた、個別プロジェクトを超えた企業レベルの製品開発を管理する視点も重要である（延岡、一九九六）。とくに自動車企業では複数プロジェクト間で効果的に技術・部品を移転することによって部品レベルで規模の経済性を享受しつつ、製品間の差別化を実現することができる。開発に数百億円単位の投資と多くの時間と人手を要するプラットフォーム

（車体）などの基幹部品を、車両ごと新たに開発すれば企業にとって膨大な負担となる。また、革新的な技術を採用する場合を除けば、製品間のプラットフォームの違いが自動車販売を左右することはあまりない。製品差別化という点では、内外装の違いが自動車販売でより大きなインパクトをもつ。このように、車種間でプラットフォームを共有しつつ、内外装を差別化して開発組織全体で範囲の経済性を実現する開発戦略は、マルチプロジェクト戦略とも呼ばれている。

トヨタが一九九二年に導入したセンター制の開発組織は、マルチプロジェクト戦略が具現化された例である。センター制導入前のトヨタの製品開発は、プロジェクト別に運営され、開発部門は車両プロジェクトの軸と各機能部門の軸からなるマトリックス型の組織構造であった。そして、一九九二年にトヨタは開発組織を再編し、技術的に近い複数プロジェクトを開発センターに集約したセンター制を取り入れた。センター制の導入により、トヨタは限られた陣容で多数の車両を開発する体制を整えた[8]。

3　外部との連携

❖ 販売会社や部品企業との連携

自動車開発の担い手は自動車企業だけではない。たとえば、ユーザーの声をもとにスズキが開発し、二〇一四年に発売された軽自動車「ハスラー」がある[9]。二〇〇九年に生産を終えたセダンとSUV（スポーツ用多目的車）の特徴を合わせもつクロスオーバー車「Ｋｅｉ」の熱心なユーザーが、同社鈴木修会長に同車の生産終了を惜しむ声を会食の席で直接伝えた。これがきっかけとなり、軽トールワゴンとS

UVの双方の特徴をもつ新たな軽クロスオーバー車として，「ハスラー」が開発された。
顧客ニーズを自動車開発に取り込むうえでは，全国に展開する自動車販売店も大きな役割を果たす。日本国内には自動車企業が直接出資する販売会社もあるが，各地域の資本家や中小企業などが出資・運営する販売会社も少なくない。自動車企業が直接出資していない販売会社では，自動車企業との間で販売代理店の契約を結ぶ。この自動車企業からは独立している販売会社から，製品に関わるニーズや苦情が自動車企業に伝えられることがある。自動車企業に自動車販売店から伝えられるこれらの情報は時には厳しいものもあるが，それは自動車販売店にとって扱う製品の善し悪しが死活問題となるからである。また，自動車企業からの出向者もいるメーカー直営の販売会社だと，本社の事情を気遣い，余計な波風を立てたくないという心理も働く。よって自動車企業にとって耳の痛い製品の問題点や顧客ニーズに関する情報は，独立系の販売店から指摘されることが少なくない。市場の厳しい声が届きやすい販売会社との取引の仕組みを維持することは，自動車企業にとってよりよい製品開発につながっていると思われる。

自動車開発では部品企業も重要な役割を担っている。たとえば，自動車企業の拠点に部品企業の技術者が一定期間常駐して車両開発に携わるデザイン・インと呼ばれる協業の仕組みがある。部品企業に生産だけでなく設計も委託した部品（承認図部品）を日本の自動車企業は調達する[10]。また，近年では車両デザインの現場でも部品企業のデザイン担当者が滞在しながら協業するケースがある。デザイン・インによって部品企業は車両開発全体の状況を把握しつつ，柔軟かつ迅速に部品のデザイン・設計に対応することができる。

❖部品取引の仕組み

自動車企業が積極的に部品企業の能力を活用してきた背景には、第二次世界大戦後の日本自動車企業の開発・生産体制が不十分だったことがある。自動車企業が内製できない部品の生産を部品企業に委託する過程で技術移転などを行い、両者は生産や開発の面で連携する関係を形成してきた。

自動車企業が部品企業の能力を引き出すうえでは、企業間取引の仕組みが一つの鍵となる。自動車部品取引の仕組みや関係は国や地域によって異なる。部品調達の国際化や海外生産が拡大する今日では、これらの違いにも自動車企業は対応していかなければならない。

その一つの方法は、国内で構築した取引の仕組みの海外展開である。トヨタは日本で確立した部品企業との知識共有ネットワークをアメリカでも形成してきた[11]。その過程ではトヨタを中心とする企業間学習の取り組みや、トヨタから現地部品企業へのトヨタ生産方式に関する知識の移転を進めてきた。アメリカの自動車部品取引では、自動車企業からの技術移転による部品生産コストの削減は、納入価格の引き下げを伴うことが一般的であった。このため当初はトヨタからの技術移転にあまり熱心ではない現地の部品企業も存在した。しかし、トヨタからの知識移転の効果を部品企業は短期的には単独で享受でき、長期的にもトヨタと共有するかたちで享受できる。このような取引のメリットを理解した現地の部品企業は、トヨタとの間で生産分野の知識を積極的に共有するようになった。今日ではトヨタは日本と同様の部品企業の協力会（Bluegrass Automotive Manufacturers Association）をアメリカでも形成している。さらに、トヨタはアメリカの開発拠点において現地の部品企業との間でデザイン・インも行っている。

ただし、自動車企業の仕組みに部品企業が常に適応するとは限らない[12]。中国市場では現地部品企業の開発能力が不十分なため、製品開発では本国の場合とは異なる部品企業との協業のかたちをとった欧州自動車企業の例がある。また、特定の部品企業だけでなく、定期的に最適な部品企業との取引を追加できる仕組みのもとで、取引のグローバル化を進めるドイツの自動車企業の例もある。この仕組みのもとでは既存モデルの生産途中でも部品企業との取引を打ち切ることもあることから、退出（exit）型の組織間取引とも呼ばれる。一方、自動車企業との間でこの退出型の取引関係にある部品企業は、コスト構造等の情報を自動車企業と共有しない関係にある。

また、このような取引の仕組みを有するドイツの自動車企業は、部品企業への開発・生産のアウトソーシングを進め、部品企業との間で大胆に能力の専門化を図っている面もある。[13] ドイツの自動車企業は一九九〇年代以降に複数部品を組み合わせたモジュール単位の部品調達を推進し、中東欧地域の車両・部品生産の拠点化や中国・南米生産の拡大を進めた。その過程で巨大部品企業は自動車企業のデザイン・インにおける役割を拡大し、モジュール部品のデザインや開発、個別部品の取引先選別、調整・管理なども担うようになった。これらの世界的な取引関係の変容や技術革新などが進むなかで、日本の自動車企業でも従来の枠を超えた新たな取引関係を模索する動きがある。

❖自動車企業間の共同開発

自動車企業は同業他社と共同で車両を開発することもある。共同開発の背景や内容は多様である。パートナー間で連携する事業の範囲は、共同開発の内容やマネジメントとも関わっている。たとえば、共同開発が広範な事業活動についての協力を前提とした包括的提携の一環となる場合がある。また、企業間の連携が特定の事業や製品・市場に限定された共同開発もある。

共同開発を行うパートナー間でも，販売面では競合することは珍しくない。それでも共同開発を実施するのは，製品や技術の開発で一社当たりが負担する時間や費用を単独開発よりも抑制できるメリットがあるからである。また，パートナー間で主な販売市場が異なるときや，一方のパートナーが新たな技術分野・市場に進出する際に，共同開発を利用することもある。

共同開発におけるパートナー間の開発タスクの分担は，パートナー双方がともに開発を担うケースと，一方のパートナーが主に開発を担うケースとに大別できる。前者では，さまざまな開発タスクをパートナー間で分業することになる。ただし，各企業は製品開発に関して独自の分業構造やプロセスをもっており，そのことが企業間協働のボトルネックとなることもある。たとえば，パートナー間で分担したタスクを複合的に組み合わせるには，共同開発においてパートナー間の開発プロセスを統一する必要がある。しかしながら，開発プロセスは企業の歴史や外部環境との関わりのなかで確立される面もあり，企業間で統一するのは容易ではない。

開発プロセスの統一には，各パートナーのプロセスを融合させる方法と，一方のプロセスに他方が適応する方法がある。前者では双方のパートナーが，後者では一方のパートナーが新たな開発プロセスに適応することになる。ある日欧自動車企業間の共同開発では，日本側の開発プロセスにヨーロッパ側が適応する方法がとられていた(14)。社内とは異なる日本企業の開発プロセスを共同開発で採用することにヨーロッパ企業が同意した背景には，日本企業の開発能力を活用するという目的があった。この共同開発は合弁工場における共同生産と同時に実施され，そこでは日本企業が得意とする小型車が生産された。

また、このプロジェクトを足がかりに小型車市場への参入をめざしたヨーロッパ企業は、日本企業のもつ小型車の開発・生産能力の高さを十分に認識していた。これによって日本企業が共同開発を主導することについて両社間で事前に合意されていた。

共同開発における情報共有のジレンマ

共同開発の難しさは、パートナー間で共有できない情報があるなかで企業間協働を行うところにもある。企業は外部の知識を取り入れて組織能力を構築する面がある。この点では同業他社との共同開発は、パートナーとの知識共有が自社の競争優位を低下させるおそれがある。かといってパートナー間で上手く知識共有ができないと、双方の強みを活かした共同開発は難しい。これは戦略的提携におけるパートナー間の学習競争の問題でもある。

先述した日欧共同開発の例では、この情報共有のジレンマについて、パートナー間で互いに共有しない情報を一部に限定し、それ以外は共有するという対応がなされていた。重要なのは、提携の初期に共同開発・共同生産の実施についてパートナー間で合意した際、開発情報の共有の範囲についても合意された点である。非共有情報と定められたのは、各パートナーが分担した開発タスクのコスト情報の詳細と、各パートナーが販売する車両のデザイン・仕様の詳細である。これにより、パートナー間で合意した非共有情報を除く開発情報は、両社の人々の間で共有することができた。共同開発において一つ一つの情報についてパートナーと共有・非共有を決めていたのでは、企業間協働は進まない。また、共有情報に関するネガティブ・リストを限定しておくことで、共同開発に携わる人々のパートナーとの情報共有に対する心理的な障壁を低くできる。

この事例では、両社の開発プロジェクトの責任者に限り、パートナー双方の開発プロジェクトに参加して開発情報にアクセスできる体制もとられていた。パートナー双方の製品間で部品共通化を検討するには、両社のデザイン情報を含む開発情報を把握し、製品間の差別化の実現可能性を見極める必要がある。しかし、上記の非共有情報の原則だけでは企業間の部品共通化を技術面で十分に検討できない。そこで、両社の開発責任者に限って相手側の開発プロジェクトへオブザーバーとして参加することが許された。これによって両社の製品間の部品共通化に関する技術検討や、これを検討する共同チームの編成を随時実施できた。このような人を介在させた非共有情報の共有は、製品の販売までという機密性が一定期間に限られる情報に適用されたことも一つの特徴だろう。

4　製品開発の国際化

最後に、自動車開発の国際化についてみておこう。製品開発を含む開発機能の国際化は、企業の国際化の比較的遅い段階に行われるといわれている。すべての企業がこういった国際化の経緯をたどるとは限らないが、販売→生産→開発の順で国際化を進めてきた日本企業は少なくない。

まず、開発の国際化は、海外開発拠点の設立が契機となることがある。開発機能を担う海外拠点にも、技術者の駐在拠点（販売や生産の拠点での技術者駐在も含む）、開発機能を担う現地の事務所や子会社などがある。トヨタで最初に海外駐在した技術者は一九六〇年秋からアメリカの販売拠点に数カ月間滞在し、それ以降は技術者が約九カ月～一年間現地で滞在するようになった。当時の駐在技術者は現地販売会社である米国トヨタの一角で、車両の品質・性能の確認や技術対応の検討などを行った。トヨタは一九五七年に車両のアメリカ輸出を開始したが、車両の現地生産は八〇年代になってからである。よって技術者のアメリカ駐在は、販売の国際化に続いたといえるかもしれない。その後、一九六七年にトヨタ自動車工業の現地事務所（factory representative office）、七七年に車両の評価・認証などを行う現地開発子会社Toyota Technical Center USA（米国ＴＴＣ）が設立された。一九九〇年代初頭にはミシガン州に開設した米国ＴＴＣの新本社で車両開発が始まった。この現地開発は現地生産に対する技術支援が目的の一つであったという点では、生産の国際化に続いて行われたともいえよう。

❖ グローバルな開発能力と技術移転

企業がグローバルに展開する開発拠点全体で能力を構築するうえでは、優れた技術や知識を拠点間で移転することが鍵となる。しかし、国際拠点間の技術移転は容易ではない。とくに、後述するように技術移転の担い手は人であるため、技術移転の成否は国際拠点間の協働のマネジメントに左右される面がある。また、技術にはノウハウやスキルなどの多様な構成要素が含まれ、またそれらは形式化しにくい知識が少なくないことも国際技術移転を困難にする。

国際技術移転の難しさは、技術や知識が企業あるいは国・地域に特有の考え方や価値観、歴史、制度などと深く関わっていることも影響している。自動車産業では日本企業の製品開発の仕組みを導入しようとした欧米企業もあったが、その試みは十分実現されていない[15]。その一つの要因は日本企業の製品開発の仕組みが文化や社会制度に根差しており、それらを完全に模倣することが企業レベルでは困難だからである。ただし、日本企業もまた、自社の海外拠点に能力を移転する際には国境を越えた能力移転の難しさに直面する。後述するトヨタの事例では開発能力の海外移転が長期的に進められてきたが、このことは国際技術移転の難しさを示しているのかもしれない。

世界的な開発能力を構築するうえでは、海外拠点の能力水準の向上だけでなく、拠点間連携のあり方も重要である。とくに製品開発に含まれる開発業務を国際拠点間で分担し、拠点間で高度な調整や頻繁なやりとりを行う場合は、そのための仕組みが必要である。トヨタの事例でも、国際拠点間の多様な開発工程に関する複合的な分業のもとで、緊密な調整ややりとりを通じた製品開発の国際化が実現されてきた。

製品開発の国際化では海外拠点の負荷の平準化も課題となる。自動車開発の過程では必要な工数（投入するマンパワーで表される作業量）が大きく変動する。自動車開発では製品企画やデザインなどの開発初期から設計図面を確定していく過程で開発工数は急増し、設計図面が確定した後は減少していく。自動車企業は複数の車両開発を組み合わせることで、企業全体の開発工数を平準化させている。しかし、組織規模が本社よりも小さく開発製品が少ない海外拠点では、そのような対応は難しい。拠点業務に応じた短期雇用や外部委託の方法もあるが、海外拠点の能力構築や製品開発が機密情報と関わる点では限界もある。開発の国際化が販売や生産と比べて進みにくい背景にはこのような問題もある。

❖ トヨタのアメリカ拠点における車両開発

海外拠点における製品開発について、トヨタの米国TTCの事例[16]をもとにみていこう。なお、トヨタはアメリカに開発拠点（ミシガン州、アリゾナ州、カリフォルニア州）とデザイン拠点（カリフォルニア州、ミシガン州）を有している。また、同社はベルギー、フランス、タイ、オーストラリア、中国、台湾などにも開発・デザイン関係の拠点を有している。

トヨタが二〇一二年にアメリカで発売した「四代目アバロン」は、同社初のアメリカ人CEが率いるチームにより米国TTCで開発された。同車の開発に至る過程では、一九九〇年代初頭に同拠点で車両開発が始まって以来、さまざまな取り組みがなされてきた。アメリカでの開発は日本人技術者が主導するかたちで、既存の4ドアセダン「カムリ」を2ドアクーペ版に内外装を変更した「カムリ・クーペ」の開発から始まった。日本人技術者からアメリカ人技術者への指導のもと、試行錯誤のなかで進められた同車の開発は、日本本社の一般的な車両開発よりも多くの時間と人手を要した。また、当初の現地開発の業務は生産に近い開発工程が中心であり、高度な技術や品質が求められる開発業務は日本本社が担当した。その後、米国TTCの担当業務は次第に上流の開発工程に拡大し、高度な技術や品質に関わる開発業務も増えるなかで、開発経験を蓄積したアメリカ人技術者が現地開発の中心となっていった。

海外拠点における人の現地化は、国際経営の研究分野ではとくに日本企業の遅れが指摘されてきた。現地人従業員の動機づけ、現地の市場動向に適した製品のタイムリーな導入、本社からの駐在員派遣費用の抑制等の点で、海外拠点の人の現地化は欠かせない。しかし、海外開発拠点における人の現地化の話はそう単純ではない。とくに自動車のように品質がきわめて重要であり、構造が複雑な製品の開発では、本社の開発能力を海外拠点に短期間で移転するのは難しい。逆に、海外開発拠点で人の現地化を急速に進めれば、現地開発の管理や品質確保が不十分となるおそれもある。また、技術者のような専門職では従業員が昇進より専門技能・知識の探求を望むケースもあり、管理職への登用が意欲向上につながるとは限らない。海外開発拠点の人の現地化ではこういったことへの配慮も必要である。

また、「四代目アバロン」の開発では、日米拠点の連携に関する新たな仕組みとして、アメリカ開発車の製品企画に対応する開発センターが日本本社で設置された。当時のトヨタでは各車両の製品企画グループが三つの開発センターに属していたが、これらに加えて同車を含むアメリカ開発車の企画グループがこの新しい開発センターに集約された。アメリカ開発車の企画グループを集約した開発センターは、本社内の製品企画や日米拠点の連携への対応だけでなく、日本本社内における米国ＴＴＣの出先機関という役割も担った。同センターにはアメリカ駐在の経験者や米国ＴＴＣから派遣された技術者も配置され、現地開発の状況に応じて本社からの支援や本社内の調整活動を行った。アメリカ人が主体となった米国ＴＴＣの開発チームにとって、同センターは日本本社の動向を常に把握し、アメリカ側から拠点間の連携を働きかけ、また調整の要となる存在であった。

その後もトヨタはアメリカにおける現地開発を拡充している。たとえば、同社のホームページによると、米国ＴＴＣにおいて五人目となるアメリカ人のＣＥが二〇一四年に登用されている。また、トヨタは北米において開発だけでなく、本社機能、販売や生産を含む事業拠点の再編も二〇一四年に発表した。この計画のもとで、米国ＴＴＣでは試作工場の開発拠点への集約や、現地調達部門二五〇人の米国ＴＴＣへの異動などに向けて組織と施設の拡張が進められている。

5 おわりに

このように、日本の自動車企業は、激変する競争環境に対応して製品開発に関するさまざまなビジネスシステムを構築してきた。開発プロジェクト内の専門技術者間の連携や開発プロジェクト間の連携の体制、部品企業の専門能力を車両開発に活かすデザイン・インなどがそれである。これらは自動車という製品の構造特性や日本の制度・文化と深く関わっており、また社内資源の限界を克服するためにつくり出された面もある。それらの間で共通する論理は、効果的な製品開発の実現に向けて、部署・部門間やプロジェクト間、自動車企業と部品企業の間、あるいは自動車企業間の境界を越えて上手く連携することである。さらに今日では国内で構築された製品開発の仕組みが国境を越えて海外拠点にも展開され、現地適応も行われている。また、その過程では国際拠点間の連携を促す新たな仕組みも築かれている。

＊　本章の内容には科研費（基盤研究（B）H23330129，基盤研究（C）K25380517）による研究成果の一部も含まれている。

注

（1）近年は三次元ＣＡＤ（computer aided design）システムによる技術評価も行われている。三次元ＣＡＤシステムで作成したデータによる問題検討や解析は、ＳＥ段階でも行われる。一方、性能・品質への市場からの要求が高度化するなか、技術者育成のために試作による評価や部門連携による現図の作り込みを重視する企業もある。
（2）以下の内容は主に才木（二〇〇〇）と佐々木（二〇〇七）に基づいている。
（3）これは延岡・藤本（二〇〇四）の定義である。

（4）製品アーキテクチャの研究では、産業内の部品間インターフェースの標準化についても論じられている。標準化された部品間インターフェースを各企業がオープンに活用できる場合はモジュラー型、製品開発ごとに特殊な部品間インターフェースが調整される場合はインテグラル型となる傾向があるといわれている。

（5）自動車企業の部品共通化戦略や電気自動車の普及などにより、自動車の製品アーキテクチャがモジュラー型に近づく可能性も指摘されている。

（6）彼らはこれら以外の開発組織タイプも示している。

（7）ただし、製品企画部門に属する開発責任者は、各技術者の上司ではない（上司は機能部門長）。各技術者は車両開発に数カ月〜数年間参加する（複数車両の開発に同時に携わる者もいる）。そのような状況のもとで、開発責任者は自らの技術的能力や知識、強力なリーダーシップ、社内風土などを通じて各技術者への影響力を行使する（Clark and Fujimoto, 1991）。ＨＷＰＭは企業内の組織や制度だけでなく、開発責任者による各技術者へのインフォーマルな働きかけによって実現される面もある。

（8）センター制の組織は、車両開発を担う第一開発センター（ＦＲ車開発）、第二開発センター（ＦＦ車開発）、第三開発センター（商用車開発）と、技術開発を担う第四開発センター（先行技術研究）で構成された。第一〜三開発センターの担当車種は、車種間の部品共通化の観点から基幹部品（プラットフォーム）の特性により分けられた。内外装設計、シャシー設計、エンジン設計、実験などの機能部門は各センターに配置された。また、技術的に近いプロジェクトを各センターに集約することで、専門知識を創造・共有することもめざされた。

（9）Response ホームページより。

（10）自動車企業が設計して部品企業が生産する部品は、貸与図部品と呼ばれている。

（11）Dyer and Nobeoka (2000)。

（12）以下の内容は朴（二〇一一）に基づいている。

（13）山崎（二〇一三）。

（14）石井（二〇〇三）。

（15）延岡・藤本（二〇〇四）。

（16）石井（二〇一三）。

参考文献

石井真一（二〇〇三）『企業間提携の戦略と組織』中央経済社。

石井真一（二〇一三）『国際協働のマネジメント――欧米におけるトヨタの製品開発』千倉書房。

才木淳（二〇〇〇）「ビールの製品開発――装置系の感性消費財」藤本隆宏・安本雅典編『成功する製品開発――産業間比較の視点』有斐閣。

佐々木将人（二〇〇七）「嗜好品の開発プロセスの設計――キリンビール『やわらか』の事例分析」『日本経営学会誌』第二〇号、四八―六〇頁。

延岡健太郎（一九九六）『マルチプロジェクト戦略――ポストリーンの製品開発マネジメント』有斐閣。

延岡健太郎・藤本隆宏（二〇〇四）「製品開発の組織能力――日本自動車企業の国際競争力」ＭＭＲＣディスカッションペーパー、MMRC-J-9。

朴秦勲（二〇一一）『戦略的組織間協業の形態と形成要因――中国におけるフォルクスワーゲンと現代自動車』白桃書房。

山崎敏夫（二〇一三）『現代のドイツ企業――そのグローバル地域化と経営特質』森山書店。

Clark, K. B. and T. Fujimoto（1991）*Product Development Performance: Strategy, Organization, and Management in the World Auto Industry*, Harvard Business School Press.（田村明比古訳『製品開発力』ダイヤモンド社、一九九三年）

Dyer, J. H. and K. Nobeoka（2000）"Creating and managing a high-performance knowledge-sharing network: The Toyota case," *Strategic Management Journal*, Vol. 21, No. 3, pp. 345–367.

参考ホームページ資料

Response ホームページ「【スズキハスラー発表】誕生のきっかけになったユーザーの声」（http://response.jp/article/2013/12/25/213772.html, 二〇一五年三月二日アクセス）。
トヨタ自動車ホームページ「トヨタ、北米本社機能をテキサス州ダラス北部に集約」（http://newsroom.toyota.co.jp/en/detail/2350970, 二〇一五年一二月二七日アクセス）。
米国トヨタホームページ "Toyota Technical Center announces promotion of fifth American chief engineer,"（http://corporatenews.pressroom.toyota.com/releases/ttc+promotion+fifth+american+chief+engineer.htm, 二〇一五年一二月二七日アクセス）。

第4章 取引制度の中核
総合商社・伊藤忠商事の誕生

伊藤　博之

1 はじめに

「取引制度」とは、取引を制御するルールの束を意味する（加護野ほか、二〇〇八）。取引制度と聞いてまず頭に浮かんでくるのは市場という言葉であろうが、取引ルールには、業界内や地域内の顔見知りの取引相手に対する「貸し」「借り」への配慮なども含まれる。その場合、地域や業界の文化・慣行・人間関係なども取引制度を支える立派なメカニズムとなる。本章が取り上げる総合商社も、ビジネスシステムの前提ともなる取引ルールの「策定者」兼「運用者」として、「取引制度の中核」に位置することができる存在である。

たとえば、食品の流通では、食品会社、運輸会社、倉庫会社、情報システム会社、スーパーなどが参加するビジネスシステムが必要となることがある。しかし柔軟で緊密な協働を必要とするこのようなシステムは、純粋な市場原理（や契約）だけでは構築できない。そうした場合、総合商社が調整役となり、利害対立や混乱に際しての裁定者の役割を担うことで、このようなシステム構築が可能となるのである。

本章では、このように取引制度の中核に位置する総合商社の成立史を、幕末期の行商を出発点とした伊藤忠商事が、戦前期の近代的繊維商社への発展を経て、戦後高度経済成長期に総合商社化を果たす事例を通してみていく。そして、総合商社が取引制度を支えるメカニズムを概観し、高度経済成長期の経済環境においては、それが企業集団形成や総合商社化の推進要因となったことに読者の目を向けたい。

2　伊藤忠商事の会社成立史

伊藤忠商事は、近江商人の流れを汲む企業の代表格であり、同じ総合商社の丸紅と同根の会社である。それだけでも、その歴史は複雑であるが、確認するだけの値打ちはある。本章の議論の前提としても、同社成立史についてまず概観しておきたい(1)(図4・1参照)。

❖ 初代伊藤忠兵衛

伊藤忠商事は、滋賀県豊郷町(現在の地名)出身の初代伊藤忠兵衛(一八四二～一九〇三年。以下「初代」と記す)が、幕末期(一八五八年)に近江圏外への行商(卸商)を始めたことに起源をもつ。初代は浄土真宗の熱心な信者であり、「最後の近江商人」とも称された。彼の次のような信条は、近江商人の商道徳観を代表するものとされる。

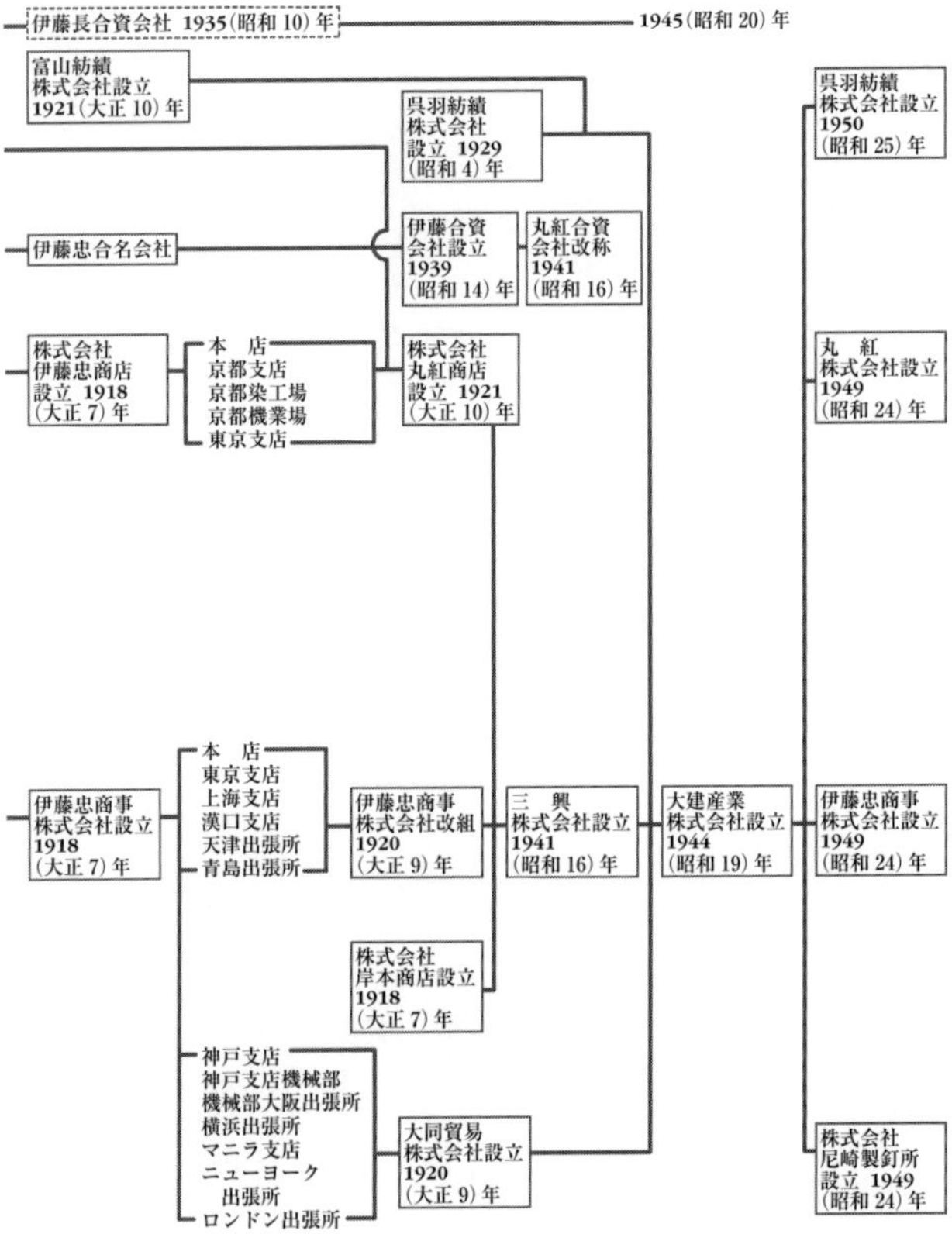
伊藤長合資会社 1935(昭和10)年
1945(昭和20)年
富山紡績
株式会社設立
1921(大正10)年
呉羽紡績
株式会社
設立 1929
(昭和4)年
呉羽紡績
株式会社設立
1950
(昭和25)年
伊藤忠合名会社
伊藤合資
会社設立
1939
(昭和14)年
丸紅合資
会社改称
1941
(昭和16)年
株式会社
伊藤忠商店
設立 1918
(大正7)年
本　店
京都支店
京都染工場
京都機業場
東京支店
株式会社
丸紅商店
設立 1921
(大正10)年
丸　紅
株式会社設立
1949
(昭和24)年
伊藤忠商事
株式会社設立
1918
(大正7)年
本　店
東京支店
上海支店
漢口支店
天津出張所
青島出張所
伊藤忠商事
株式会社改組
1920
(大正9)年
三　興
株式会社設立
1941
(昭和16)年
大建産業
株式会社設立
1944
(昭和19)年
伊藤忠商事
株式会社設立
1949
(昭和24)年
株式会社
岸本商店設立
1918
(大正7)年
神戸支店
神戸支店機械部
機械部大阪出張所
横浜出張所
マニラ支店
ニューヨーク
出張所
ロンドン出張所
大同貿易
株式会社設立
1920
(大正9)年
株式会社
尼崎製釘所
設立 1949
(昭和24)年

図4・1 伊藤忠商事会社系統図

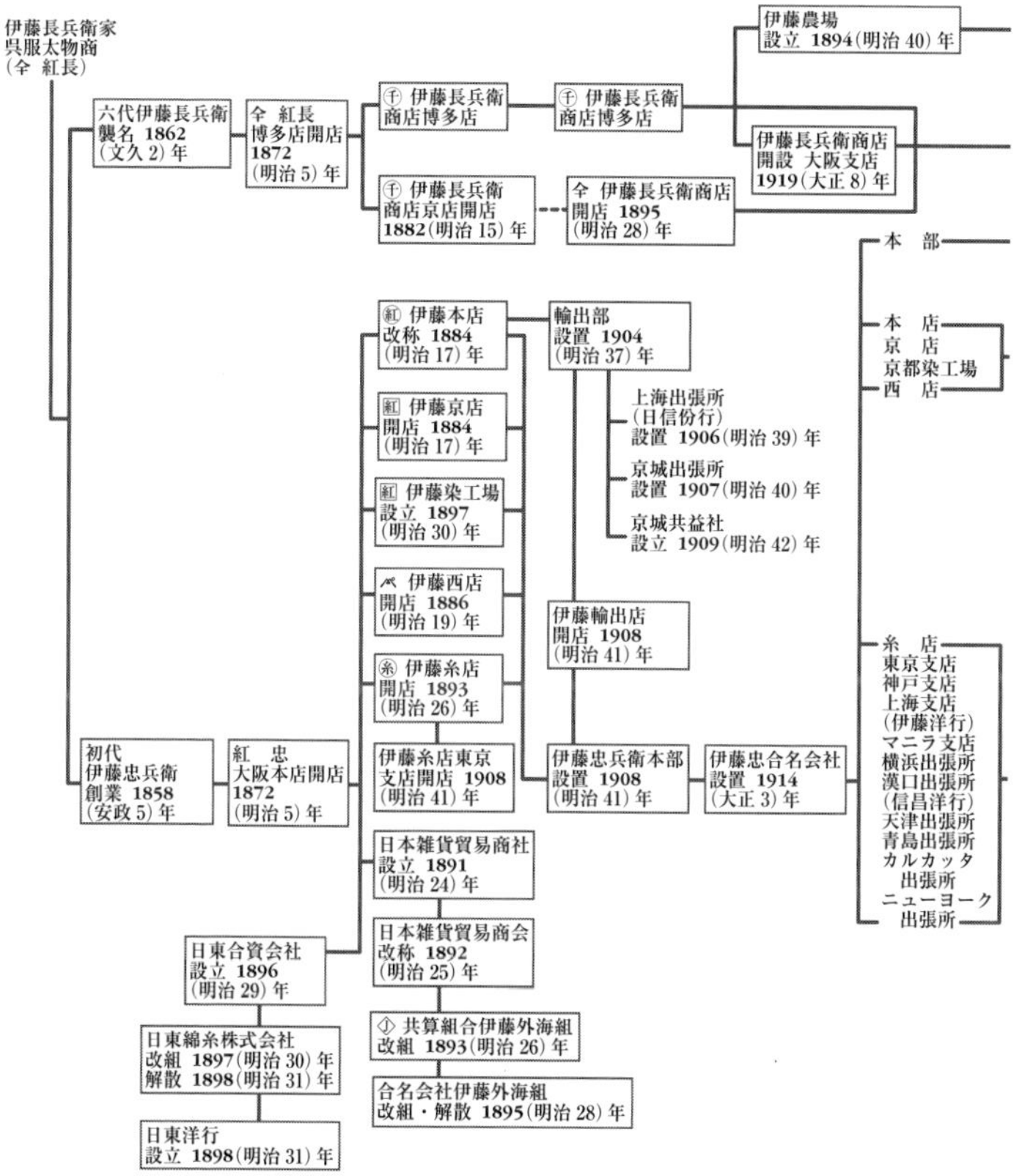

（出所）　宇佐美（2012）vi-vii 頁。体裁等一部修正した。

「投機を蔑みて対者のいずれかを傷うに反し、商売道の尊さは、売り買い何れをも益し、世の不足をうずめ、菩薩（御仏）の心にかなうもの、と仕事商売を浄化視しておった」[2]（宇佐美、二〇一二、四二頁）

幕藩期の行商の時代の終わりを予期した初代は、一八七二（明治五）年に、大阪に呉服問屋「紅忠」（一八八四年に伊藤本店に改名）を開店し、その後、伊藤京店（縮緬商、一八八四年）、伊藤西店（羅紗・毛織物輸入商、一八八六年）、伊藤糸店（綿糸卸商、一八九三年）を相次いで開店する。その間、彼は近江商人が実践してきたさまざまな経営方法（合議制や利益三分主義など）を取り入れる一方、学卒者採用や西洋簿記導入を進め、大阪を代表する繊維問屋を築いていった。

❖二代目伊藤忠兵衛の継承と伊藤忠コンツェルンの形成

初代の築いた事業を今日の総合商社「伊藤忠商事」へと飛躍させるきっかけを与えたのは、二代目伊藤忠兵衛（一八八六〜一九七三年。以下「二代目」と記す）である。

二代目は、初代の死去に伴い、滋賀県立商業学校（現・八幡商業）卒業を待ち、一九〇四年に伊藤家の事業に加わった。そして、伊藤家各店を統括する「伊藤忠兵衛本部」を一九〇八年に設置した翌年、弱冠二二歳の二代目は周囲の反対を押し切り、イギリスに一年間遊学し、紡績業や貿易業について学んだ。「だいたい呉服屋というものの因習的な家風と、堅実な初代以来の営業方針は、時代の進歩につれて、どこかにいきづまりをきたすのは当然なのである」（『伊藤忠兵衛翁回想録』一九九一、二〇〇頁）という発言に、当時の彼の進取の気性を読み取ることができる。

一九一四（大正三）年、伊藤忠兵衛本部は法人組織である「伊藤忠合名会社」に改組される。さらに、一九一八年には、伊藤忠合名会社を持株会社化し、海外貿易商社「伊藤忠商事株式会社」と国内繊維取引を主とする「株式会社伊藤忠商店」が設立される。ここに伊藤家諸事業のコンツェルン化が完成したのである（コンツェルンとは、持株会社が傘下の会社を株式所有や人的結合を通じて支配する企業形態を意味する）。

❖伊藤忠コンツェルンの解体と再生

ところが、事態は第一次世界大戦後恐慌（一九二〇年）で一変する。この恐慌で新興貿易商社（茂木商店など）が相次いで破綻したことはよく知られている（石井、二〇〇三）。伊藤忠コンツェルンも大きな打撃を被ることを免れず、次のように解体される。

まず、伊藤忠商事が、国内と中国・韓国を商圏とする綿糸布商社に再編され、二代目は、その社長として同社再建に専念することとなった。また、同社のその他の貿易事業（恐慌以前の同社には、マニラ・ニューヨーク・ロンドンに海外店があった）を引き継ぐ大同貿易株式会社が新たに設立され、ロンドン支店長と神戸支店長を務めていた二人の社員にその経営はゆだねられた。

一方、伊藤忠商店は、住友銀行の仲介により、初代の本家筋である「伊藤長兵衛商店」と合併し、株式会社丸紅商店となる。社長には本家の伊藤長兵衛（九代目）が就任したが、経営の実権は古川鉄治郎（同店専務）にゆだねられた。初代の甥でありそのもとで幼少より訓育された古川は、我こそが初代の衣鉢を継いでいるとの想いをもっていた。今日の総合商社「丸紅」は、この丸紅商店と上記の大同貿易が母体となっている。

さて、再編後の伊藤忠商事は徐々に業績を回復し、繊維商社としての地位を再確立していく。一九二三年からは、役員や取引銀行の反対を押し切って、二代目が綿花取引を開始する。当時、綿花取引は市況の影響を受けやすいリスクの高い事業と考えられていた。しかし一九二四年の為替安（円安）のおかげで日本の貿易事業全般に追い風が吹き、綿花取引も業績に貢献する結果となる。

一九二六（昭和元）年の伊藤忠商事は、全貿易商社中資本額八位、丸紅商店は一〇位であった（山崎、一九八七）。首位は三井物産であり、それを鈴木商店、日本綿花、江商が追い、さらに、三菱商事と東洋棉花が同額で並び、大倉商事が続いていた。鈴木商店と大倉商事を例外として、財閥商社と繊維商社が当時も貿易商社の中心だったことが確認できるデータである。

二代目が一九二九年に呉羽紡績株式会社を設立したことも、同社の業績回復を後押しした。その翌年には、伊藤忠商事は一〇年ぶりに株式配当を再開する。そして、一九三二年から四一年は「日本綿業の黄金期」とされるが（国の低為替政策も奏功した）、伊藤忠商事もその恩恵にあずかったのである。

❖ 戦中と戦後の激変

しかし戦時期に入ると、非軍需産業である紡績産業は、規模縮小や軍需生産への転換を強いられる。それを受けて、一九四一年に、伊藤忠商事、丸紅商店、鉄鋼商の株式会社岸本商店が合同し、三興株式会社が設立される。さらに一九四四年、三興に大同貿易と呉羽紡績が加わり、大建産業株式会社が誕生する。

そして、戦後（一九四九年）、大建産業は、過度経済力集中排除法による会社分割の対象となり、「伊藤忠商事」「丸紅」「尼崎製釘所」「呉羽紡績」の各株式会社に分割される。これにより伊藤家同族事業としての性格がこれらの会社から完全に払拭され、現在の伊藤忠商事や丸紅に至るのである。

3 繊維商社としての発展――総合商社化前段階

三井物産や三菱商事は、戦前に事実上の総合商社化を遂げていたとされる。とりわけ、戦前の三井物産は、戦後の総合商社のモデルとなったともされる。しかし「総合商社」という言葉自体は戦前には存在しなかった。それは、戦前に「総合商社」という業態が確立されていなかったことを意味する。「総合商社」という言葉が一般に使われ始めるのは、高度経済成長が始まる一九五五年頃のことである。それゆえ、「総合商社とは何か」を考えるためには、戦後、とりわけ高度経済成長期以降に注目して考えてみるのが妥当である。

高度経済成長期（一九五五～七三年）を通して総合商社として現れた企業の源流をたどると、旧財閥系（三井物産、三菱商事、住友商事）、繊維系（伊藤忠商事、丸紅、トーメン〔現・豊田通商〕、日綿実業〔現・双日〕、兼松江商〔現・兼松〕）、その他（日商岩井〔現・双日〕）に分類できる（各社の社名は一九七三年当時のもの）。旧財閥系に対して、日商岩井を例外として、繊維系商社が大きな存在であることがわかる。

旧財閥系商社も設立の経緯を反映してその実態はさまざまである。しかし思い切って単純化すれば、旧財閥系商社は財閥の窓口商社として発展し、戦後再編された企業集団の中核商社として再構築された。

一方、繊維系商社が総合商社となった背景としては、紡績産業が戦前日本の基幹産業であり、そのビジネスシステムが繊維系商社の戦前期の独自の発展を促したことがある。

本節では、イギリス・ランカシャー地方の紡績産業を比較事例として、戦前の伊藤忠商事の歴史が紡績産業のビジネスシステムとの関連で理解されるべきものであることをみていく(3)。

イギリス・ランカシャー地方

第一次世界大戦後恐慌まで、産業革命発祥の地であるマンチェスターを擁するランカシャー地方は世界の紡績産業の中心地であり、大英帝国の富を支えた。ランカシャー地方には、紡績産業を支える次のような産業クラスターが存在していた。

マンチェスターでは、紡績工程ごとに専業化した多数の小企業による分業体制が整っていた。貿易港リヴァプールと紡績産業の中心地マンチェスター間には、一八三〇年に鉄道が開通するなど、物流インフラも整備されていた。そのリヴァプールには国際綿花市場が存在し、多数の綿花仲買商がその取引を支えていた。また、この地域には、紡織機械メーカーなどの関連産業の発展も著しかった。

ところが、第一次世界大戦後恐慌を転機として、ランカシャー紡績産業は衰退に転じる。その理由として次のようなことが指摘されている。第一次世界大戦によるバブル景気に踊らされ、多くの紡績会社が巨額の銀行借入を背負っていた。また、輸出の主力であった綿糸が中国などの輸出先でも生産されるようになっていたが、紡績業者は綿糸生産にこだわり続けた。さらに、同地の商人の多くはドイツ人などの外国人であったが、第一次世界大戦後、彼らが母国へ帰国したことで産地の販売能力が損なわれた。

危機を打開するために必要とされた企業合同も，企業間の激しい対立により実現に時間を要した。

以上，要するに，ランカシャー紡績産業の繁栄を支えたのは，専門化・分業化・企業間競争という自由市場の原理であったが，恐慌発生時にはそれが産地の調整力や対応力の欠如として顕在化したということである（日高，一九九五）。これは，取引制度として市場メカニズムが万能ではないことを示す興味深い事例でもある。

❖総解け合いと伊藤家事業の救済

一方，本家マンチェスター同様，第一次世界大戦後の反動恐慌が大阪にも到来していた。先述のように，それにより伊藤忠コンツェルンも解体に追い込まれる。しかし伊藤忠商事や伊藤忠商店（前述のように，丸紅商店に再編）は，それぞれ再編に追い込まれながらも存続する。そこには次のような経緯があった。

恐慌を受けて，繊維商社の代表者たちは，紡績会社の業界団体である紡績連合会からの協力を得て，「綿糸布取引の総解け合い」の実施に成功したのである。「総解け合い」（当時の記述では「総解合」）とは，高額の先物取引の売買契約を見直す措置であり，紡績会社による事実上の商社救済措置であった。また，このとき，三大紡（東洋紡績，大日本紡績，鐘淵紡績）と住友銀行が伊藤家諸事業の債務整理の幹事を引き受けていた。

伊藤家事業救済の詳細については不明な点が残るが，その背景として，大阪紡績業の次のようなビジネスシステムがあったことが指摘できる。

❖ 大阪紡績業のビジネスシステム

大阪には、独自の充実した産業基盤が存在していた（阿部、二〇〇六）。江戸時代から存続する船場の木綿商に加えて、近代的銀行、倉庫会社、大阪糸棉木綿取引所などがあり、豪商たちが綿紡績や鉄道などの近代産業への投資家として存在していた。こうした蓄積のもと、「東洋のマンチェスター」と呼ばれた大阪では、第一次世界大戦直前には、大規模な紡績工場、泉州の中小企業からなる綿織物業、綿花輸入商社と繊維問屋が存在していた。紡績会社の製品の販売には既存問屋も積極的に利用された。

一方で、大阪にはリヴァプールのような国際綿花市場がなかったため、紡績会社は世界中の産地からの綿花買い入れを強いられる。そして、海外の綿花調達は、主に三大綿花商社（三井物産棉花部〔一九二〇年に東洋棉花として独立〕、日本綿花、江商）にゆだねられた。その結果、世界各地から調達した綿花を混合して生産を最適化するという、日本独特の混綿技術が紡績会社で用いられるようになる。それによって、綿花調達の仕組みは、紡績会社の製造技術と結びつくことになった。

日本では少数の大紡績会社が産業の中心にあった点もランカシャーと異なる（前述のように、ランカシャーでは多数の専業化した小企業の分業が生産工程を支えた）。日清戦争後の好況期に資本を蓄積した大紡績会社は、紡績（綿糸）だけではなく、織布（綿布）生産への垂直統合を進めた。また、第一次世界大戦中に蓄積した資本によって、大紡績会社は恐慌を大きな痛手を被ることなく乗り切っていた。

ランカシャー衰退の一因として指摘したように、この頃には綿糸の中国での現地生産が発展し、中国への輸出市場は失われつつあった。しかし綿布と綿糸生産の兼営を進めた大紡績会社は、輸出の主力を綿糸から綿布へ転換することができた。また、自社の兼営綿布部門（綿糸を生産する紡績会社が兼営する綿布生産部門）や国内綿織物産地を綿糸市場とすることで中国市場を代替できた。

大紡績会社のこのような一貫製造体制（綿糸と綿布を連続して生産する体制）の拡充は、綿布生産の材料である綿糸の企業間取引を、自社内の生産工程間のやりとりに置き換えることを意味し、その取引に介在していた糸商や加工問屋・商社の活動領域を狭めた。しかしそのことがかえって、問屋・商社の事業多角化（中小紡績への投資、織布の取り扱い、加工業者の系列化や綿糸布輸出や綿花輸入）を促すことになる（今村、一九七七）。問屋・商社の多角化は、既存の店舗網や人員を転用できるため比較的容易でもあった。伊藤忠商事も繊維諸製品の取引の水平的多角化（綿花取引など）や呉羽紡績の設立を図り、近代的繊維商社としての体裁を拡充していく。

綿糸の大口需要家である国内の小規模織物生産者との共栄共存と棲み分けを大紡績会社のサイドも意識した（阿部、一九九五）。商社や問屋もこのような互恵的取引構造のなかに位置づけられてきたのである。阿部は、この互恵的構造について次のように述べている。

「以上要するに、第一次大戦後には、世界的大企業となった三大紡などが、自己の製品を生産するのみならず、中小紡に新技術を教えたり、商社の協力も得て織物産地の大手機業家と分業関係を持ったりするように綿業を構成する他の主体と協調的行動をとるようになったのである」（阿部、二〇〇六、一一六頁）

このような紡績産業のビジネスシステムは、その後の国際競争力の強化に貢献することにもなる。それについて、阿部（二〇〇六）は、一九三〇年代に日本綿業の組織力が開花したとする（一一四頁）。先述のように、伊藤忠商事が復活しさらなる発展を遂げたのはこのような背景においてであった。なお、阿部が「組織力」と表現するものは、本章の用語では「ビジネスシステム」に対応している。

4 総合商社と企業集団の成立

既述のように、総合商社という言葉が一般に使われるようになるのは、一九五五年頃のことである。この頃から旧財閥系が先行するかたちで企業集団形成が加速していく。日本の高度経済成長は、企業集団が競合しながら発展していくことで実現されたという一面をもつ。また、そこから総合商社が今日われわれの知る「総合商社」として立ち現われてくるのである。

❖ 六大企業集団

まず企業集団について確認しよう。企業集団は、本来、株主の安定化を図るため、グループ企業間の株式相互保有を通じて形成され、社長会が一種の大株主会の役割を果たした（橋川、一九九二）。それゆえ、社長会結成の時期が企業集団成立の時期の一応の指標となる。

六大企業集団の社長会結成の時期を振り返ると次のようになる。住友系＝白水会（一九五一年）、三菱系＝金曜会（五四年頃）、三井系＝二木会（六一年）、富士銀行系＝芙蓉会（六六年）、三和銀行系＝三水会（六七年）、第一勧銀系＝三金会（七八年）である。

企業集団結成は旧財閥系が先行し、融資系列による銀行系（富士、三和、第一勧銀系）が追随したことが確認できる。とりわけ、伊藤忠商事が加盟する第一勧銀系の社長会結成は一九七八年であり、高度経済成長が終焉してから相当時間が経過していることがわかる（高度経済成長の終焉は、オイル・ショックが到来する一九七三年とされる）。

周知のように、各企業集団は、メインバンクや総合商社を筆頭に、各業界の主要企業を網羅する。企業集団にメンバーが欠ける業界が存在すれば、その業界との取引は他の企業集団の企業に依存せざるをえない。企業集団はこのような事態を回避するために、全産業の主要企業を網羅するように系列化を進めることを基本とする。このような方針は「ワンセット主義」と呼ばれる。ワンセット主義は一層の企業集団形成と競争を促すこととなる。

一方、旧財閥系と銀行系の企業集団には差異も存在する。旧財閥系は傘下に有力企業を多く抱える。またその株式相互保有の比率は相対的に高く、団結力が強い傾向がある。さらに、旧財閥系は三菱・三井・住友などの商号を社名として共有するので、ブランドとしての商号の維持・発展を図るという点でも団結が図られる傾向がある。伊藤忠商事の総合商社化の背景には、このような有力な旧財閥系企業集団の存在があった。

❖旧財閥系商社と伊藤忠商事

敗戦の影響は、財閥解体の対象となった旧財閥系商社にとってより大きなものであった。すなわち、一九四七年、三井物産と三菱商事はそれぞれ二二三社と一三九社に解体される(4)（住友財閥は戦前商社をもたなかったので、この時点で住友商事は存在しない)。その結果、戦後の一時期、伊藤忠商事や丸紅などの戦前の繊維商社が商社最大手の地位に躍り出た。

三菱商事が再結成されるのが一九五四年、三井物産再結成は五九年である。両社は、その後、戦前の商権の回復を図りつつ、企業集団の連携強化と産業構造の変化(とりわけ重化学工業の展開が重要である)への対応を推進する役割を担った。この時期に旧住友財閥も商社(住友商事)を新設し、企業集団を形成していく。

旧財閥系商社は、いったん再合同が実現されれば、企業集団との関係で有利な立場に立つことができた。旧財閥系商社は、企業集団内に各業界の有力企業を抱え、その取引に容易に介在できた。メインバンクに支えられた豊富な資金力も繊維系(総合)商社を圧倒した。旧財閥系商社が海外の資源開発で繊維系商社にはるかに先行したのも、またそのグループの結束力が強かったのも、豊富な資金力によるところが大であった(後述する商社金融の説明も参照されたい)。新規プロジェクト(原子力産業、情報産業、資源開発など)に対して、企業集団の支援を得ることも容易であった。さらに、取引仲介者である総合商社にとって、旧財閥に由来するブランドも競争優位の源泉であった(とりわけそれは、海外企業との取引で価値があった)。

一方、伊藤忠商事の総合商社化は、産業構造の変化(繊維産業の相対的な地位低下、重化学工業化、国際化の進展)や旧財閥系の企業集団再編に対する生き残り戦略でもあった。同社は、繊維取引の利益を非繊維取引の拡大に投入することで、総合商社化と独自の系列(CIグループ)づくりを積極的に進めていく。しかしその過程で、企業集団の形成で先行する旧財閥系商社の商権を既成市場で奪うことは容易ではなかった。同社は、繊維分野では優位にあったが、それ以外の分野では系列メーカーももたなかった。その結果、伊藤忠商事は、旧財閥系商社が商権を握る分野を避けつつ、時に場当たり的に、取引先の株式取得などを通して、新分野での事業グループ形成に力を入れざるをえなかったのである。その歩みは次のようにまとめることができる。

民間輸入貿易再開の翌年（一九五一年）には、総合商社をめざした組織体制が整備された。すなわち、繊維とそれ以外の取引を同列として、業務部が第一部（繊維）と第二部（非繊維）に分離される。また独自の系列をつくるための、投融資と関係会社を管理する管理部が新設される。一九五三年には、非繊維部門を強化する目的で増資を行い、その目論見書で自社を総合商社と規定する。一九五四年には、後に「CIグループ社長会」となる主要関係会社一六社首脳との会議が初めて開催される。さらに、一九五五年の営業報告書で、自社が総合商社であることを明記する。そして一九六二年には、非繊維部門の売り上げが繊維部門を超え、名実ともに総合商社化を果たす。また同年、関係会社運営基本方針を策定し、優良関係会社の株式公開をめざす方針が宣言されるとともに、場当たり的に展開していた系列会社の整理が図られる。

一方、銀行との関係では、伊藤忠商事は、戦前より住友銀行と近い関係にあった。実際、前述のように、戦前の伊藤忠商事救済に住友銀行は大きな役割を果たしている。しかし住友グループの中核商社は、戦後発足した住友商事となり、伊藤忠商事は第一銀行に近づく。なお、第一銀行と日本勧業銀行が合併して、第一勧業銀行が誕生するのは、高度経済成長も終盤の一九七一年のことであった（既述だが、グループ社長会の結成は一九七八年）。このように伊藤忠商事は、企業集団に依らずに取引の多角化や系列づくりを行う一方、銀行の融資系列に近づき総合商社化を図っていったのである。

5 取引制度を支えるメカニズム

伊藤忠商事の総合商社化の歴史は、それを単独でとらえるよりも、上記のように、戦前の繊維商社としての歴史を前提にして、企業集団や他の旧財閥系商社との競争関係のなかで理解されるべきものである。そして、高度経済成長期という時代背景において、企業集団の形成や総合商社化を促進した要因は、総合商社が取引制度を支えるメカニズムを考察することでみえてくる。次に、相互補完関係にあるこのメカニズムの主たる要素を列記してみよう。これらが今日の環境下でどのような意義をもつかを考察することは、総合商社の今やその弱点をとらえるためにも有意義である。

❖ 取引ネットワークの創出

総合商社は、取引対象を多様な産業にまたがる企業群に広げる（総合化する）ことで、市場でのドライな個別の取引関係の集合を互恵的取引ネットワークに置換する役割を果たす（島田、二〇一〇）。たとえば、総合商社は、造船所から船の輸出を委託され、同時に造船所に鋼材を売る。また、その鋼材の販売元である鉄鋼会社に製造機械を販売し、機械メーカーには鋼材を売る。こうして総合商社は、造船、鉄鋼、機械各社の取引ネットワークの結節点となり、そこにさまざまな機能を発揮する基盤を見出すのである。

このような取引ネットワークの創出は、企業集団内に限定されるものではない。しかし取引ネットワークの創出において企業集団に配慮することは、高度経済成長期の総合商社には重要な課題であった。

❖商社金融

商社金融は、企業集団を中心にした取引ネットワークの創出を助ける強力な武器となり、また互恵的取引関係を柔軟に維持するメカニズムともなる。

まず、企業集団の中核に銀行があったことは周知のとおりである。融資の中心を占めるメインバンクは、融資先の経営監視も行い、日本独特の企業統治制度の中核を担ったとされる。高度経済成長期に、総じて資本不足であった日本企業の設備投資資金も銀行融資に依存していた。

一方で、銀行融資は商社金融によって補完されていたことはそれほど知られていない。商社金融とは、文字通り総合商社が取引相手に提供するさまざまな金融のことである。その中心は、取引を仲介する際の企業間の信用創造に関するもので、すなわち総合商社が仲介する取引の売掛金の保証を引き受けるのである。それにより、売り手は取引相手の信用状態を案じることなく債権保証を確保できる。同様に、信用力に劣る中小企業でも大企業との取引が可能となる。それ以外にも、商社金融には、取引先への設備投資資金や運転資金の貸付や銀行への債務保証も含まれる。このような商社金融は、総合商社が中堅企業を系列化する手段でもあった（内田、一九七三）。

商社金融の存在は、総合商社が企業集団や融資系列に近づく理由を説明するものでもある。総合商社が商社金融を広範囲かつ大規模に実行できたのは、銀行から総合商社に対する大規模な融資があったからである。その結果、総合商社は、自己資本比率が低く、負債が大きい財務構造をもつことにもなった。

一方、銀行は、融資に総合商社を介在させることで、融資資金運用の適性化を図り、企業集団や融資系列の維持・拡大をめざした（島田、一九九〇）。というのも、日常の商取引を通じて、原料や設備の購入状況、在庫状況、製品販売状況などの情報をもっている総合商社は、融資判断や監視を銀行より的確に行うことが可能だったからである。

また、商社金融は、決済期限などについて、明確な契約に依らない取引を可能にした。こうして商社金融は単なる金融上の便宜提供にとどまるものではなく、次に説明する取引の柔軟な裁定メカニズムの手段ともなったのである。

❖ 取引コストの削減と取引の裁定

企業集団が総合商社を必要とした最も直接的な理由は、グループ企業の原材料調達と製品販売に関して取引コストを削減することであったとされる。総合商社が、取引に関連した情報収集・情報提供・交渉・債権保証・先行投資・契約順守の監視などを行うことで、売り手と買い手の双方がそのためのコストやリスクを回避できる（このコストとリスクが「取引コスト」である）。取引ネットワークの創出は、取引コストの削減に貢献する。また、商社金融も、資金不足の傾向にあった企業に資金を提供するだけでなく、取引先企業の信用調査を不要とするなど、取引コストの削減でも大きな役割を果たした。

しかし総合商社の役割は、狭義の取引コストを削減するだけではない。そこには、取引を実行した後での価格再交渉や役割分担の変更なども含めた取引条件の調整も含まれる。取引ネットワークや商社金融もそのためのメカニズムとなる。それによって、取引の裁定役として総合商社が介在することで、市場原理では不可能な取引関係を創出できるのである。本章の冒頭に掲げた食品流通に関するビジネスシステムが機能する背景には、このような総合商社による取引の裁定機能が存在することは容易に想像できよう。

6 おわりに

商社が介在しなければありえない取引は数多く存在する。商社の本務は、取引を創出できる可能性のある場を発見し、そこに働きかけることにあるともされる（Yoshino and Lifson, 1986）。すなわち、商社は、独自にリスクを負い、投資を先行的に行い、必要な情報、アイディア（プロジェクトの企画など）、保証（商社金融など）、諸インフラ（物流ロジスティックスなど）などを提供することで、取引関係を文字通り創造するのである。

取引関係を創造することは、売り手と買い手双方に対して取引に参加する新たな利益を提供することも意味する。先述の「商売道は菩薩の心にかなう」という初代の信条を、取引利益の創出を商人の本道とするものと解釈することも不可能ではない。彼が主張したことは、まさに商人が取引を組織化することで、売り手と買い手に取引に参加する利益を提供できるということであった。

企業集団としての産業構造変化への対応も、このような取引利益創造の一つの具体例ととらえることもできる。高度経済成長期には、企業集団の力を結集する潜在的な取引機会が比較的豊富に存在したと考えられる。そして、商品取引を媒介する過程で獲得した取引関係、スキル、情報、あるいは商社金融などを駆使して、新産業の育成、プラント輸出、現地生産、資源開発、都市開発などのプロジェクトに対し、企業集団のさまざまな企業を調整する機能を総合商社は提供した。こうした機能は、総合商社の「オルガナイザー機能」と呼ばれる。それは、日本経済の重化学工業化や国際化など、高度経済成長期の産業構造の変化に対応するうえで大きな役割を果たしたのである。

一方で、このような機能が提供できなくなったとき、商社の存在意義が問われることになる。実際、取引利益の創出に対しては、商社は高い仲介料をとることができる。一方、取引が継続し固定化するにつれ、商社の仲介料は売り手と買い手に余計な負担と考えられるようになり、商社には取引から離脱するか、仲介手数料を引き下げるかの圧力がかかる。したがって、商社には、潜在的に取引利益創出の探求が常に求められるのである。

商社のそのための独自能力は、取引対象となる製品に対する知識ではなく、潜在的な買い手や売り手との広範囲な接点をもち、彼らよりも広い視野や情報をもつことにある(5)。そして、多くの取引を仲介し、情報の流れの結節点にある総合商社は、専門商社やメーカーと比べて、この能力において優位性をもつ。つまりそれは、取引制度の中核にあることが、商社、とりわけ、総合商社の存在意義であり、力の源泉でもあることを意味する。商社のこのようなあり方が、伊藤忠商事の歴史にも反映されていることを読み取ることが求められるといえよう。

＊　本章執筆に関して、滋賀大学・宇佐美英機名誉教授兼特任教授に多くをご教示いただいた。また、科学研究費補助金

（基盤研究（B）「伊藤忠兵衛家同族による事業経営の研究――総合商社伊藤忠商事・丸紅成立前史の分析」）による研究成果にも負っている。

注

（1）本章の伊藤忠商事に関する記述は、とくに言及がない場合、主に社史に依拠している。
（2）初代は、投機活動を軽蔑し、取引相手に損を与えることを許さず、商売の本質は売り手と買い手の双方の利益を図り、世の不足を埋めることで、御仏の望むことをなすことにあるとして、仕事や商売を聖なるものと考えていた。
（3）以下の日英比較の記述は、とくに言及のない場合、阿部（二〇〇六）に依拠している。
（4）解体後の会社の数には諸説ある。
（5）このような独自能力のゆえ、実際、総合商社のビジネスは、コモディティ製品の生産システムの各段階を連結することを第一義としたとされる（Yoshino and Lifson, 1986）。コモディティ製品とは、差別化が効きにくいので、誰が仲介しても基本的に同じモノが取引されるような製品を指し、鉄鉱石や石炭などの原燃料や化学製品や繊維のように標準や規格があるものに多い。このような製品の取引に対して、仲介者は特別な製品知識を必要としない。そして、コモディティ製品の生産システムで取引されるものの大半は、素材産業に属する「バルキー商品（嵩張ったもの）」が中心となる。高度経済成長期の総合商社のビジネスモデルの根幹は、こういったバルキー商品を大量に扱うことで、低い口銭（取引仲介料）を大量の取引で補うことにあったという一面をもつ。

参考文献

阿部武司（一九九五）「綿業――戦間期における紡績企業の動向を中心に」武田晴人編『日本産業発展のダイナミズム』東京大学出版会。

阿部武司（二〇〇六）『近代大阪経済史』大阪大学出版会。

石井寛治（二〇〇三）『日本流通史』有斐閣。

今村秀夫（一九七七）「繊維商社の総合商社化の過程」『商学論集』第四五巻第四号、一八七-二二六頁。

宇佐美英機編著（二〇一二）『初代伊藤忠兵衛を追慕する——在りし日の父、丸紅そして主人』清文堂出版。

内田勝敏（一九七三）「総合商社論——存在形態と機能分析」『経営史学』第八巻第一号、八七–一〇五頁。

加護野忠男・角田隆太郎・山田幸三・上野恭裕・吉村典久（二〇〇八）『取引制度から読みとく現代企業』有斐閣。

橘川武郎（一九九二）「戦後型企業集団の形成」法政大学産業情報センター・橋本寿朗・武田晴人編『日本経済の発展と企業集団』東京大学出版会。

島田克美（一九九〇）『商社商権論』東洋経済新報社。

島田克美（二〇一〇）『企業間関係の構造——企業集団・系列・商社』流通経済大学出版会。

日高千景（一九九五）『英国綿業衰退の構図』東京大学出版会。

山崎広明（一九八七）「日本商社史の論理」『社会科学研究』第三九巻第四号、一四九–一九七頁。

Yoshino, M. Y. and T. B. Lifson (1986) *The Invisible Link: Japan's Sogo Shosha and the Organization of Trade*, MIT Press.

社史等

『伊藤忠商事一〇〇年』伊藤忠商事株式会社、一九六九年。

『伊藤忠兵衛翁回想録』伊藤忠商事株式会社、一九七四年。

第5章 製造と販売の統合と協働
JIT、SPA、CVSの設計思想

岡本　博公

1 はじめに――製造と販売の統合とは

本章では、製造と販売の統合について、その意義を明らかにし、実態を紹介する。

製販統合の究極の姿は、顧客に必要なものを即座に提供する仕組み、顧客まで貫通するジャストインタイム（ＪＩＴ）システムの構築である。ＪＩＴは、工程間・企業間での部材の流れに関して語られることが多いが、顧客まで延長して考えることができる。顧客は、適切に、必要なものを購入できる。ここで適切にというのは、待つことなく、しかも余分の負荷（コスト）をかけずに、という意味であり、時間とコストの節約を提供できるということである。そのために製造サイドと販売サイドがどのように協働するのか、これが本章の問題である。生産活動は、一定の設備と人員を擁し、持続的・恒常的に行われ、そして多くの場合は大量に製品を生産し続ける。一方、消費は、とくに消費財の場合は、個別的・分散的・間欠的になされる。販売は生産と消費をつながねばならないが、生産と消費のこの異なる流れを製造と販売がどう調整するかという課題である。

顧客が瞬時に必要な製品を入手できる側面だけに限れば、販売サイドが在庫をもつことで解決できる。しかし、現代の企業が到達した製品種類の多様性は、販売側がそのすべてを在庫とすることが不可能なレベルに達している。現代の製造業大企業の多品種・多仕様・大量生産は、さまざまな製品を生産することによって販売機会を拡大し、それによって大量生産を支え、コストを抑えるものである。この結果、製品種類はきわめて多くなり、そのすべてを販売業者が品揃えすることはできない。仮に、製造業者がそのことを販売業者に強いれば、販売業者は膨大な在庫を抱え、かえって販売力を大きく削いでしまい、製造業者にとっても得策ではない。

販売業者の在庫は製造業者が生産する製品種類の一部分に限定されざるをえないが、このことはすぐに次の問題、すなわち販売業者は、製造業者が生産する製品のどの部分を、どれだけ在庫として準備するのかという問題に突き当たる。もし、顧客にとって必要なものがなければ、欠品となり、販売機会を失う。他方、その分だけ売れ残り品を在庫として負担しなければならない。こうして、製品種類が多岐にわたるようになれば、販売業者が何を在庫として品揃えすればよいのかを予測することはきわめて難しい問題となる。製造業者が自ら、または販売業者の在庫を前提に行う生産は見込生産と呼ばれている。見込生産は、予測があたらなければ、欠品と売れ残りに直面する。

販売業者がこの悩ましい問題を避けて、在庫はもたずに、顧客の注文を製造業者にそのままつなぐことはできるし、そうした場合はある。この場合、顧客の注文を受けてから生産が開始されるので（注文生産、または受注生産という）、時間がかかる。顧客はそれだけ待たなければならない。もし、似通った製品を他の競争業者が短時間で提供できれば、顧客はそちらに向かい、納期が長い理由によって、またもや販売機会を失ってしまう。見込生産は、在庫を準備することによって納期問題を逃れるが、予測が不確かであれば、売れ残りと欠品に直面するかもしれない。一方、在庫をもたない注文生産では、納期の長さによる販売機会の喪失に直面するかもしれない。

しかし、見込生産の場合、もし予測が適切になされれば、そして注文生産の場合、もし納期が短縮できれば、この困難は解決する。そうすれば顧客サイドでのＪＩＴが成立しうる。それが、製販統合のめざすところであり、顧客は時間とコストを節約できる。それでは、製造業者と販売業者が、この困難の解消に向けて、どのように協働するのか。以下、立ち入って考えてみよう。

2　生産・販売計画の策定

予測の精度の向上と納期の短縮は、生産・販売計画がどのようにつくられるかによるところが大きい。製造企業を例にこのことを考えてみよう。

❖ 計画ロットと計画リードタイム

効率的な生産のために企業は、ある時点で、設備能力、原材料の手配、要員配置などを検討し、生産計画（何を、いつ、どれだけ生産するか、つまり仕様と生産順序、数量の計画）を策定する。生産計画は、一定の期間を対象とし、実際の生産より先行して立てられる。そこで生産計画が対象とする計画数量を計

図5・1　計画先行期間・計画ロット・生産のリードタイムの相関図

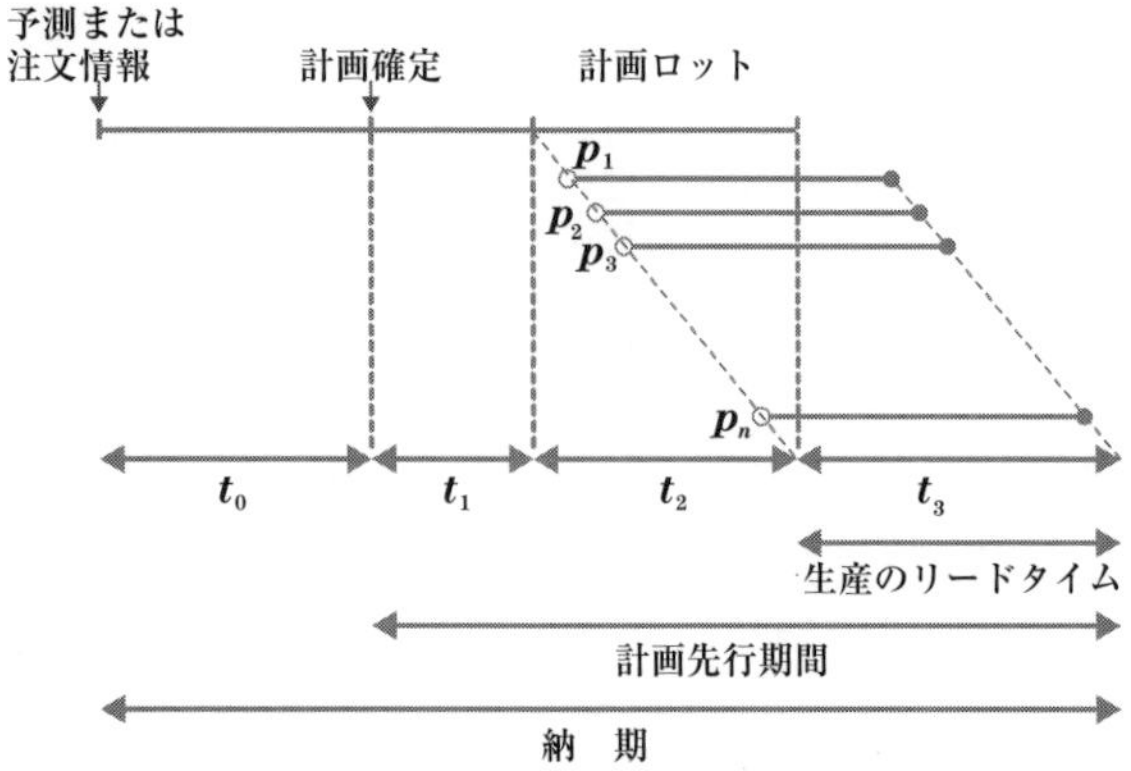

（出所）　筆者作成。

画ロット、計画が製品の完成に先立つ期間を計画先行期間と呼んでおこう。計画数量は多くの場合、一日分、あるいは一週間分といった時間単位で表現される。計画先行期間は、いつの時点で完成品の生産計画が確定されるかを問うものであり、同様に一日前に確定とか、一週間前といった時間単位で表現できる。さらに、生産に要する時間、つまり生産のリードタイムを、ここでは、完成品の確定計画に基づいて生産が開始され、それが完了するまでの時間とする。

図5・1は時間軸に沿ってこの三者の関連を示している。生産は、計画確定から一定の時間後（t_1）、計画ロットの時間幅（t_2）で進行する。ここで順次生産される製品をp_1、p_2、…、p_nとすればそれぞれの生産リードタイム（t_3）の経過後、順に完成品ができ上がっていく（順序が入れ替わる場合もある）。この結果、計画先行期間は、計画ロットの時間幅を受けてやはり時間幅をもち、この図では最短（p_1）の場合t_1＋t_3、最長（p_n）の場合はt_1＋t_2＋t_3となる。

ところで、予測の精度は、需要変動が大きいかどうかなど市場の特性に左右される側面もあるが、実は計画先行期間に規定される度合いが大きい。計画先行期間が短いほど予測の精度は高くなる。予測は直近になればなるほど的確となるからである。逆に計画先行期間が長くなると、かなり先の時点を予想することとなり、その精度は落ちる。予測の精度を高めるためには、計画先行期間は短縮されなければならない。見込生産は予測に基づいて計画が立てられるので、その精度は欠品と売れ残り量を左右する。

では、受注生産のケースはどうだろうか。納期は注文を受けてからそれを処理し、計画確定までに要する時間（t_0）と生産した完成品を顧客に届ける時間を付加したものである。したがって、納期は、t_0からt_3までの総計と顧客への配送に要する時間の和であり、その短縮のためには、それぞれの時間を短縮する必要があるが、とくにここでも図から明らかなように計画先行期間を短縮することが重要である。

❖ 生産のリードタイム

さて、図5・1に示すように、計画先行期間は生産のリードタイムと計画ロットに規定されている。したがって、計画先行期間の短縮のためには、生産のリードタイムと計画ロットそれぞれが短縮されなければならない。

ところで、生産のリードタイムは、生産技術に関わる問題であり、各生産工程への新技術の導入や工程改善によって、機械的な加工時間や化学的な処理時間をどれだけ短縮できるかにもよるが、しかしそればかりではない。生産のリードタイムの多くは、実際には、加工待ち、搬送待ちなどの待ち時間が占める。ところが、この待ち時間は計画ロットに規定される。計画ロット一日分の待ち時間は最長の場合でも一日であるが、計画ロット一週間の場合は待ち時間は最長の場合一週間になり、それだけ生産のリードタイムを長期化する。こうして生産のリードタイムの大きな部分は計画ロットによって生み出され、計画ロットが小さいほど生産リードタイムは短縮できる。たとえば、鉄鋼業における一連の工程（製鋼、連続鋳造、圧延、表面処理）における加工自体は驚くほど高速化しているが、生産の効率化のために計画ロットが大きく設定され（五～一〇日）、そのことが待ち時間を増大させ、生産のリードタイムを長引かせている（熱延鋼板の場合およそ二〇～二五日）。一方、自動車工業では、混流生産によって一個流しが実現し、計画ロットは小さく、生産のリードタイムは短い（およそ一日）。

さらに、生産のリードタイムは、仕様と数量、生産順序の確定計画を生産工程のどこに投入するかによっても決まる（以下、オーダー投入工程と呼ぶ）。通常、工業製品は多くの工程を経て完成するが、できるだけ完成工程に近いところまで仕様の確定を遅らせることができれば（オーダー投入工程の位置を後方に延期できれば）、生産のリードタイムは短縮できる。たとえば、自動車工業のオーダーは車体組立工程に投入される。これは自動車を生産する長いプロセスのほとんど最終段階であり、そこから完成車までに要する時間、つまり生産のリードタイムはきわめて短い。ここではオーダー投入される後工程と前工程が緊密に連携する仕組みが洗練され、定着している。いわゆる「かんばん」による後工程引っ張り方式である。

一方、鉄鋼業のオーダー投入は製鋼工程で行われるが、製鋼工程は鉄鋼製品を生産する長いプロセスの前半段階であり、それ以降のプロセスで先に述べた加工待ち、搬送待ちが頻繁に生じて、生産リードタイムはかなり長い。建設業や造船業は施工の開始時点で基本仕様を確定する必要があり、生産リード

図5・2　計画先行期間・計画ロット・生産のリードタイム・予測の精度・納期の相互連関

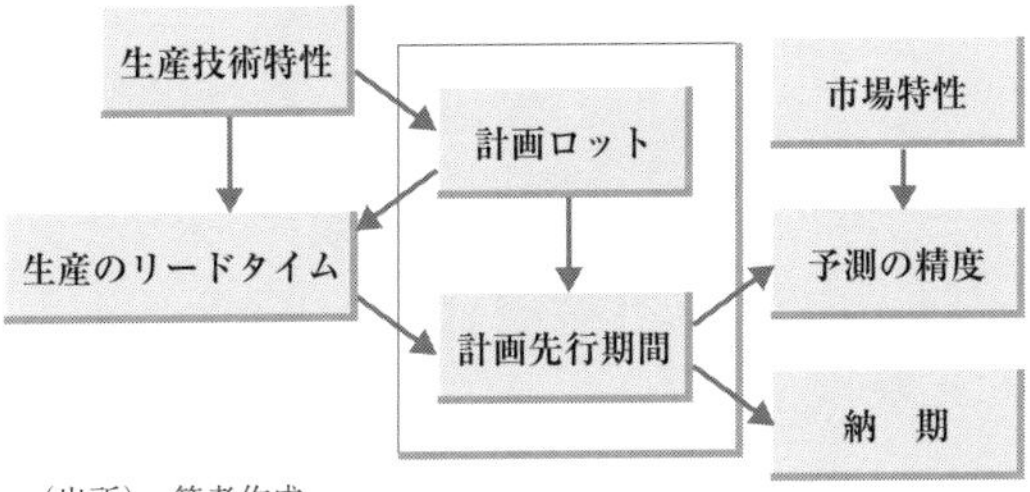

（出所）筆者作成。

タイムは一層長い（数カ月、または半年）。逆に、後にみるコンビニ弁当の生産は、惣菜類の調理加工とトッピングの二工程からなるが、オーダーはトッピング工程に投入され、生産のリードタイムはきわめて短い（およそ四時間）[1]。コンビニ弁当の生産では、図5・1で示した場合と違って、生産リードタイムのほうが計画ロットより短くなっている。こうして生産のリードタイムは、生産技術、計画ロット、オーダー投入工程の位置によって規定される。

❖相互連関の構造

以上の点を整理すれば、図5・2となる。①生産のリードタイムの短縮は、生産技術それ自体とオーダー投入工程の位置に規定されると同時に、計画ロットの大きさにも左右され、計画ロットを短縮できれば生産のリードタイムを短縮できる。②生産のリードタイムの短縮は、計画先行期間を短縮する。③計画ロットの短縮は、計画先行期間を短縮する。④計画先行期間の短縮は、予測の精度を高くし、納期を短縮する。

ところで、計画先行期間と計画ロットは、それぞれの企業で裁量できる。つまり、計画先行期間と計画ロットをどのように設定するかは、企業が、生産技術、市場特性、予測の精度、生産のリードタイムを勘案して独自に設定できる。そして、それは製造と販売の連携を当該企業がどのように設計し、実施するか、そのありようを示すことになる。計画ロットと計画先行期間が、製造と販売の緊密な連携を表現する。計画ロットと計画先行期間は、市場対応の迅速性の尺度であり、同時に製造と販売の統合システムと協働の態様を示す指標でもある。それでは、計画ロット、計画先行期間の具体的姿から製販統合の実態に迫ってみよう。

3　自動車企業のオーダーシステムと製販協働

❖ ディーラーとメーカーの協業体制

本節では、トヨタ自動車（以下、トヨタ）を取り上げる。同社は、製造と販売の統合の最も精緻な仕組みを構築している製造企業である。自動車販売の最前線に立つのがディーラーと呼ばれる販売店である。顧客と向きあうディーラーはどのようにメーカーに注文し、メーカーはそれをどのように生産するのか、これがここでの焦点である。

ディーラーからトヨタへの発注業務とトヨタの生産計画策定プロセスを追ってみよう(2)。ディーラーは年間販売計画を策定し、それを半期、四半期で見直しているが、実際にトヨタの生産計画と連動するのは月間オーダーからである。ところで現在のトヨタでは、ディーラーの発注業務は車種別に二つの違った方式で行われている。一つは、量販車種に適用される旬間オーダー、もう一つは非量販車種に適用されるデイリーオーダー方式である。

最初に、旬間オーダー方式について紹介する。ディーラーは、通常、毎月初めに翌月からの三カ月分について車種別台数の需要予測をトヨタに提出する。ディーラーは（N－1）月の五～一〇日頃までにN月、（N＋1）月、（N＋2）月を予測し、これを毎月繰り返す。トヨタは、自社の国内販売部門、海外部門と全国のディーラーからの予測を評価し、生産能力と調整して、向こう三カ月分の生産計画を大分類レベル（ボディタイプ、エンジンタイプ、トランスミッションタイプ、グレードの組み合わせ）で策定する。この三カ月分の生産計画は部品サプライヤーへの事前予告（内示）の基本材料となる。

トヨタは、直近のN月分についてはさらに細部の仕様（オプション、カラー）を加えて、最終仕様レベルの日程計画をつくる。この月間生産計画に基づいて（N－1）月二〇日頃に各ディーラーに引き取り枠を回答し、おおむね（N－1）月の二五日頃、月間計画（N月分の車種別・台数計画）が確定する。この時点では、ディーラーの注文は仕様レベルに立ち入らない。仕様の注文は旬間オーダーからである。トヨタの旬間オーダーは、通常はほぼ週に沿っており（週間オーダーといってよいほどである）、土曜日にトヨタから旬間オーダー枠の案内（台数）があり、ディーラーは火曜日にこの枠で示された台数にすべての仕様を決めて発注する。これに応じてトヨタから金曜日に納期回答がある。この間にトヨタは、当初の日別の最終仕様レベルの生産計画をディーラーからのオーダーによって調整し、いったん確定する。こうして決まった車種・仕様・数量が翌週生産されていくことになる。

しかし、実際には、トヨタでは旬間オーダーが最終の確定計画ではない。トヨタは、ディーラーの要望があれば仕様の一部（オプション、カラー、場合によってはグレードも）を生産日の三～四日前までなら変更できるとしている。これはデイリー変更と呼ばれている。ディーラーは自らが火曜日に発したオーダーがいつまでなら変更可能であるかを知ることができ、必要があればオーダーを変更していく。

こうして、ディーラーとトヨタは、月間オーダーで車種別に数量を決定し、旬間オーダーで仕様をいったん確定したうえで、デイリー変更を加味して日々の生産を決定していく。この結果、トヨタの日々の生産が確定するのは三～四日前ということになる。この旬間オーダー方式では、ディーラーは自らの販売予想に基づいて見込み発注を行い、在庫リスクを負担して販売する。トヨタは月次、旬次（週次）、日次といった具合に、生産日が近づくにつれて仕様の細部を確定していく。それは、ディーラーの予測の精度を高め、市場への対応力を強化するとともに、ディーラーの在庫負担を可能なかぎり軽減する仕組みである。

一方、非量販車はデイリーオーダー方式による。ディーラーは顧客から注文を受けるか、または自らの判断で先行発注したい場合、そのつど仕様を確定して発注する。トヨタは、デイリーオーダー車種については、自らの予測に基づいて生産計画を策定しており、ディーラーからの発注に応じて調整し、生産日・納入日が確定していく。

❖ 重層的な計画ロットと計画先行期間

以上が、現在のトヨタでのディーラー・メーカー間の受発注業務の概要と生産計画の策定の態様である。明らかに、多岐にわたる製品種類のなかから何を選択して生産するかの決定は、製造側と販売側との密度の濃い情報の往復によってなされていることがわかる。

では、これを計画先行期間と計画ロットを使って、整理してみよう。ここでは生産リードタイムは一日とする。さて、N月分の車種別台数計画は（N－1）月の二五日頃、つまりN月の五日前頃決まるので、計画ロットは三〇日、計画先行期間はほぼ六～三六日（生産リードタイム一日分を加えている、以下同じ）である。ついで、仕様レベルの生産計画は、火曜日の旬間オーダーによって次週分が策定されるので、計画ロットは七日、計画先行期間はおよそ七～一四日、さらにデイリー変更修正後の日々の確定計画は、計画ロット一日、計画先行期間四～五日である。自動車の生産では変更の難しい仕様部分は、計画先行期間と計画ロットを大きくして、生産の安定性を確保するとともに、市場の変動を受けやすい、しかも変更しやすい仕様部分についてはきわめて短い計画先行期間と計画ロットが設定されている。変動の度合いと対応のしやすさによって製品仕様が分けられ、それぞれの仕様の確定タイミングをずらすことによって迅速な市場対応が図られているわけである（製品仕様の分離と異時点確定）。

この重層的な計画ロット・計画先行期間をディーラーの側からみてみよう。ディーラーは直近の一カ月分については引き取り責任を課されているが、この時点で、顧客が確定していることはほとんどない。しかも、計画先行期間は長く、計画ロットも大きいので予測の精度はあまり高くない。そこで、ディーラーの発注は、この時点では、車種・台数だけでよく、仕様レベルには立ち入らない。次の旬間オーダーでは、実際の生産日に近くなるので仕様レベルのオーダーが要請されるが、時間推移とともに予測の精度も高くなり、場合によっては実需がつくので、かなり高い確度が期待できる。最後のデイリー変更は、ディーラーが見込み発注したものを顧客の仕様要求に合わせて変換するものであり、もし、この変更が不可能であればディーラーは顧客のつかない在庫車を抱えることになる。一方、顧客は、次の発注時点まで待たなければならず、それだけ納期が長くなる。デイリー変更はこの難点を解消する。旬間オーダーと顧客の要請する仕様にずれが生じた場合、その多くはデイリー変更によって修正されるが、さらにディーラー間で調整される場合もあり、実態としては、ディーラーはほとんど在庫車をもたないですんでいるという。

一方、デイリーオーダー車種は、少量しか販売されないので、特定の仕様を選択して発注することがきわめて難しい。こうした車種では、随時発注によっており、ディーラーは在庫リスクを負担しない。メーカーも、個々のディーラーの不確かな予測に制約されずに、全国の販売動向や市場推移をみながら生産計画を立案でき、予測の精度を高めることができる。こうして、多様な製品種類を販売しながら、納期を短縮し、在庫を最小化する精緻な仕組みが製販の協働で構築されている。

トヨタでは、当初、月間オーダーですべての仕様を確定したが、一九六〇年代後半から仕様の確定が旬間オーダーへと変更された。一九七〇年代に入ってデイリー変更の導入、旬間オーダーとデイリー変更の計画先行期間の短縮が図られ、さらにデイリーオーダーが組み入れられてきた。一貫して計画先行期間と計画ロットを短縮する方向で進化している。

同じ自動車企業でも日産自動車の場合は少し違っている(3)。日産の場合も、年間計画、三カ月分の月次計画と進むのは同じだが、N月分の仕様別生産計画は日産自身の予測に基づいて策定され、ディーラーとの受発注情報のやりとりはしない。ディーラーは、顧客からの注文が確定した時点で、そのつどメーカーに発注する。日産は、それを暫定的に決定した仕様別日別計画に組み込み、日々の生産計画として生産日の四〜六日前に確定していく。この手順は、トヨタのデイリーオーダー車種と同じであり、日産ではこの方式を、NPW（日産プロダクションウェイ）と呼び、同期化によって受注生産をめざすものとしている。トヨタとは異なる思想で設計されていることがわかる。

4 アパレル製品とSPA

❖ 製品特性とSPA業態のねらい

アパレル製品は小売り店頭で在庫販売される。顧客は小売り店頭の在庫品から購入品を選択する。自動車では、ディーラーの見込み発注によるトヨタの量販車の場合でも、ディーラー在庫車は驚くほど少なく、顧客はディーラー在庫車のなかから購入車種を決めるわけではない。ただ、自動車企業の場合、確かに多様な車種・仕様を提供しているが、通常、一定期間（四年間）同じモデルが生産されるので、販売動向は予測しやすい。ところがアパレル製品の場合、販売予測がきわめて難しい。アパレル製品には、春・夏物、秋・冬物といったシーズン性があり、そのうえファッション性が強く流行に大きく左右される。そのシーズンの短い期間に適切な品揃えができない場合には、売れ残りによる在庫を余儀なくされ、一方、欠品による販売機会の喪失に直面する。さらに、売れ残りを翌シーズンへ持ち越すことも難しく、勢い特価セールスなどによって処分される。アパレル製品にとって販売予測の適否はその期の売り上げと利益の死命を制することになるが、その販売予測がきわめて難しいわけである。ＳＰＡ（specialty store retailer of private label apparel）は、製品企画・生産・販売を緊密に連携させることによって計画先行期間・計画ロットを短縮し、販売予測の困難を抑え、売れるタイミングで売れる製品を供給する仕組みづくりをねらったものである[4]。

SPAは製造小売りと呼ばれ、製品の企画から生産・販売まで一貫して自社で管理するものを指す。SPAは近年きわめて隆盛であり、アパレル産業で、さらにはアパレル産業を超えてその業容は拡大している。現在、売上高上位のアパレル企業はほとんどSPA業態を採用している。

❖オゾックのケース

初期のSPAの成功事例とされるワールドの婦人服ブランド、オゾックの計画から店頭までの業務プロセスをみてみよう(5)。それまでの卸業態のときには、商品投入のおよそ一年前から企画・開発を開始し、素材や副資材を選択して九〜一〇カ月前にデザインを決定し、約八カ月前にサンプル生産、七カ月前にサンプル完成、販売開始の六カ月前に展示会を開き、そこでおよそ八〜九割の注文が確定し、縫製メーカーがそれを受けて綿密な生産計画を立て二〜三カ月かけて生産し、ワールドに納入するという業務フローであった。このスタイルは十分に時間をかけた製品企画と早期に大量の受注が確定し、安定した計画生産が可能となることなどによって成功を収めてきたが、市場変動への迅速な対応には欠けるものであった。多ブランド化・多品目化が進展するなかで、売れ筋商品の把握には弱点があった。そこで卸と小売りの分断を避け、直営の小売店を整備し、SPA事業に乗り出したのがオゾックである。

オゾックでは業務の起点を小売り店頭に設定し、店頭の販売サイクルが土日に最も売れる一週間単位であることに着目し、年間五二週の週別に計画を立案、二週間ごとに新商品を投入するシステムに変えた。具体的には、各シーズンの店頭投入の一二週前に基本方針を決定し、素材・デザインの確定を経て約九週間前にサンプル生産、店頭投入の六〜八週前に内見会を開いて当該シーズンの売れ行きを予測するが、初回発注の数量はおよそ三割に過ぎず、あとは販売動向によって追加生産する仕組みである。追加発注は、一週目のPOSデータに基づき二週目に生産量を決定し、およそ二週間で縫製され物流センターに納入される。この仕組みのためにオゾックブランドでは生産企業をすべて新規企業に切り替えたという。

オゾックの例を計画先行期間と計画ロットで整理してみよう。アパレルではシーズンごとに新製品が開発されるので、製品企画と生産に分けて考えてみる。オゾック以前の卸事業の場合、製品企画の計画先行期間はおよそ一年、計画ロットは当該シーズン分（およそ三カ月）であり、生産面では六カ月前の展示会でほぼ確定されるので、生産開始までの計画先行期間はおよそ六カ月（生産がいつ終了するかは不明、以下同じ）、計画ロットは当該シーズンの八～九割（シーズンを三カ月と考えるとおよそ二・四～二・七カ月分）であるが、オゾックの場合、製品企画の先行期間はおよそ一二週、期首生産開始までの計画先行期間は六～八週、計画ロットはおよそ三割（ほぼ一カ月分）、追加生産開始までの計画先行期間は二週、計画ロットは二週分と考えられる。卸売り業態に比べてSPAでは計画先行期間と計画ロットが大幅に小さくなっている。それだけ市場対応力が強化され、オゾックブランドの画期的成功を導いたと考えられる。

❖ SPAにおける製造と販売の緊密な連携——ユニクロ、ZARA

池田（二〇〇三）は多様なSPAの生産と販売のありようを調査し、整理しているが、それによれば期首生産スケジュール（商品の企画から店頭投入までのリードタイム）は、表5・1のようである。従来の

表5・1　卸売り型とSPA型A～C社の期首生産スケジュールの比較

	卸売り型	SPA型A社	SPA型B社	SPA型C社
3月	基本計画			
4月	商品計画			
5月		基本計画		
6月				
7月		商品企画・生産開始		
8月				
9月	展示会			基本計画
10月	生産開始			商品企画
11月			基本計画・商品企画	生産開始
12月			生産・販売開始	
1月		販売開始		販売開始
2月	納　品			

（出所）池田（2003）第3表より。

表5・2　SPA企業の期首生産量の比率

期首生産量の比率（%）	社
90～	0
80～89	4
70～79	9
60～69	2
50～59	2
～49	3
合　計	20

（出所）池田（2003）第5表より。

表5・3　SPA企業の商品企画から投入までのリードタイム

期首生産

1カ月以内	4社
1カ月～2カ月	5
2カ月～3カ月	7
3カ月～4カ月	3
4カ月～	2
合　計	21

期中生産

1週間以内	1社
1週間～2週間	5
2週間～3週間	9
3週間～1カ月	4
1カ月～	1
合　計	20

（注）期中生産は，追加の意思決定から商品が店頭に投入されるまでの期間。
（出所）池田（2003）第6表より。

卸売り業態による展示会受注生産方式では、製品計画レベルでの先行期間はおよそ一年、生産レベルの計画先行期間はおよそ四カ月、計画ロットはそのシーズンのほぼすべてが生産されるのでおよそ三カ月ということになる。これに対し、SPAでは製品の企画から納入のリードタイムが大幅に短縮している。生産がいつ確定されるかはこの表からはわからないが、生産の確定は企画から納入までのある時点であり、したがって生産の計画先行期間は、このリードタイムの範囲内のいずれかの時点であり、すべての企業が展示会方式でのそれを短縮していることがわかる。期首生産量は計画ロットと考えられるので、表5・2から計画ロットの縮小が読み取れる。期首生産量（計画ロット）を抑制し、期中での変化対応を図るわけである。そのためには期中での企画から納入までのリードタイムも短縮されねばならない。表5・3がそのことを示している。期中生産では、糸や生地があらかじめ確保されるか、すぐに入手可能な素材を使い、生産に関するデータがあり、かつリードタイムを重視した生産地（工場）が選択されるという[6]。いずれにしろ、SPAでは、計画先行期間の短縮と計画ロットの縮小によって、小売り店頭を起点とした情報を迅速に把握し、製造と販売の緊密な連携が図られている。

日本でアパレル売上高最上位企業はSPA業態のファーストリテイリングである[7]。同社のユニクロ事業の計画先行期間と計画ロットも短い。ユニクロは比較的流行に左右されにくいベーシック・カジュアル品に特化し、さらに取り扱い商品の品番も絞って一品番当たりの生産量を増やし、一方、取引先工場も厳選し、専用の縫製ラインを確保している。発注量を大きくすることによって優良工場の生産ラインを占有し、ユニクロ自身が委託先の生産工程をコントロールしている。ユニクロでは、一年単位で商品企画が行われるが、実際の販売と生産は、期首に全店の店頭投入分と安全在庫分を生産したうえで

（シーズン生産量のおよそ五割といわれている）、その後の追加生産は、週単位で管理される。取り扱い商品のすべてについて、商品別・カラー別・サイズ別に、つまり在庫管理単位（ＳＫＵ）で週次の販売調整と生産調整、進捗管理が行われている。ユニクロのシーズン販売期間は一二週と設定されているので、当初の計画ロットは六週分、その後は一週分と考えてよいだろう。

一方、ユニクロとは対照的にトレンド・ファッション品を中心にしたＳＰＡ企業にスペインのアパレル企業InditexグループのＺＡＲＡがある。ＺＡＲＡでは、店頭で顧客の欲しいものがわかってからその需要に合わせてつくり足す方式をとり、製品企画は一年前からスタートする。そして、最初の提案商品と原材料の準備は二カ月、およそシーズン販売量の二五％が初期投入されるが、その後は毎週二回、新商品と追加商品が五〇％ずつ、ほぼ三週間分投入されている。こうしたことが可能となるのは、新商品は四週、追加商品は最短二週で準備され、リードタイムが短いからである。

ＺＡＲＡは原料以外の製造工程を内製化しており、スペイン近隣に一五〇〇工場を擁するとともに染色前の生地と付属品を近隣のサプライヤーが準備しており、柔軟なサプライチェーンを構築している。ここでは当初の生産計画先行期間は二カ月、計画ロットは三週分、追加生産では平均して計画先行期間・計画ロットとも三週分のサイクルで回っている。

5　コンビニエンス・ストアの多品種少量在庫販売

製造と販売の統合によって小売り業務を革新したのがコンビニエンス・ストア（以下、ＣＶＳと略す）

である。矢作・小川・吉田（一九九三）はその特徴を端的に「消費の即時性ニーズに対応し多品種少量在庫販売を短サイクルで回す生産・流通システム」としている（一五〇頁）。つまり消費者が商品の購入を思い立ってから購買を終え、さらに商品を使用するまでに要する時間がきわめて短く、消費者にとって、欲しいものが、欲しいときに、瞬時に手に入ることを超えて、瞬時に使えるという側面をもとらえて小売り業務の革新を行ったものだという。つまりＣＶＳは、商圏が小さく、そのぶん多数の店舗が分散立地しているので、顧客のアクセス時間が短いうえ、購入後すぐに使用できるほど商品の形態変換を進めているというわけである。実際、ＣＶＳ一店舗は半径五〇〇メートル程度を商圏とし、平均しておよそ一〇〇平米前後の店舗面積に、およそ三〇〇〇品目程度の品揃えであり、その多くが二四時間営業によって顧客の利便性を高め、弁当・総菜・加工食品などすぐに消費できる商品を主力商品として展開している。

多品種少量在庫販売を短サイクルで回すためには、多頻度・小ロット納入によって支えられなければならない。以下では売上高、利益ともＣＶＳ業界で首位を独走するセブン‐イレブンを例にとり、その実際をみてみよう。図5・3にみるように、主力商品の米飯商品の場合、一日三回の納品便に対応する短いサイクルが設定されている。ここでは、注文は毎日午前一一時、一便の納品は二一〜二四時、二便は一八時に修正を受け納品は八〜一一時、三便は二四時に修正を受け納品は一四〜一七時である。注文から納品までの計画ロットは三分の一日分、計画先行期間は最短の場合一〇時間先行（一便の例、一一時に注文を締め二一時に納品の場合）、最長でも一七時間（二四時に修正を受け、一七時に納品する三便のケース）である。(8)

図5・3　セブン-イレブンの米飯等発注・納品のスケジュール

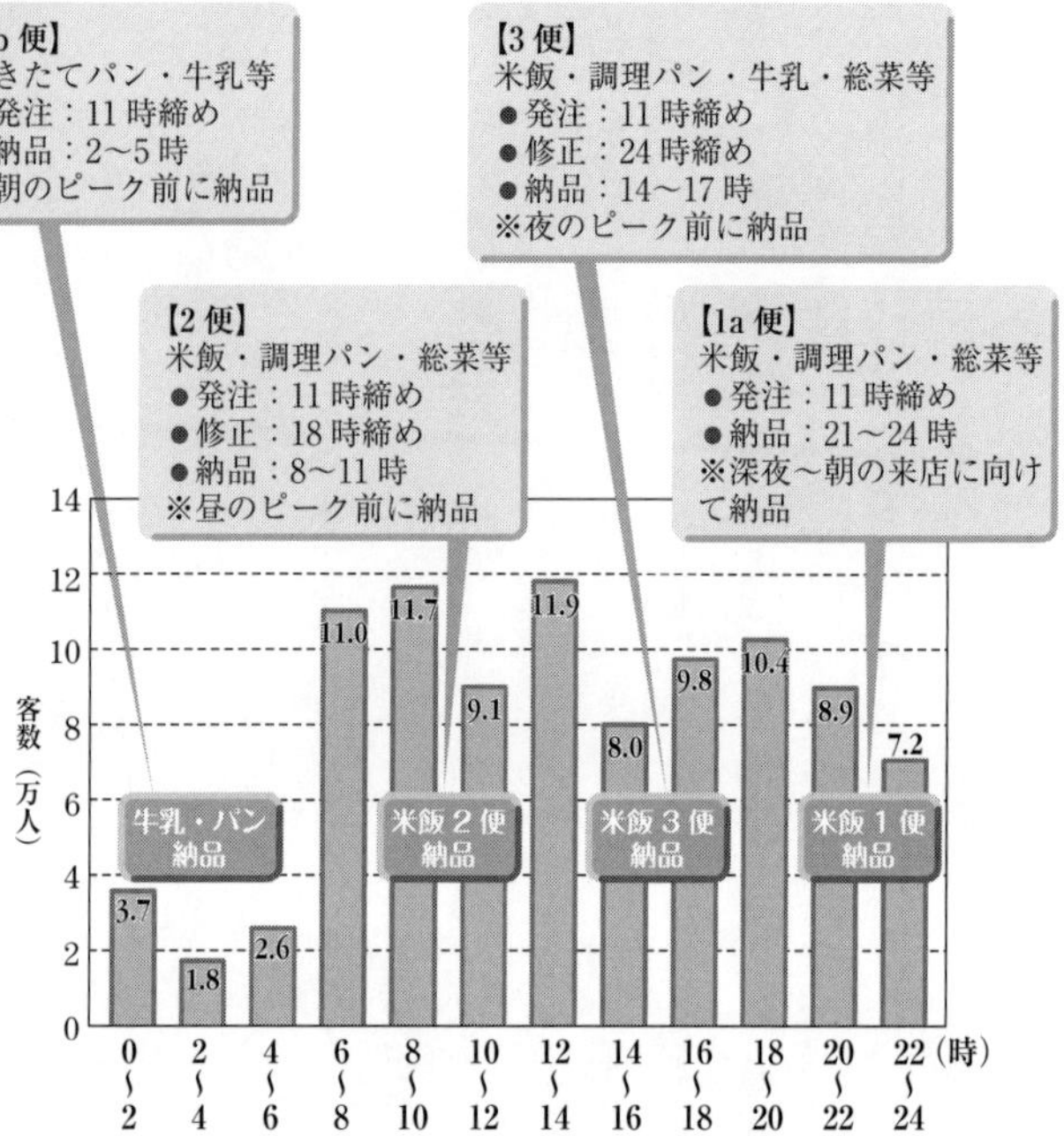

（出所）　信田（2013）53頁の図より。

一方、もう一つの主力商品である加工食品・菓子、雑貨の場合は、発注頻度は週三回、納品予定日の前日に注文情報の締めが行われる。この場合には計画先行期間は一日、計画ロットは三分の一週ということになる。いずれにしろ店舗が納入計画を確定し、発注してから所定の商品が納入されるサイクルはきわめて短い。

こうした多品種少量在庫販売の実現には新しい商品供給システムの構築が不可欠の条件であり、メーカー・ケース・ロットの小口化はもとより、特定地域に集中するドミナント（地域制覇）戦略、取引関係の特定業者への集約化、異分野・異商品間での共同配送、受発注業務の電子化、デジタルピッキング・システム（一個単位の高速仕分けシステム）、発注納品業務の計画化と実に多くの変革が逐次的・累積的に生じている[9]。ここでは、製造だけではなく配送と販売の協働によって緻密で周到な製販統合システムが構築されている。

6 おわりに

繰り返しになるが、製販統合がつくり出すもの、その究極の姿は、顧客が必要とするものを瞬時に手に入れることができる仕組みである。本章で明らかにしたように、それは顧客まで延長されたＪＩＴシステム、つまり顧客に時間とコストの節約を提供する仕組みである。

そのためには、市場の変化を追い、直近まで市場の動きをとらえるために、計画の確定をできるだけ遅くすることが重要である[10]。つまり、計画ロットと計画先行期間を短縮することができるかどうかが鍵であった。本章では、計画ロットと計画先行期間に焦点を合わせて製販統合システムのありよう、つまり製造と販売の協働の動態を探ってきた。

図5・1に示したように、生産のリードタイムの短縮は、計画先行期間の短縮に大きく貢献する。製造企業はそのためにオーダー投入を完成品に近い後方の工程で行い、かつ、計画ロットを小さくする。自動車では後工程引っ張り方式による平準化された混流生産の展開がそれを可能とし、洗練されたＪＩＴシステム、サプライヤー・システムがこれを支えている。ＳＰＡでは専用工場・専用ラインを確保し、

または無理がきく協力工場を組織し、柔軟に製品を切り替え、迅速に製品投入できる仕組みづくりに注力している。ＣＶＳでも店頭の注文に即座に応じる専用工場・配送センターでの柔軟な生産・配送がそれを支えている。一方、こうした計画ロット、計画先行期間の短縮によって、予測の精度は向上し、販売サイドは確度と鮮度の高い情報を送り続ける。製造サイドはそれを受け止め、機敏に生産し、販売サイドに速やかに届けていく。こうして、製造と販売が相互に協力しながら、生産から顧客に至るまでのいわゆる一気通貫の素早い流れができ上がることになる。本章で明らかにしたのはこのことである。

注

(1) 鉄鋼企業、自動車企業の生産のリードタイム、計画ロットは、岡本（一九九五）、コンビニ弁当については矢作（一九九四）による。
(2) 富野（二〇一二）および二〇一四〜一五年に実施した自動車ディーラーでの聞き取りによる。
(3) 下川・佐武（二〇一一）、富野（二〇一二）。富野はディーラーに攻めの販売姿勢と努力を促すものとしている（同書、一〇〇頁）。
(4) 二〇一四年に実施したアパレル生産管理システム支援企業へのヒアリングも参考にした。
(5) 主として藤田・石井（二〇〇〇）による。井上（一九九八）も参照。オゾックをさらに発展させたワールドのＳＰＡ、アンタイトルについては、楠木・山中（二〇〇三）が詳しい。
(6) 池田（二〇〇三）四〇頁。
(7) ユニクロとＺＡＲＡについては、齋藤（二〇一四）による。南（二〇〇三）も参照。
(8) 信田（二〇一三）による。矢作（一九九四）も参照した。
(9) 矢作（一九九四）二一頁。
(10) 生産ができるだけ実需時点に近いところまで「延期」されることを意味する。この意義と「延期」に関する簡潔な説明は、矢作（一九九四）参照。

参考文献

池田真志（二〇〇三）「製販統合型アパレル企業の生産・流通体制」『経済地理学年報』第四九巻第三号、二三〇–二四三頁。

石原武政・石井淳蔵編（一九九六）『製販統合――変わる日本の商システム』日本経済新聞社。

井上達彦（一九九八）『情報技術と事業システムの進化』白桃書房。

緒方知行・田口香世（二〇一四）『セブン‐イレブンだけがなぜ勝ち続けるのか？』日本経済新聞出版社。

岡本博公（一九九五）『現代企業の生・販統合――自動車・鉄鋼・半導体企業』新評論。

小川進（二〇〇五）「セブン‐イレブンの事業システム」『国民経済雑誌』第一九一巻第六号、八七–九七頁。

加藤司（一九九八）「アパレル産業における『製販統合』の理念と現実」『季刊経済研究』第二一巻第三号、九七–一一七頁。

楠木建・山中章司（二〇〇三）「ビジネスケース・ワールド――UNTITLEDのビジネス・モデル」『一橋ビジネスレビュー』第五一巻第三〇号、一三四–一五三頁。

齋藤孝浩（二〇一四）『ユニクロ対ＺＡＲＡ』日本経済新聞出版社。

信田洋二（二〇一三）『セブン‐イレブンの「物流」研究――国内最大の店舗網を結ぶ世界最強ロジスティックスのすべて』商業界。

下川浩一・佐武弘章編（二〇一一）『日産プロダクションウェイ――もう一つのものづくり革命』有斐閣。

繊研新聞社（一九九九）『日本流ＳＰＡの挑戦――ファッションビジネス成長の条件』繊研新聞社。

田中陽（二〇一二）『セブン‐イレブン　終わりなき革新』日本経済新聞出版社。

田村正紀（二〇一四）『セブン‐イレブンの足跡――持続成長メカニズムを探る』千倉書房。

富野貴弘（二〇一二）『生産システムの市場適応力――時間をめぐる競争』同文舘出版。

藤田健・石井淳蔵（二〇〇〇）「ワールドにおける生産と販売の革新」『国民経済雑誌』第一八二巻第一号、四九–六七頁。

南知恵子（二〇〇三）「ファッション・ビジネスの論理――ＺＡＲＡにみるスピードの経済」『流通研究』第六巻第一号、三一–四二頁。

矢野経済研究所（二〇一四）『２０１４ ＳＰＡマーケット総覧』矢野経済研究所。

矢作敏行（一九九四）『コンビニエンス・ストア・システムの革新性』日本経済新聞社。

矢作敏行・小川孔輔・吉田健二（一九九三）『生・販統合マーケティング・システム』白桃書房。

第2部 地場産業・伝統産業のビジネスシステム

第6章 連携のネットワーク
仲間型取引ネットワークと起業家

加藤 厚海

1 はじめに──東大阪の金型産業にみる地場産業の強靭さ

日本には、古くから地場産業の集積が数多く存在しており、小さいものを合わせると数百の地場産業があるといわれる。それらのなかには、比較的長期間にわたって存続してきたものもあるが、そこにはどのような仕組みが存在しているのだろうか。

現在、多くの地場産業が苦境に陥っているといわれる。しかし、産業や地域によって違いはあるが、戦後、オイル・ショック、二度の円高不況があったにもかかわらず、そのような苦境を乗り越えて生き残ってきた地場産業があったことも事実である。

本章では、東大阪地域を対象に金型産業に限定したうえで、地場産業の存続について、ビジネスシステムの視点から、その機能と形成プロセスをみていく。金型産業はモノづくりの基盤産業であり、具体的にはプレス、プラスチック、鍛造、鋳造、ゴム加工などの加工を行う中小企業を底辺から支えている。

したがって、金型産業の強靭さがモノづくりの品質と競争力に与えている影響が少なからずあるといってよいだろう。金型は基本的に単品生産であり、その製造工程は複雑であるため、熟練工の技術・技能を要する側面が強い。したがって、製造業の底辺において、不況の波を乗り越えて熟練技術を伝承していく仕組みが存続していたがゆえに、日本の製造業は高い品質を維持してきたといえる。

金属加工業の集積に関する研究としては、東京都大田区、長野県坂城・岡谷、新潟県燕三条などの研究が数多く行われてきたが、一方で、関西で最大規模の製造業の集積地である東大阪地域に関しては、十分な調査研究が行われてこなかった。東大阪地域には、多種多様な産業が集積しており、また数でいえば東大阪市に限定しても九〇〇〇社以上の中小企業が集積していたため、調査研究をすることが難しかったことが一つの理由と考えられる。

ところで、産業集積の存続を考えるうえで認識しておくべきことは、そこでは新規創業だけではなく、倒産・廃業がつきものであり、新陳代謝が起きているということである。景気変動によって異なるであろうが、地場産業は、一定水準の倒産・廃業率をもつと考えられる。たとえば、東大阪市では一九七〇年代半ばまでに企業数が急激に増加し、約九五〇〇社に達したが、その後、九〇年代前半に至るまでの約一五年間にわたって、同水準の企業数が維持されてきた。その背景には、持続的な創業が存在していたと考えられるのである。

したがって、地場産業の集積の存続を検討していくうえでは、地場のビジネスシステムを検討しながらも、分業の担い手である起業家がどのように生まれてきたのかというプロセスについてもみていく必要がある。すなわち、長期間にわたる存続の理由を明らかにしていくためには、集積することのメリットや企業間分業の合理性だけではなく，地場のビジネスシステムがもつ，新陳代謝のメカニズムの存在を忘れてはならない。地場産業の集積は，独自のビジネスシステムと新陳代謝のメカニズムをもつがゆえに，不況を乗り越えて，中・長期的に存続してきたと考えられるのである。

また，地場のビジネスシステムを考えるときに，注目すべき点は，同業者組織の存在である。本章では，同業者が連携して取引を行うネットワークのことを，「仲間型取引ネットワーク」と呼び，地場産業のビジネスシステムは仲間組織から成り立っているという視点から検討を行う。

地場産業が存続していくためには，競争が過剰にならないような協働関係の仕組みが必要となる。そのためには同業者の組織は本来，競合関係にありながらも，協働関係をつくって過剰な競争を抑制することで，地場産業に秩序をもたらしていることが多い。このような仲間組織の存在は，日本史研究のなかでは古くから指摘されており，近世における社会結合を表現する言葉として，「組」と「仲間」が頻繁に用いられてきた。福田（二〇〇六）によると，組は「組合」とも表現されることが多く，さまざまな組織の名称に用いられ，一定の人員を結合させる組織が組や組合であった。たとえば，相互監視を重要な機能とした五人組も組合と呼ばれることが多かった。また，組・組合が制度的な組織であることが多いのに対して，仲間は，個人的な関係で組織される傾向が強かったとされる。ただし，いずれも原則として成員間の対等と平等を秩序の基本にしていた。

このように組や仲間は，村落社会において古くから発達してきたものであり，地場産業に固有のものではない。産業集積の先駆的な研究である Piore and Sabel（1984）でも，競争の促進と制限を行うにあたって，組合の存在が指摘されている。以下では，これらの事実をもとに，仲間組織を活用した地場のビジネスシステムに注目し、それがどのように機能し、形成されたのかについてみていくことにしよう。

2 需要変動への対応と仲間型取引ネットワーク

前節で述べたように、地場産業の集積には、仲間組織を活用した地場のビジネスシステムが存在している。そこで次に、東大阪地域の金型産業では、仲間企業を活用した仲間型取引ネットワークというビジネスシステムがどのように機能しているのかについて、金型生産の特徴に注目しながら検討を行う。

❖ 金型生産と需要変動

金型生産においては、受注の繁閑がつきものである。金型の需要が製品開発の時期に集中することがその原因の一つである。通常、新製品の開発や既存製品のモデルチェンジが行われるときに金型の需要は発生するため、ユーザー側の新製品開発導入期に集中することになる。また、サプライチェーン・マネジメントでは、川上に行くほど需要の変動が大きくなることが知られている。このことはブルウィップ効果といわれる（Fine, 1998）。

ブルウィップ効果は、需要や在庫変動は最終消費者から離れた上流に行くにつれて拡大する傾向を示している。具体的には、川下における変動によってサプライチェーン内に情報の遅れ、納品の遅れ、事の重大さに対する認識の甘さや誤算、注文の過不足、受注の大幅低下や一時解雇といった事態が連鎖的に起こってくることをいう。

図6・1　東大阪地域全体と金型産業の出荷額の変動（対前年度比）

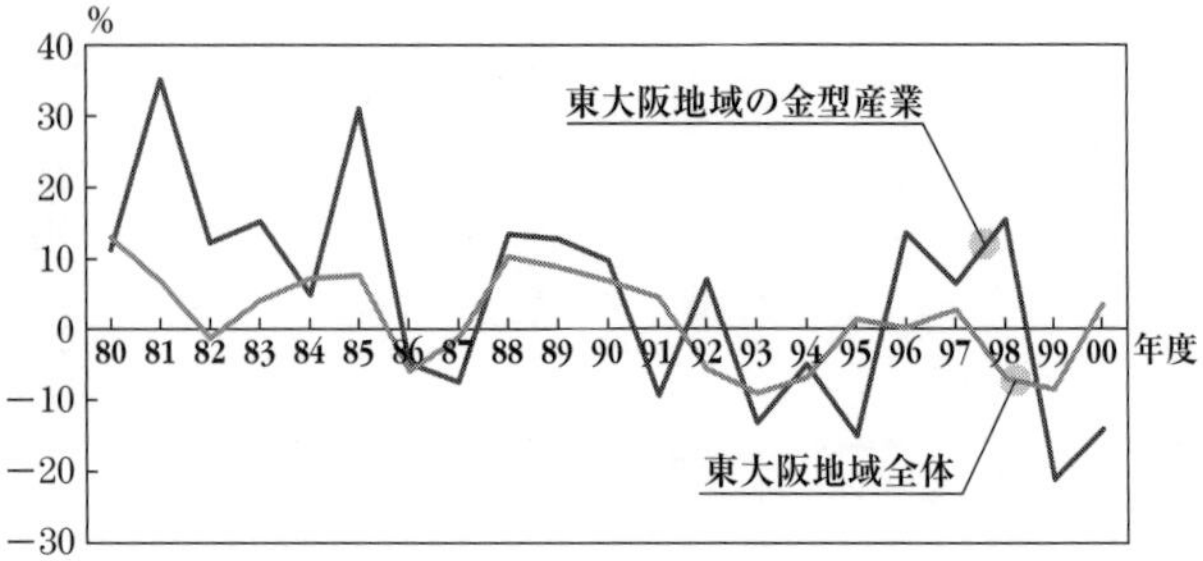

（出所）『工業統計表 工業地区編』1979〜2000年より作成。

実際、家電業界や自動車業界におけるサプライヤー構造は階層化されており、金型メーカーの多くは、一次下請のプラスチック・プレスメーカーから受注をする二次下請あるいは三次下請である。したがって、金型のユーザーである顧客からみると川上に位置している。また、ユーザー側の意向によって、新製品導入時期が変更されたり、中止されたりすることがありうるために需要変動が必然的に大きくなると考えられる。

それでは、東大阪地域の金型産業の需要変動はどれほどなのであろうか。東大阪地域全体（東大阪市、八尾市、大東市）の需要変動と、東大阪地域の金型産業における需要変動を比較したものが、図6・1である。同図は、工業統計表のデータをもとに製品出荷額の変動をみたものである。図からは、一九八一年、八五年のように前年度比で三〇％近い伸び率をみせるときもあれば、八六、八七年のようにマイナス成長をみせるときもあり、また、東大阪地域全体の出荷額の変動と比較すると、全体的に大きく揺れていることがわかる(1)。

このような大きな需要変動は、中小企業の経営へ大きく影響する。零細金型メーカーの場合、少数の顧客と固定的な取引関係をもっていることが多いが、その顧客から途切れることなく受注があるとは限らない。零細企業では一時期に受注が集中した後、一カ月間もの間、受注がないということも珍しくないという。したがって、金型の受注を安定させることは難しいにもかかわらず、一方で納期が短いため、余分に受注をしていくこともできない。

そのようななかで、受注のピーク時に合わせて熟練工や機械設備を揃えると、受注が減少したときには稼働率が大きく低下してしまうことになる。加えて、金型製造工程では、フライス盤、放電加工機、研削盤、マシニングセンターなどの多様な機械設備が使用されており、需要の変動が大きいなかで、こうした多様な機械設備を安定的に稼働させることは容易ではない。

❖ 需要変動と仲間型取引ネットワーク

それでは金型メーカーは、激しい需要変動に対してどのように対応してきたのであろうか。金型の取引に関して、①組立メーカーから直接受注する場合、②成形業者から受注する場合、③金型メーカーから受注する場合の三つがあるが、ここで注目すべきは③の場合である。同業者間の外注の理由としては、第一に、需要急増期に業界全体の生産能力の増強が間に合わず、また設備拡大のリスクを避けるためにメーカー同士でその受注過剰分を融通しあう場合である。第二に、景気変動とはある程度無関係に、保有設備および技術・技能において特異な工程を分業的に担うことで、品質の高い金型を生産しようとする場合がある（斎藤、一九九四）。本章で注目するのは、前者の理由であり、景気変動に伴う需要の変動を吸収するために同業者取引をするという点である。いわば仲間の同業者を景気変動のバッファーとして利用しているのである。

金型メーカーは通常、二次下請以下に位置づけられる。前述したブルウィップ効果の観点からすると、サプライヤー階層の下層部に位置するために需要変動の影響を受けやすい。したがって、企業規模を拡大すると需要変動に耐えられない可能性が出てくる。仮に優良顧客と安定的な取引を構築できたとしても、金型の性質上、経営が不安定になる側面から逃れることは難しい。また、金型の製造には一カ月近くの月日を要するものもあり、現金回収までには時間を要する。そうしたなかで、資金繰りが悪化することも多々ありうる。そのため企業規模を拡大するよりも、同業者との仲間取引をすることで、需要変動の波を平準化していくことが合理的なのである。以下のインタビューは以上のことを裏づけている。

「仲間受けは五社ほどあります。納期が重なるときがあるでしょう。そういうときに使います。また先方が忙しいときに手伝います。人を多く抱えていると倒れますから」（ＳＫ製作所）

「金型は横のつながりです。下請になってもらうとか、下請をするとかです。そのときは友達だけれども、われわれが集金してマージンをとります」（ＨＭ金型製作所）

「仲間二社とはスポット取引です。独立したメーカーと師匠のところです。納期が短いので、部分加工も含めて回すことがあります」（ＹＭ製作所）

「下請は五社あります。一〇面、一五面をまとめて受注し、心臓部は社内で、それに伴う小物部品の金型は外注先に振り分けます」（ＹＵ金型製作所）

このように、金型産業では同業者の仲間関係のなかで、受発注が行われてきた。自社の受注があふれたときに仲間に仕事を発注し、自社の仕事が不足しているときには仲間の下請として受注するのである(2)。

❖ A社を中心とした仲間型取引ネットワークの事例

次に、具体的な企業の事例を通じて、仲間型取引ネットワークについて詳細にみていく。金型業界では中堅企業がブローカー的役割を果たしながら、仲間型取引ネットワークを形成しているものも多い。ここではA社を中心とした仲間型取引ネットワークを取り上げる。

A社は東大阪市内にあるプラスチック射出成形金型メーカーである。A社では一九七八年から八八年にかけて、一〇年間で売上高を一億六一〇〇万円から五億七一〇〇万円へと、約三・五倍まで伸ばした。同時期に外注先も約一〇社増加し、一二社体制となった（一九九八年）。自社生産では間に合わないために外注先を拡大し、外注依存度を高めていったのである。

金型の外注先一二社は、生産能力（従業員規模）、取引頻度、取り扱い分野（大きさ）、技術ランクがそれぞれ異なっている。企業規模としては、二社は一五～二〇人規模の中小企業であるが、それ以外の一〇社は六人以下の零細メーカーである。また、取引頻度としては、一二社のうち常時外注しているのは三社であり、残り九社はスポット的な外注である。取り扱い分野（大きさ）としては、中物を扱うメーカーが三社、丸物を扱うメーカーが一社あり、それ以外の八社は小物金型を得意とする。技術ランクは、精度によって分類される。取引年数については、一社とは二〇年以上の取引関係を築いており、その他の金型メーカーとも一〇年以上の取引があり、長期継続的取引関係を構築している。

次に、具体的な分配の仕組みについてみていく。常時外注をしている三社については、A社への依存度も高く、実質的に専属下請に近いために、優先的に仕事を回し、受注が不安定にならないように配慮している。しかし、依存度の高い企業を優先するとしても、それら三社の従業員の合計は三〇人に満たない。したがって、生産量を確保し、短い納期に対応するためには、スポット的な取引関係にある仲間企業に対して、受注した仕事を振り分けていくことになる。スポットで仲間企業に対して外注を行っていく場合も、技術分類に基づき仕事を振り分けることになる。

仮に、すべての仲間企業がA社への依存度が高いとすると、A社の負担が大きくなり過ぎる。そこでA社は、技術的に特化した仲間を専属下請に近いかたちで確保しつつ、他の仲間を、スポット的な外注先として確保しているのである。なお、A社は仕事を分配する代わりに仲間から手数料を受け取っており、この手数料が、金型受注に関する販売管理費となる。

このようにA社は受注した仕事を仲間に分配し、受注状況に合わせて調整していく機能を果たしている。しかし、A社が現在の一二社体制になるまでには約一〇年を要した。この間、品質・納期面で対応できず、取引を中断した企業もなかにはあったからである。過去には質の悪い外注先もあり、外注先企業の選択では何度となく失敗してきた。A社の仲間型取引ネットワークは構成員を入れ替えながら、仲間を増やしてきたのである。

A社の仲間型取引ネットワーク内では、相互不可侵的な関係が結ばれている。たとえば、外注先からさらに下請に出す場合も、加工業者の指定や加工技術の指定はせず、それぞれの仲間企業に委任している。また、仲間の間で仕事の奪いあいにならないように、A社は監視役の機能を果たしている。さらに、納期に間に合わないという場合には、「加工支援」というかたちで応援することもある。以上のように、A社は、仲間の同業者と連携しながら、仲間型取引ネットワークを形成しているのである。

3 仲間型取引ネットワークの形成プロセス

❖ 固定費の削減と人材放出型創業

それでは次に、同業者の仲間企業から成り立つ仲間型取引ネットワークが、どのようにして形成されてきたのかについてみていくことにしよう。加藤（二〇〇四）により、東大阪地域の金型産業では、不況期に企業数が増加する傾向があったことが明らかとなった。とくに、第一次オイル・ショック以降から一九九〇年代前半のバブル崩壊以前までにおいては、そのような傾向が確認された。

一般的には景気拡大期には創業が増加し、景気後退期には市場が縮小するために創業が減少すると考えられる。しかしながら、東大阪地域の金型産業では、実際には不況期に創業が増えるという直観に反する現象が起きていた。というのも、不況期には、既存企業の倒産・廃業・リストラクチャリングによって社内の熟練工が放出されて起業家予備軍が形成され、その一部が独立して創業することで、人材放出型創業が起きていた。不況期に放出された人材が、自己雇用というかたちで起業していたのである。

金型は新製品が出されないかぎり、必要とされることがない。したがって、固定費の小さい零細企業は不況に耐えられるが、固定費の大きい企業は苦境に立たされる。南金型工作所（八尾市）、山田金型（守口市）などの中堅・老舗の金型メーカーが倒産してしまったことの背景にも、こうした事情があったと考えられる。そうしたなかでは，熟練工の独立・創業は自主的行動というだけではなく，独立される側の母体企業にとっては，人件費に関する固定費の削減につながるという意味がある。実際にも調査によって，母体企業が熟練工の独立を促すと同時に，下請の仲間企業として利用していく姿が浮び上がってきた。熟練工を下請として独立させることで，固定費における人件費を変動費化することが可能となるからである。以下のインタビューは以上のことを裏づけている。

「独立の半年前に，不況だったたから，勤務先が倒産しました。（創業のために）半年ほど準備しました」（KJ製作所）

「親父は独立したいという人がいれば，退職金を渡さずにお客と機械一式を渡して独立させました。最初の二，三カ月は仕事ができるようにね。いわゆる分家です。『お前は勝手にやれ』というわけです。こういうことは親父が生きている頃，一四，五年前までは行われていました」（SI鉄工所）

「結婚しましたが，子供を亡くしたのです。新婚で悲しんでいたら，親父さんが『悲しんでいても仕方がないだろう。独立してしまえ』ということで独立させられたのです。働いて八年ぐらいでしたから，右も左もわからないので師匠の仕事を一四年もらっていました。得意先もわかりませんので，師匠一本で一四年させてもらいました」（M金型製作所）

「独立した理由は，お金です。当時不況でしたが，同僚からたくさん仕事をもらいました。『自分の腕に自信のある者は独立してやれ』『いくらかの支援はする』と。支援とは，何分の一かの仕事は出すよ，いうことです」（HG精工）

「あの頃は、みな、独立するというか、多かったですからね。金型需要も割りとありました。プレス屋の型場にいましたが、外注するよりも社員でやるほうが助かるということで、独立を促され、始めました。小さい機械をもらったり、多少は面倒をみてもらいました。とりあえず仕事をもらえましたからね。われわれも世間が狭かったし、以前働いていたところの仕事も多くしていました」（HO金型製作所）

「もともとは、鍛造金型メーカーの工場長でしたが、協力工場として始めました。独立しようかと相談したら、ウチの仕事をしたらと勧められました」（N精鋼）

同業者による仲間型取引ネットワークの形成プロセスをみていくと、既存企業から放出された熟練工が独立するにあたって、下請として利用されてきたことがわかる。需要変動が大きく、また固定費における人件費が大きいなかでは、既存企業は、不況期になると固定費の削減・変動費化を行うなかで、熟練工を放出し、熟練工は自己雇用を行うことになる。そこでは、自己雇用を行った熟練工は仲間型取引ネットワークの仲間として組み込まれ、零細企業としてスタートすることになる。こうした仲間企業に対しては、受注があふれたときには外注し、受注が減少したときには外注を減らすことができるため、仲間企業は需要変動のバッファーとして利用されてきたのである。

❖ X社の仲間型取引ネットワークと埋め込まれた人的ネットワーク

以上では、仲間型取引ネットワークがどのように形成されてきたかについてみてきた。次に金型メーカーX社の事例を通して、仲間型取引ネットワークが、埋め込まれた人的ネットワークをもとにしており、そこには仲間間の競争を抑制する暗黙的規範・ルールが存在していることを明らかにする。

家電産業の取引構造においては、家電メーカーの事業部を頂点としたピラミッド構造が存在している。各事業部は有力なプラスチック成形メーカーを配下にもち、その成形メーカーのもとに多くの金型メーカーが連なる構造となっている。当然、有力な成形メーカーは同一家電メーカーの複数の事業部、あるいは複数の家電メーカーと取引している場合がある。また、一部の成形メーカーは、自動車メーカーとも取引をしており、自動車関係の金型をつくっていることもある。そして、一部の中堅・老舗の金型メーカーは、家電メーカーの特定事業部と密接な関係を築いている。そうしたなかで、零細金型メーカーが家電メーカーと直接取引をすることは困難である。有力な成形メーカーと取引することのできない零細金型メーカーは、中堅・老舗金型メーカーの孫請というかたちで金型を受注しているのである。たとえば、中堅・老舗金型メーカーが外注する金型のなかには、受注増などで社内では納期に間に合わない金型、社内では単価的に採算が合わない金型があり、それらが零細金型メーカーに外注されるという構図があるとされる。

(1)　X社に関わる人的ネットワーク

X社は、東大阪市を所在地とする零細金型メーカーで、プラスチック射出成形金型で中物・小物を中心に扱っている（従業員三人、売上高約八〇〇〇万円）。金型の用途としては家電・OA機器関連、自動車、一般雑貨、産業材の金型である。主なエンドユーザーは関西の家電メーカーおよび自動車メーカーである。具体的には、家電関係二社、自動車関係一社、雑貨関係二社、産業材関係二社の合計七社と主に取引を行っており、これらの企業とは二〇年以上の取引関係を築いている。

顧客が限定されているなかで、X社のように企業規模が小さい零細企業は、多くの受注をすることができない。X社の生産能力は最大、月に二面程度であり、それ以上になると外注加工を利用しなければならず、手数料などで収益が上がらなくなる。また、同じ金型であっても、高価で耐久性の高い金型を依頼してくる顧客と、安価で耐久性が低い金型を依頼してくる顧客があるため、顧客の好みに合わせてつくることが求められる。

家電関係について詳しくみていくと、X社は、三社の仲間と取引をしている。仲間の同業者からの受注は、老舗金型メーカーY社からの受注が九〇％以上である。Y社とは約三〇年に及ぶ取引関係があるが、X社創業者とY社創業者は個人的に親しい間柄であり、またX社社長の兄と、Y社専務とは昔から親しい間柄であった。また、X社社長は、技術面で不明なことがあった場合には、Y社専務に相談することが多く、Y社は資金面でも支払いを早めてくれるなど、さまざまな面でX社の面倒をみてきた。受注に関しては、Y社を通したプラスチック成形メーカーとの取引を重視している。もちろん仕事がないときは、他の仲間の金型メーカーにも発注を依頼するが、仲間企業のルートの仕事では中間手数料を取られるため、利益率が低い。

一方、自動車関係の受注については、プラスチック成形メーカーW社と取引している。W社との取引が始まったきっかけは、W社社長とY社専務が友人関係にあったことによるY社専務の紹介であった。もともとは、W社からY社に対しての依頼であったが、当時、受注が多く対応できなかったためにX社へ依頼されたことがきっかけで取引が始まり、その後、X社とW社との取引関係は二四年間に及ぶ。

また、W社社長からX社に対して、「Z社に仕事を回してやってほしい」と依頼したことがあり、それによって金型メーカーZ社とも取引が始まった。こうしてZ社とX社は相互発注する関係になったが、この取引の背景には、W社社長とZ社社長が縁戚関係にあるということがある。

以上のように、X社の取引関係をみていくと、金型メーカー間や、プラスチック成形メーカーと金型メーカーとの間には、経営幹部同士の友人関係や縁戚関係等の、人間関係に基づくネットワークが介在していることがわかる。そして、仕事の紹介や外注依頼などは、企業幹部同士の個人的な人間関係が基盤となっている。

(2) 仲間型取引ネットワークにおける暗黙のルールと評判

図6・2の取引関係のなかには、D社、E社、V社、W社といったプラスチック成形メーカーがあり、いずれも外注先の金型メーカーを抱えている。当然ながら、これらの金型メーカーは競合関係にあり、X社、Y社、Z社といった金型メーカーもその一部である。しかし一方で、これらの金型メーカーは仲間的関係を結んでいることが多く、競合関係を避けるために暗黙のルールが働いている。

それでは暗黙のルールについて、A電機からの受注の流れについて検討していくことにしよう。ここでは、次の三つのパターンが考えられる（図6・3）。

① 金型メーカーY社から受注（A電機→Y社→X社）

② D社の仕事を、金型メーカーY社経由で受注（A電機→D社→Y社→X社）

③ D社、V社を通して、金型メーカーZ社から受注（A電機→D社→V社→Z社→X社）

ここで注目すべきは、③（A電機→D社→V社→Z社→X社）の流れの仕事があるときに、D社は、中

図6・2　埋め込まれた人的ネットワークと取引関係

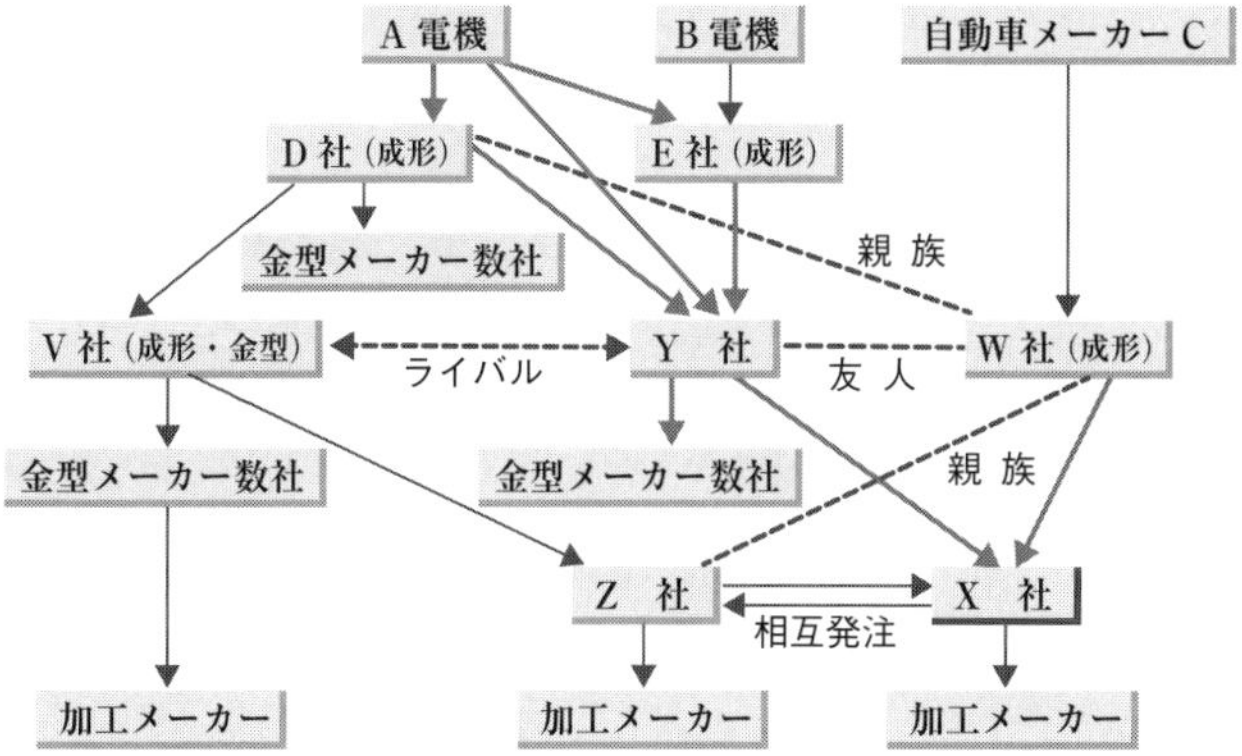

（注）　X社：仲間のY社と取引。Y社からの紹介でW社と取引。W社の紹介でZ社と取引。X社とZ社は仲間間の相互発注関係。

Y社：東大阪の老舗金型メーカー。A電機と30年近い取引関係。A電機サプライヤーのプラスチック成形メーカー3社と取引（A電機と直接取引もあり）。

D社：A電機のサプライヤー。プラスチック成形メーカー。

W社：自動車関連のプラスチック成形メーカー。W社社長は，もともと家電関係のプラスチック成形メーカーであるD社（Y社の取引先）の成形部門責任者で，D社から独立。D社社長の娘婿。

Z社：プラスチック金型メーカー。社長は，もともとA電機金型部門に在籍。自主退職した後，独立。W社社長とは従兄弟の関係。

V社：D社サプライヤー。Y社と競合関係。

（出所）　フィールド調査より筆者作成。

図6・3　X社の受注パターン

①　A電機──▶Y社──▶X社
②　A電機──▶D社──▶Y社──▶X社
③　A電機──▶D社──▶V社──▶Z社──▶X社

抜きをして直接に、X社に対して発注することはできない点である。中抜きをした直接取引が可能になると、この仲間型取引ネットワーク内のすべての金型メーカーが潰れてしまう可能性があり、そのような行為はルール違反となる。

たとえば、次のようなケースもある。上記の流れで金型の受注をした場合、X社は、V社、Z社の二社を経由せずに、直接、D社に完成した金型を納品する。そして、その金型の輸送を、仲間のY社に頼むこともある。その理由は、Y社もD社から仕事を受注しており、同一工場に納品しているからである。また、X社は、Z社から受注した仕事は、Z社の了解を得て、顧客であるD社に納品するという暗黙のルールを守らなければならない。仲間を経由した取引をすることで、既存の秩序を維持すること（「業界としての筋を通すこと」）が求められるのである。

このネットワーク内では、Y社とV社はライバル関係にある一方で、X社は、Y社とだけではなく、Z社を通じて、（Z社の顧客である）V社とも取引している。ただし、X社は、V社に関する詳細な情報（たとえば、担当者の名前など）を聞き出すことはできない。仮に、X社が、Z社を外して、V社と直接に取引をしようとすれば、仕返しを受けることになる。「『アイツは目茶をする奴だ』ということで業界から抹殺されてしまう」という可能性があるのである。このように、仲間の間には暗黙のルールが存在しており、機会主義的な行動（たとえば、相手を出し抜く行為）を抑制している。

しかし一方で、人間関係に基づいた取引関係は、取引先の社長が亡くなり、代替わりをしてしまうと関係が途切れてしまうこともある。仮に仲間取引をするにしても人間関係がベースとなっており、人間関係が途切れると取引関係も消滅してしまう可能性が高くなる。

このような複雑な取引ネットワークのなかには、同じ技術をもち、同じ用途市場に特化している金型メーカーが多数存在しており、同業者が技術・市場の両面で重複している部分が多い。そのため、そこでは一人勝ちを目的とする「出し抜き行為」を禁止する暗黙的ルールを守ることが求められる。いったんルールが崩壊してしまえば、過当競争に向かい、業界全体として壊滅状態に陥る危険性を伴っているからである。

また、仲間型取引ネットワークでは、隙あらば自己利益を優先しようという機会主義的な行動を抑制するため、評判が重要な役割を果たしている。仲間型取引ネットワークでは互いを強く拘束することは難しいために、一つ間違えば、競合相手となる可能性も高い。しかし、「機会主義的である」というような評判が広まってしまうと、狭い業界であるため、業界から締め出される危険性が高い。そこで互いに主要顧客を確保しながらも、他社の領域を荒らさないようなかたちで棲み分けを図ろうとしている。そしてルール違反を犯すと、制裁として仲間型取引ネットワークから排除されてしまうことになる。

このように、仲間型取引ネットワーク内では、複雑な取引の流れが存在している場合がある。しかし、最終顧客である家電メーカーの立場からみると、零細金型メーカーを探索・監視などをせずとも、仲間型取引ネットワークのなかで、技術や単価に見合った仕事配分が行われているともいえる。したがって、顧客の視点からみると、さまざまな企業と交渉をすることなく、品質・価格の両面で希望に見合った金型が仕上がってくるという意味で、合理的な仕組みであるといえるだろう。

図6・4　仲間型取引ネットワーク形成の論理

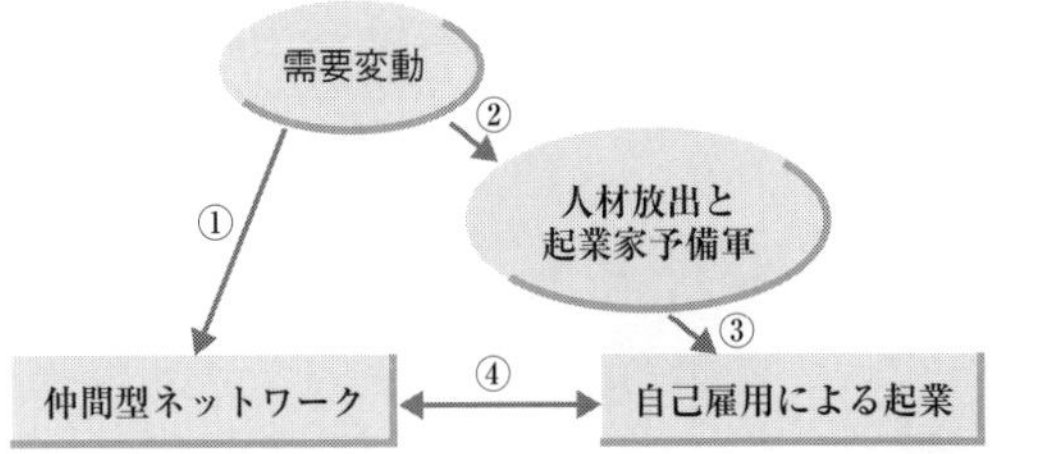

4 仲間型取引ネットワーク形成の論理

仲間型取引ネットワークの成立を促している主要な要因は、需要変動である。需要変動は既存企業からの熟練工の放出を引き起こし、起業家予備軍の形成を促し、起業家予備軍のなかから自己雇用をするかたちで、起業家が生まれる。以下では、より詳細にその論理について整理していくことにしよう（図6・4）。

① 需要変動により不安定さを伴う取引は、変動へのバッファーを必要とするため、同業者の仲間で仕事を分配する取引構造を必要とする。各企業はそれぞれ得意分野と得意先をもちながらも、仕事を融通しあうことで変動の波を吸収する。したがって、需要変動は小規模企業による分業と協働を促し、仲間型取引ネットワーク形成にプラスに働く。

② 需要変動はとくに不況期に、既存企業の倒産・廃業を引き起こし、また既存企業の固定費の削減あるいは固定費の変動費化を促す。したがって、需要の変動による既存企業の倒産・廃業、リストラクチャリングが、人材の放出と起業家予備軍を生み出す。

③ 既存企業から放出された起業家予備軍のなかから、自己雇用をする起業家が現れる。

④　仲間型取引ネットワーク内には，起業家予備軍を需要変動へのバッファーとして利用したい思惑がある一方で，起業家予備軍にとっては，仲間型取引ネットワークに所属することは，仕事が確保できるうえに小規模での独立と操業開始が可能となる。加えて，暗黙のルールが機会主義的行動を抑制し，埋め込まれた人的ネットワーク内での行動を促すため，同業者の仲間に依存したかたちの起業を促すことになる。したがって，仲間型取引ネットワークが起業にプラスに働く。また，既存企業からの人材放出と自己雇用による起業家を通じて，仲間型取引ネットワークが形成されていく。

以上は，需要変動への対応から生じた仲間型取引ネットワークの存在が，仲間の独立を支援し，起業を促していると同時に，新たな起業によって仲間型取引ネットワークが形成されていくことを示している。また，起業後の事業展開において，仲間型取引ネットワーク内では仲間間の暗黙のルールと業界内での評判が機能しており，機会主義的行動，同業者間の過剰な競争を抑制している。このように東大阪地域の金型産業は，地場のビジネスシステムのなかで仲間を必要とし，放出された熟練工を仲間の一員として仲間型取引ネットワークに取り込みながら，需要変動に対応してきたと考えられるのである。

5　おわりに――地場のビジネスシステムと新陳代謝

東大阪地域の金型産業では，仲間型取引ネットワークが形成され，仲間間の取引が活発に行われてきた。その要因としては，金型は単品生産でかつ川上に位置しているために需要の変動が大きいことがあった。そして，仲間型取引ネットワークには分配の仕組みがあり，その一部では中核企業による仕事の分配がなされていることが明らかとなった。

以上のように、仲間企業をうまく利用する、仲間型取引ネットワークというビジネスシステムを生み出すことで、企業規模を拡大せずに多様な需要とその変動に対応していくことが可能となっていたといえる。

また、仲間型取引ネットワークに所属する起業家は、すべてではないが多くが、既存企業から放出された熟練工であった。倒産・廃業あるいはリストラクチャリング（既存企業の固定費の削減あるいは変動費化）のなかで、放出された人々が自己雇用のために起業していたのである。(3) このことは、倒産してしまった企業や苦境に陥った企業から新たな起業家が生まれ、固定費の小さな企業となって甦ってくるということを示しており、地場のビジネスシステムの内部で企業の新陳代謝があることを意味している。仲間型取引ネットワークは、秩序を生み出す一方で、企業の新陳代謝のメカニズムを内包していたため、その活力を維持できたといえるのかもしれない。

以上のように東大阪地域の金型産業が強靭さをもっていた背景には、仲間型取引ネットワークという独自のビジネスシステムが存在しており、需要変動が大きいなかで不況期に起業家を生み出し、新しい起業家を通じて仲間型取引ネットワークというビジネスシステムを再編成しながら、その強靭さが保たれてきたといえるだろう。

＊　本章は、加藤厚海「産業集積における仲間型取引ネットワークの機能と形成プロセス——東大阪地域の金型産業の事例研究」（『組織科学』第三九巻第四号、二〇〇六年、五六―六八頁）を加筆修正したものである。ただし、第3節2項目につ

いては、加藤厚海『需要変動と産業集積の力学――仲間型取引ネットワークの研究』(白桃書房、二〇〇九年)第五章の一部を加筆修正したものである。

注

(1) ただし、工業統計表では四人以上の企業に関するデータを扱っており、また不況時には四人以上の企業数が減少する傾向があるために、変動が大きくなっている可能性はある。

(2) 仲間取引の存在は、質問票調査からも確認されており(一八四社から回答回収)、約四〇%の金型メーカーが同業者から受注していると同時に、約五〇%の金型メーカーが同業者に外注していることが明らかとなった。

(3) ただし、一九九〇年代半ば以降は不況型創業が厳しくなっているのも事実である。一九九〇年代前半までに不況型創業パターンがみられたのには、右肩上がりの経済が前提にあり、不況期に独立・創業すれば、いずれ景気が回復するだろうという読みがあった。したがって、右肩上がりの経済が終焉し、長期的な不況に突入した一九九〇年代半ば以降は、不況型創業が難しくなったものと考えられる。また、かつては熟練工からの独立が多かったが、近年、工作機械の投資費用が大きくなったため、熟練工が独立するのが事実上困難となったことも、創業が大幅に減少していることの理由であろう。

参考文献

加藤厚海(二〇〇四)「産業集積のダイナミズムと企業家の再生産――東大阪地域の金型産業の事例研究」『企業家研究』創刊号、四七-六一頁。

斎藤栄司(一九九四)「日本の金型産業――プラスチック金型産業と家電産業との企業間関係の研究のために」『経営経済』(大阪経済大学)第三〇号、一-二八頁。

福田アジオ(二〇〇六)「日本史のなかの結衆・結社」福田アジオ編『結衆・結社の日本史』山川出版社。

Fine, C. H.(1998)*Clockspeed: Winning Industry Control in the Age of Temporary Advantage*, Peruseus Books.(小幡照雄訳『サプライチェーン・デザイン――企業進化の法則』日経BP社、一九九九年)

Piore, M. J. and C. F. Sabel(1984)*The Second Industrial Divide: Possibility for Prosperity*, Basic Books.(山之内靖・永易浩一・石田あつみ訳『第二の産業分水嶺』筑摩書房、一九九三年)

第7章 長寿企業の家族的経営の力
金剛組の超長期存続の叡智

曽根 秀一

1 はじめに

日本には創業または設立から一〇〇年を超える歴史を誇る企業総数が二万七三三五社もあり、世界でも断トツの長寿企業大国である(帝国データバンク、二〇一四)。

本章で取り上げる金剛組[1]は、世界最古の企業と呼ばれ、寺社などの伝統建築を専門とした建築企業である[2]。長い歴史をもつ長寿企業には、その存続を可能にした独自の仕組みやノウハウが存在する。現代企業が体験しえない危機や失敗を何度も繰り返し、乗り越えてきたのが長寿企業である。

こうした長寿企業やファミリー・ビジネスの研究は、近年これまでにないほど盛んに行われている。その背景には、最近、経営学の分野においても「成長」一辺倒ではなく、「存続」の戦略が考察されるようになってきたことがある。

ファミリー・ビジネスに関する研究が主として展開されてきたのは、海外においてであった。他方で、日本では、商家や長寿企業を対象とした研究に付随する形で、ファミリー・ビジネス研究にある程度の蓄積がみられる。これらの研究を行う日本の経営学者を見回すと、隣接した分野のため、ファミリー・ビジネスと長寿企業の両方を研究対象とする研究者も多い。

本章では、高度に専門的な技能や技術を必要とする事業を営む金剛組の存続の鍵となっていたのではないかと考えられる、技能の人材と経営の人材の二つに着目して、同社の組織のあり方を考察していく。さらには、三九代目、四〇代目の二世代にわたる当主へのインタビューならびに前近代からの史料群を丹念に調査し、ビジネスシステムのフレームワークを援用しながら、経年的に、金剛組における制度化された叡智がいかに積み重ねられ、持続的競争優位を形成することができたのかを論じていく(3)。

2　金剛組の成り立ち

金剛組の創業は五七八年とされる。その年に、聖徳太子に招かれて、初代金剛重光が他の造寺工たちとともに異国から渡来し、四天王寺の建立に関わったと伝えられている（次の史料からの引用を参照）。

「夫人皇三十二代用明天皇之御宇皇太子伽藍御建立之節、自異国堂塔作金剛早水永路三人大工被召寄、四天王寺御建立時、金剛重光当山被残置、是当家始祖也」（「金剛氏系図」より）

これ以後、金剛家は四天王寺のお抱え（正大工）として、現在も四天王寺に隣接し、同寺と関係する手斧《ちょうな》始めの儀などの伝統行事にも携わってきた。
近代的な会社形態が存在しなかった時代にも、金剛組は、徒弟など現在でいうところの従業員を抱えた「組織」体で、大工・建設「業」を継続的に営んでいた。つまり、現代でいうところの「会社」として運営されていたのである。

平安中期に、四天王寺近くの安居神社を手がけ、江戸初期には四天王寺の伽藍を再興、江戸中期には、江戸まで技能を伝えに行き、営業活動を行っていた。また、江戸幕府からは、米や袴を拝領し、片桐主膳正貞隆、(4)赤井豊後守(5)ら、普請奉行の連名の書を授かっていることからも、一定の地位を保ち、高度な技能をもった大工集団であったことがうかがえる。安定した時代背景のもと、四天王寺より扶持米を受け、大坂を中心に多くの寺社の造営・修繕に携わってきたのである。

しかしながら、時代が明治維新を迎えると、その状況が一変する。幕府の庇護を失うとともに、廃仏毀釈、廃藩置県を経た寺社建築業界の規模の縮小、明治初期の近代化、殖産興業といった環境変化のなかで、仕事を得ることが困難になっていった。

こうした厳しい状況においても金剛組は、江戸期よりは弱体化したものの一定の力が残る四天王寺の後ろ盾のもと、仕事は継続して確保することができていた。しかしそれが、営業活動の軽視、職人集団を金剛家内に抱え込む「組」制度の継続などといった旧来の伝統を固守し、第二次世界大戦前後に至っても近代化や株式会社化を拒否することにつながった。結果、昭和恐慌も重なって経営状況は一層悪化、倒産寸前にまで陥り、さらには政府の会社統廃合策によって、他社に併合される危機にも見舞われた。

金剛組の状況が好転したのは、一九五〇（昭和二五）年、「文化財保護法」の制定・施行を機に戦後の文化財保護体制の基本が確立され、文化財保護が国策として重要視されるようになってからである。以後、寺社の再建が全国的に活発に行われるようになると、技術力を純粋に維持してきた金剛組が脚光を浴び、四天王寺以外の寺社や自治体・国からも再建依頼が殺到し、江戸時代以来の安定した時期を迎えるようになった。

一九五五年には、株式会社金剛組を設立し、「西の金剛、東の松井」と呼ばれ、伝統建築分野で確固たる地位を築き、ごく最近まで初代重光の流れをくむ金剛一族が経営に当たってきた。

3　長期存続要因とビジネスシステム

❖ 四天王寺との長期顧客関係

金剛組を、四天王寺を抜きに語ることはできない。同社は、前述の通り、始祖以来、日本最初の官寺である四天王寺のお抱え大工として、同家の技能の継承やその他のあらゆる経営行動においてそのこだわりをみせてきた。

江戸時代における金剛家と四天王寺の関係をみると、金剛家は四天王寺の寺領内に所在し、同寺から扶持米を受けていることからも、使用人の性格を有していたといえる。江戸時代の身分制度上、通常、大工は苗字帯刀が許されなかったが、これを許されていたうえに、代々の当主が四天王寺再建や改名の際などに米や酒・白銀・袴などの褒美を受けている。また、近畿六カ国の工匠の総元締めの中井主水正へ挨拶に行っていることなどからも、金剛家の身分が幕府や四天王寺に認められていたことがわかる。

そのため、代々、四天王寺のお抱えとしての地位を守り続けるために、技能を磨き、幕府・四天王寺の要望に応じていくことで、存続してきたのである。

四天王寺との関係は、再建工事の記録を参照することによっても知ることができる(6)。たとえば、一四〇〇年以上の間に四天王寺は大きな罹災だけでも一〇回前後あり、そのたびに金剛組が再建工事を担ってきた。裏を返せば、こうした大規模な焼失・倒壊により、金剛組は経済的にも支えられ、技能も後世に継承することができたともいえよう。

伽藍を仕上げるには、何十年とかかるため一世代では完成しないことも度々あった。四〇代目正和は、「法隆寺は燃えていないから途絶えたという話もあるくらいなんですよ。うちはポイントポイントで少なくとも八回建て直していますからね」と証言している。いずれの再建においても、金剛組は中心的な役割を担い、技能の継承・向上を図ってきた。

三九代目当主は、金剛組が一四〇〇年以上続いてきた理由を以下のように語っている。

「やっぱり四天王寺が育ててくれたというかね、金剛家に仕事を与えてくれた。仕事があってもなくても手間賃もあるだろうし、ちゃんと守ってくれるということで四天王寺にしがみついてきたので、ずっと今まで続いてきたというふうに思いますね」

こうしたなかで、金剛家は、家の存続を第一に、四天王寺を中心とした顧客との関係を重視してきた。江戸中期に活躍した三二代目喜定が子や孫に対して記した「職家心得之事」のなかで、「一番大切なことは、家名が安泰で相続することである」と何度も繰り返し、具体的に記している。すなわち、顧客の意向に従い（第二条）、出過ぎず、言葉を丁寧にせよと諭し（第四、七、一一、一二条）、また、取引先の顧客に対しては、価格交渉などにおいても正直な対応をすべきことを助言し（第一三、一四条）、長期顧客関係の重要性について詳細に説いている。(7)

このようにして、金剛組は、四天王寺との関係を基盤に、安定した収入を得ていた。それゆえ、金剛組の存続で重要となるのは、新たな顧客の開拓に向けた営業活動や市場開拓ではなく、四天王寺のお抱え大工として相応しい技能を獲得・維持し、四天王寺の要求に応えていくことにあった。次に、具体的に技能をどのように伝えてきたのかについてみてみよう。

❖ 技能の人材に関するビジネスシステム——組制度を通じた育成と取り決め

図7・1は、金剛組の組織の全体像を簡略的にまとめたものである。金剛組という大きな組織のなかに、各棟梁に采配を任せた小さな組をおき、大工たちはその組に所属する。(8)金剛組と各組の関係は、いわゆる家元（金剛家）と師匠（各組棟梁）の関係であり、金剛組本体は、各組の力量を評価して仕事を割り当てることに注力する。そして、各組は相互に技能・技術で競いあって仕事を取りあい、さらに技能の後継者を自ら発掘して技能の継承を可能にしたのである。要するに、小集団で仕事をしながら技能の人材を育てる仕組みを生み出していた。(9)

さらに、正大工（本家）と棟梁（組）との間では、さまざまな取り決めが交わされていた。実際に建築の仕事を手がけるのは、各棟梁に率いられた大工の組であり、組における職人の採用などの裁量は各

図7・1　金剛組の組織の全体像

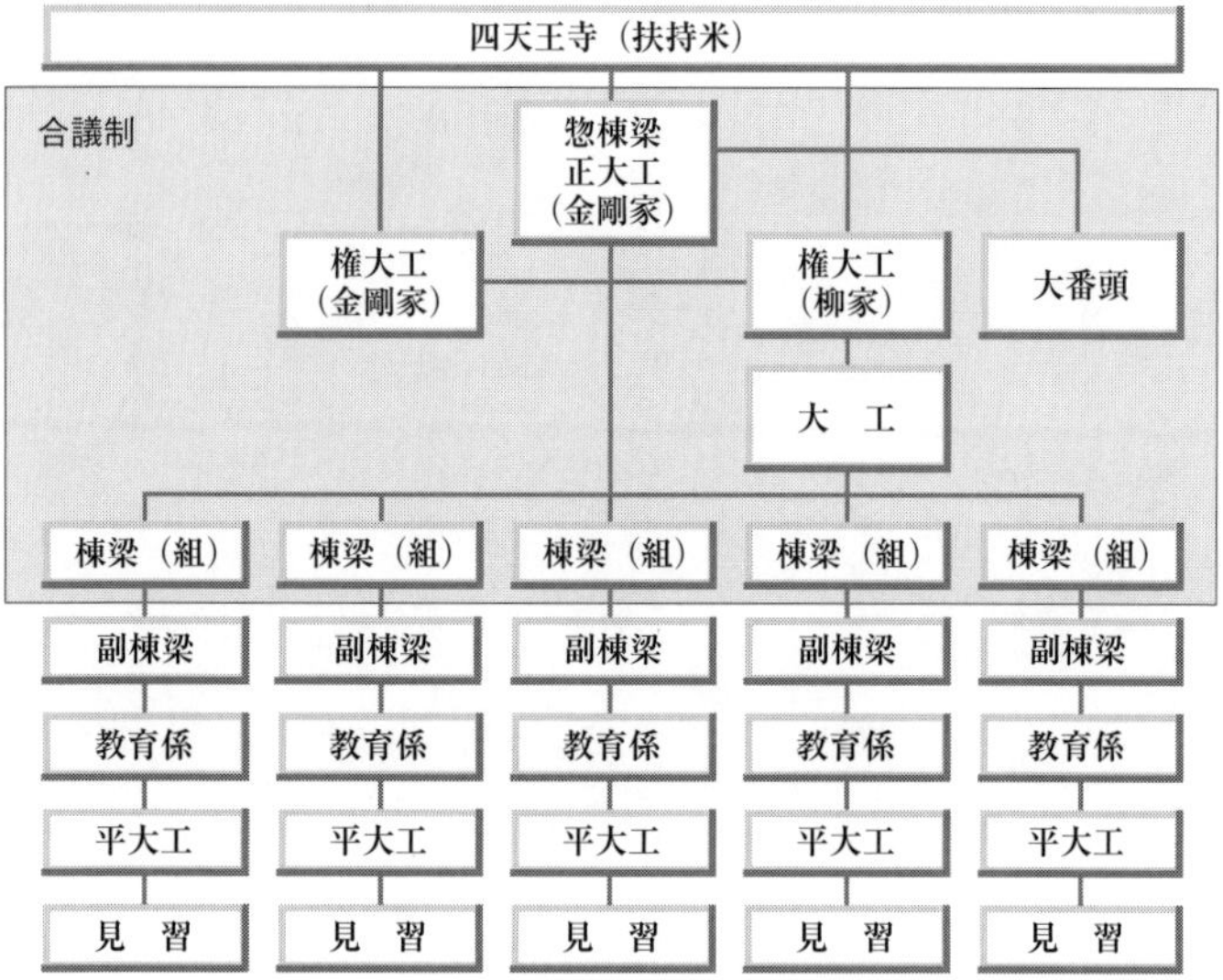

（出所）　金剛家史料およびインタビュー調査に基づき筆者作成。

棟梁に任せられていた。また、技能の外部流出を防ぐため、金剛組以外からの仕事を勝手に請けることは許されなかった。つまり、各組は金剛組専属で金剛組から依頼された仕事のみを請けてきたのである。

　この職人の抱え込みや取り決めは、顧客である四天王寺との強い関係を考慮したときに、重要な意味をもつものである。第一に、恒常的に一定規模の仕事が発注されたため、多くの職人を囲い込む組制度を維持することができた。第二に、四天王寺固有の建築物に対する、特殊な技能やノウハウを保持してきたため、他の同業者が模倣できない仕組みとなった。こうしたことからも、四天王寺との顧客関係維持には、技能伝承が非常に重要であったことがわかる。そのためには、宮大工という技能集団に相応しい技能をもった人材を囲い込まなければならず，技能の漏洩にも細心の注意が払われてきたのである。

❖経営の人材に関するビジネスシステム――「家」連合による合議制と血のスペア

古来より日本では，家業を維持するために家制度が利用され，ある程度まで家の基礎ができて老舗へと発展すると，店方制度が確立し，当主を補佐する組織が整備されていった。これを補佐するのが，分家・別家であり，組織全体は，本家を中心に編成されていた(10)。

金剛組では，どのように経営に携わる人材の選別・育成がなされてきたのであろうか。当主は，前項でみたように，正大工として技能形成の頂点に立ちながら，経営者としての役割を果たし，世襲されるのが基本である。しかし，金剛家本家が独裁的に企業を経営していたわけではない。経営の意思決定に関しては，当主である金剛家本家，金剛家から分家した金剛家分家および柳家，能力によって組内から選抜される大番頭，各組の代表である棟梁および親戚筋による合議制が採用されていた。

この合議制は，経営に強い発言権を有し，金剛家当主の暴走や怠惰を防ぐ働きをしていた。三二代目喜定が残した「遺言書」でも「不依何事自身ニ不相分候儀者，親類打寄相談之上万事取計可致候事」，つまり，自分で判断できないときは，親類に相談して万事決めよ，との文言が確認できる。

事実，この遺言書を記した中興の祖ともいわれる喜定も分家の柳家からの婿入りであり，その子，三四代目喜盛は，合議により，仕事に身が入らないという理由で，「職道不熟之為当家功ナシ」との判断が下され，当主の座を追われている。また，当主の座から降ろすだけではなく，その後の禍根となる

ことを避けるため、金剛家には残さずに他家に出されている。(11)

戦後では、利隆が、懇願されて外部から金剛家本家に婿養子で入り、三九代目当主として、金剛組の組織を近代化に導いたことが知られている。

このように、金剛家の経営伝承は複合的な「家」の連合体という特徴を備えている。そしてこのことには、仮に金剛家本家の血統が途絶えた場合に備えて、いわば「血のスペア」を準備するという側面があったのである。

史料からも確認できるが、江戸初期の元和年間以降の歴代当主二五代目から四〇代目までの一七代(三六代目は二人)いるうち、その半数以上の九人が長男以外もしくは他家から登用された人物であった。

このことからも、金剛家には、四天王寺のお抱えとしての職責を全うするために、場合によっては、外から腕の立つ人間を取り入れ、家を存続できない人間には、いちど後を継いでいたとしても廃嫡するなどして、世代や技能を連綿とつなげていくという、使命感から必然的に生み出された知恵があったことが見て取れる。

同社の歴史からは、当主選びの基準が二つうかがえる。第一に、技能・技術力の発展・維持がお家存続の第一の条件となる金剛家において、棟梁としての資質に欠けた人間は直系であっても当主にしない。第二が、分家筋(権大工家)に当主就任の機会を与え、技能が失伝する危険性を抑えつつ、技能・技術力の発展および維持を実現する。

❖ 身の丈経営と番頭

長寿企業の多くに観察される財務の保守性は、金剛組にもみることができる。それは、赤字さえ出さなければ、大きな利益は追求しないという考え方であり、受注高は年一〇%、社員も年五～六人増やす程度にとどめてきたという。その理由を、三九代目利隆は、「大それたことをやって三十何代もつづいた家をつぶす危険を冒すより、一段ずつあがっていく方がいいと思っています。金剛家が続いてきた秘密は、こぢんまりと家業を継続し、人のうらやむほどの財産や利権がなかったからお家騒動などが起こらなかったんですね」と述べている。同様に、四〇代目正和も「うちは財産と呼べるほど多く資産は持っていないですから、だから逆にもめることもなくよかったのではないでしょうか」と考察している。

史料を繙くと、江戸時代の代々の金剛家当主も服装から所作まで、身の丈に合った経営を提唱している。こうした考えが現代まで脈々と受け継がれているといえよう(12)。

四〇代目正和も、「我々としては常にコンスタントに仕事を供給して、職人らが生活に困らないようにしようと。その結果として会社が成長すればいいなと。存続がベースにあってその上に成長ということを意識してきた。……無理な、自分たちのキャパシティを超えた、そういう成長というのは当然望まないです。あくまで我々は原点に常に立ち戻って、お客様にどれだけ満足していただけるかと考えて常に仕事していくというのが、僕は一番大事やないかと思う」と述べ、身の丈に合った経営の重要性を三九代目も四〇代目も共通して論じているのである。

また、こうした保守的な経営を行うためには、管理する番頭の存在も大きかった。昭和の時代に至るまで、代々の当主を補佐する名番頭が存在していたという。三九代目利隆も「代々番頭さんの役割は大きかった。やっぱりお金をちゃんと出し入れする、経理関係の番頭さんもおる」と番頭の重要性を指摘している。これらの証言からも、金剛家では代々財務の保守性を意識し、無理な成長を追求しない経営を取り続けてきたことがうかがえる。

❖地域に根差した経営——講（建築関係者）との関係

金剛組は、地域や同業者・関連業者などとの関わりを通じても、安定した取引関係および地位の安定を図った。

その代表的なものに「講」がある。江戸期には、大工・屋根葺・石工・左官などの建築関係者は、各地域ごとに相互援助を図り、一種の商工同業組合の意義をもつ、連帯感の強固な「太子講」を形成した。こうした講は、新規を嫌い、伝統的・保守的精神に富んでいたため、抜け駆けや独占を許さず、賃金の協定と親睦・互譲・共済のシステムをもち、建築技術の保持のためにも大きな役割を果たした。つまり、内部では、技能の継承や顧客の独占を維持する仕組みを整え、外部に対しては、閉鎖的にして、他の職人の参入を防ぐことにより、技能の流出を防ぎ、長期顧客関係を保つことをねらいとしていた。

一八〇五（文化二）年に記された、「大太子講公訴始末一件控」によれば、天王寺村の大工仲間である太子講は、元和年間（一六一五〜二四年）の四天王寺伽藍再建の際に、惣棟梁であった二五代目是則が御用を申し付けられたのを機に結成されたという。この史料にはまた、講を通じて、技能や経営を維持するための同業者や役所との関係などについても記されている。

着目すべきことは、太子講の結成および運営の中心的役割を金剛家が果たしていたということである。つまり、四天王寺の正大工を代々務める金剛家が、限定された仲間とともに、講を形成し、地元地域の人材確保、供給業者との関係維持を行い市場の独占に成功してきたのである。

❖一族間における棲み分け

日本の地場産業や地域に根差した長寿企業をつぶさに観察すると、競争は存在するものの、決して激しい競争による潰しあいはなかったことがわかる。そこでは棲み分けのルールが存在し、共存共栄が図られている。なかには、顧客が棲み分けを推奨してきた事例もある。

前述の通り、金剛組の場合、金剛家本家、金剛家分家（権大工）、柳家（権大工）の少なくとも三家によって、経営が行われてきた（図7・2）。

図7・2　金剛家を支える分家

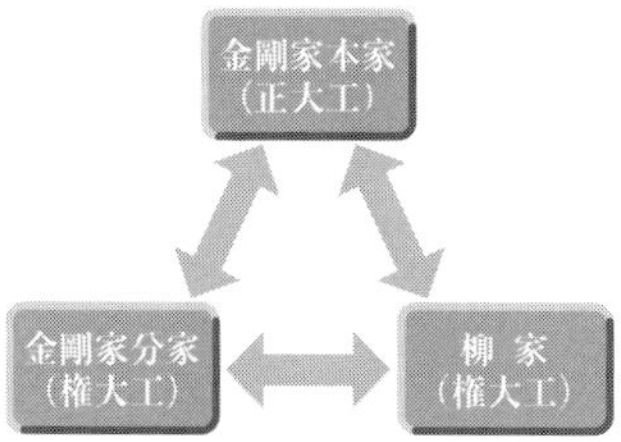

（出所）　金剛家史料およびインタビューをもとに筆者作成。

近年、翻刻作業が進んだ柳家史料「菅廟匠柳流 神社仏閣宮殿楼門堂楼 絵図雛形」によると、大阪・天満宮再建工事を、柳姓の棟梁が代々勤めてきたことがわかってきた。天満宮は、寛永年間（一六二四～四五年）以降、再建工事や遷宮など多くの工事が行われている。一七八一（天明元）年再建時の棟梁には柳吉兵衛、一八四二（天保一三）年釣鐘堂の工事では柳九兵衛、一八四五（弘化二）年の工事では柳利七が、中心に取り仕切っている。

これらのことは、金剛家が四天王寺、柳家が天満宮の御用達として存在し、一族間において仕事の棲み分けを行う一方で、大きな工事の際には協力しあっていたことを示している。また、四天王寺に

図7・3　四天王寺のもとでの棲み分け

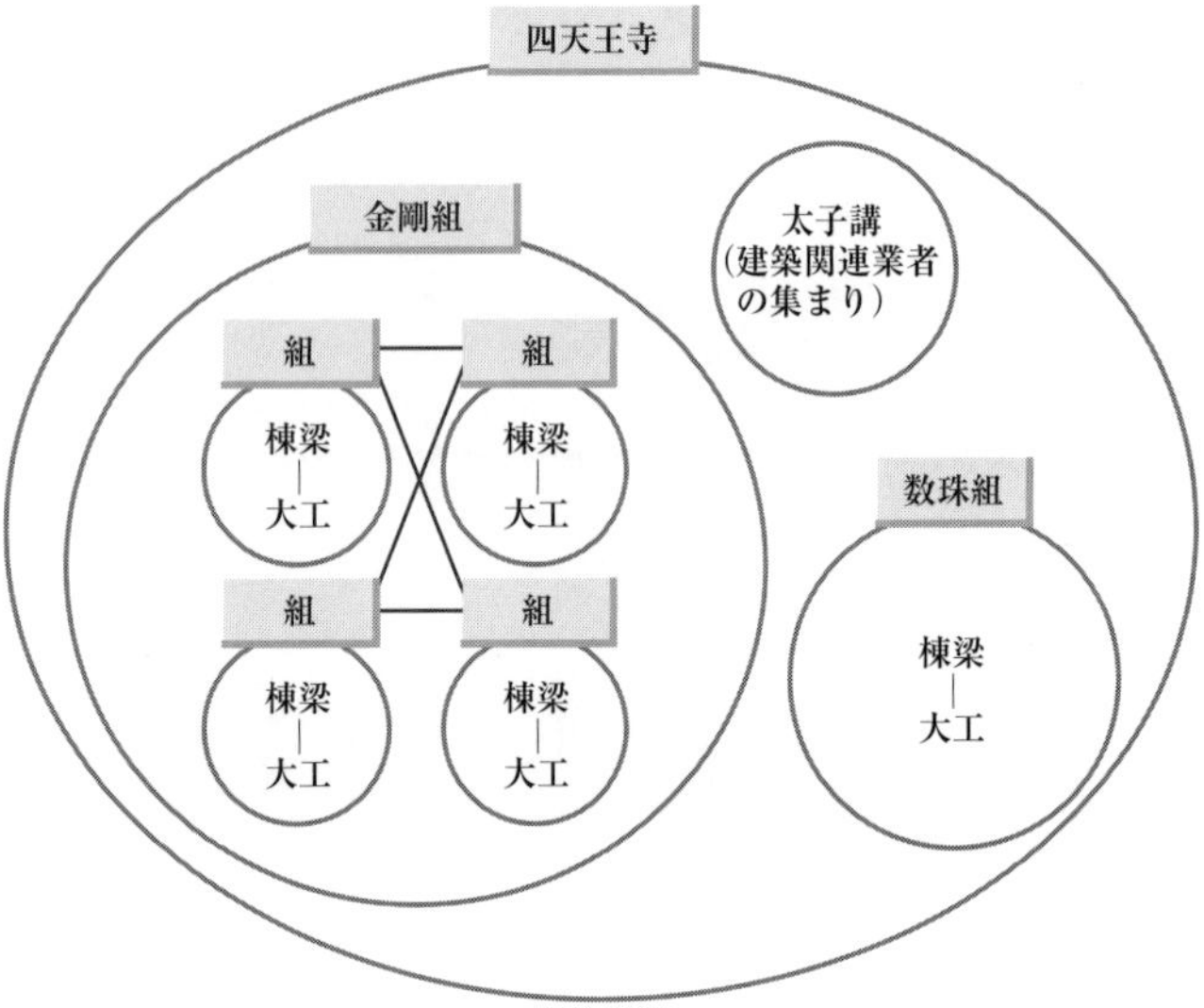

（出所）　金剛家史料およびインタビューをもとに筆者作成。

は、先述の太子講に加えて、数珠組と金剛組という二つの専属の建築業者が古くからあったとも伝わり、棲み分けが行われてきたと考えられている。さらに金剛組のなかでも、各組が、その技量に合わせて棲み分けされ、連携もしつつ、切磋琢磨していた（図7・3。図7・1も参照）。

別の場所の宮大工もみてみよう。高野山御用達で江戸中期創業と伝わる大彦組がある。かつて高野山には、三つの大工の組が存在し、高野山の指示のもと、営業範囲の棲み分けがなされてきた。さらに、高野山では遷宮が行われ、大工集団の経営を支えると同時に、技能の伝承を可能にしていたのである。さらに、加賀藩も建築方のトップとなる大工頭に、「建仁寺流」と「四天王寺流」の大工を抱え、大きな寺院が建設される際には二派を交互に起用して競わせ、技能や技術の向上を期し、また衰退を防いでいた(13)。

もし、仮に複数ではなく、一つの組に限定されていたら、その組が廃業となった場合、建築物の保全が困難となり、失伝してしまう。それだけではない。独占することで胡坐をかき、技能の水準が下がることも懸念される。このため、複数の組を適度に競わせ、良い仕事をする組には主要な仕事をさせるなど、技能の伝承に顧客も関わっていた。つまり、職人らを競わせることにより、技能の人材を育てていたのである。

❖継承経営者の活用――技能と経営の分離

前近代においては、寺社・藩といった安定顧客から独占的かつ長期的に受注があり、市場としても安定していた。そのため、宮大工企業に求められたのは技能の人材の育成に注力することであった。しかし、明治維新以後、主たる顧客とその受注が、寺社・藩による日本の伝統建築から、政府・大手民間企業による倉庫・工場などの近代建築へと転換するなかで、宮大工企業に求められる技能が変わり、法人組織へ変革していく必要性に迫られた。

たとえば、同じ宮大工を源流とする一六一〇（慶長一五）年創業の竹中工務店は、尾張藩のもと、苗字帯刀を許され官職も授かる名門であった。維新後、近代建築への対応を行い、一四代目竹中藤右衛門により、本店を神戸へ移転し、家業から法人へと転換した。以後、東京進出、三井人脈に基づく受注、「匿名組共和会」への参加と満州・朝鮮への進出、株式会社への改組など、積極的な事業展開を行った。

図7・4　技能と経営の分離

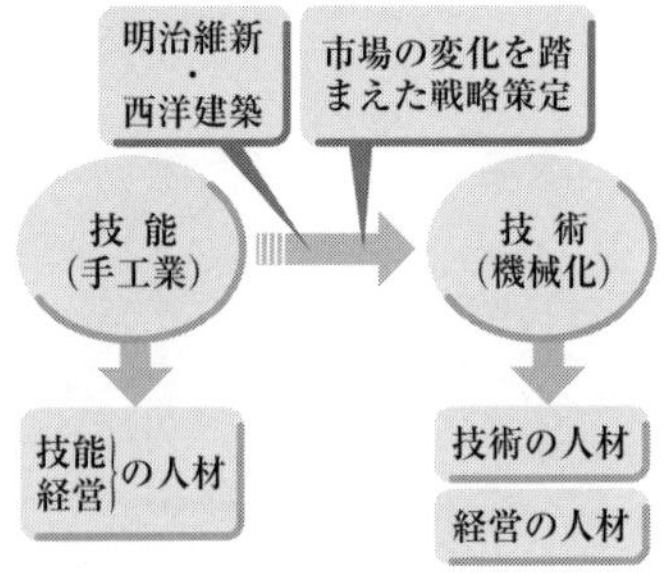

（出所）　金剛家史料およびインタビューをもとに筆者作成。

この一四代目は、宮大工修業の経験がなく、大阪商業学校で商業全般を学び、関西財界との強い人脈をもった人物であった。

一方、金剛組は、維新後、四天王寺のメンテナンスを中心に伝統的な宮大工企業として存続し、組織改革は第二次世界大戦後である。三九代目利隆によって、一九五五年に株式会社への改組、コンクリート建築への進出も積極的に行った。この利隆は、福井工業専門学校建築学科卒業後、設計事務所などを経て、婿養子として当主に迎え入れられた人物であった。しかし、その一方で、固定費用を生み、経営を圧迫する可能性のある伝統的な職人を抱え込む「組制度」も維持され続けたのである。

宮大工の伝統組織では、技能形成の頂点にある棟梁（金剛組の場合、正大工）は、設計・施工の全過程に精通すると同時に取引の実際にも通暁すること（経営の頂点に立つこと）を要請された。その意味で、棟梁は、「技能の人材」と「経営の人材」を未分離に体現する存在であった。しかし、その後の近代建築技術への移行は、生産の主体的要因が技能から技術に変化することにより、「技能の人材」から「経営の人材」が分離されていく（図7・4）。そして、前者の「技能の人材」は、「技術の人材」へと変わり、後者の「経営の人材」が維新後の企業存続の軌跡において存続に果たす役割が着目されるのである。[14]

4 おわりに

本章では、一〇〇〇年以上にもわたり存続してきた金剛組の事例を取り上げた。

金剛組は、事業の存続を経営の至上命題とし、先人の叡智が幾重にも積み重ねられることで、他者が模倣できない長期存続の仕組みを形成してきたのである。

その特徴は以下のようにまとめることができる。第一に、金剛組は、主として顧客関係に規定された組織構造をもち、技能の修得・継承については、組織の内外に競争的契機が埋め込まれ、技能の人材の育成を可能としてきた。第二に、金剛家本家・分家・別家が互いに支えあい、血のスペアを準備してきた。「血統にもこだわるが、能力にもこだわる」ことによって、同族のメリットを活かし、デメリットを抑制する制度的叡智を備え、経営の人材の育成と登用を絶え間なく行ってきた。第三には、顧客との関係だけではなく、供給業者、同業者（講）、地元商人とも取引・協働関係を維持することによって、地域に根差し、相互依存関係を構築してきた。

近年、金剛組は経営危機に見舞われ、長い歴史のなかでは、連綿と構築されてきた叡智でさえも一つ歯車が狂うと存続が危ぶまれる事態は免れないことが示された。しかしながら、一〇〇〇年以上、四〇世代にもわたる存続は事実である。金剛組が、宮大工の技能集団として現在においても名声を博しているのは、本章で述べてきたような、経営と技能の伝承によるビジネスシステムが代々受け継がれてきたことによるのである。

最後に、長寿企業やファミリー・ビジネスに関わる研究の学術的意義について指摘しておきたい。近年は、日本の長寿企業に学ぼうという動きが多方面でみられる。これは、企業の存続について考えるとき、上場企業の事例だけでは事足りないことによるものであろう。上場企業にも日本的な家族の制度と文化を取り込んできた背景があるからである。そのためにも、多くの危機を乗り越え、今なお存在し続ける長寿企業の叡智に学ぶとともに、そのビジネスシステムについて今一度考える意義は大きいと思われる。

＊　金剛家、故三九代目当主金剛利隆氏、四〇代目当主金剛正和氏をはじめ、関係者の皆様へのインタビュー調査および史料調査などにおいて、長年にわたり多大の便宜を得た。ここに記して深く感謝の意を表したい。

注

（1）　本章は、曽根（二〇一五）を再構成するかたちでまとめたものである。金剛家各当主へのインタビューは、歴史的知見、技能、経営面、事実確認も含め、一〇年以上にわたり継続されてきた。これらのインタビュー・データは、主に下記の論文に所収。曽根・加護野（二〇〇七）、曽根・加護野（二〇一〇）、曽根・加護野・吉村（二〇一〇）。

（2）　「金剛組」の名称は、三九代目利隆によれば、一九五五年の株式会社に伴い、社名として用いられるようになったが、それまでは、「金剛」などと呼ばれていた。

（3）　金剛組に関する研究蓄積は浅く、曽根・吉村（二〇〇四）などがあるが、その後、史実に基づかない書籍が公刊されているのも事実である。たとえば、金剛家は女系であると論じているものもあるが、それはここ二世代ほどの話であり、実際は、四〇〇年前までさかのぼっても、どの世代にも男子は誕生している。

（4）　片桐貞隆を指す。安土桃山時代から江戸時代にかけての武将・大名。小泉藩初代藩主。兄が片桐且元としても知られる。

（5）　赤井忠泰を指す。安土桃山時代から江戸時代にかけての武将・旗本。大和国十市郡などで二〇〇〇石を領した。

(6) 本史料「元和五年天王寺大工日数帳」は、一六一四（慶長一九）年に大坂冬の陣で四天王寺諸堂が焼失したため、これを再建した際の見積史料である。詳細については、上村・曽根（二〇〇九）に所収。

(7) 「職家心得之事」ならびに後出の「遺言書」の内容については、曽根・吉村（二〇〇四）、吉村・曽根（二〇〇五）が詳しい。

(8) 職人や組の数は、時代によっても異なるが、現在は、関西に六組、関東に二組が配置され、所属の大工の人数も一桁から最大で三〇人ほどである。

(9) 三九代目利隆は、「やっぱりええ大工に自然に仕事をやらすようになっていきますからね。その大工も喜んで一生懸命やってきていると、他の会社の仕事をやるってそういう気持ちにはならんわけですよね。仕事をようやってくれる者にはやはり仕事量をよく回していくようになりますね」と組制度の特徴を述べている。

(10) 詳細は、上村（二〇〇五）に所収。

(11) その後、喜永が三五代目正大工となったが、多病のため三五歳で亡くなり、その子、重喜が正大工となるが、世継ぎがなく、ここで代々続いた本家筋は途絶えた。このため現在につながる金剛家は、権大工を務めてきた家の子孫であることがわかる。

(12) 個人の給与についても言及されている。三九代目利隆は、「別に社長になったから月給を倍もらうなど実際そんなことも何もないですからね。まあ仲良うやってきたわけですわ。それよりもええ仕事いただいて、しっかり仕事やってちゃんと利益も上げてええ仕事で施主さんにも喜んでいただいてというのが一番やということで、仕事、仕事、一生懸命、私はもうぐるぐるぐるぐるともう仕事を見て回りました。今でもそれをやっていますけどね」と述べている。

(13) 『北國新聞』二〇〇〇年一月一五日付夕刊。

(14) 株式会社化は必然的に銀行への資金依存を生み出し、金剛組は金融危機にも巻き込まれ、売り上げも一九九九年の一三〇億五五〇〇万円をピークに、二〇〇五年には七五億円と約半分近くまで落ち込んだ。二〇〇六年には、高松建設に営業権譲渡を行い、実質的な経営から金剛家は離れたものの、屋号をはじめ大工の技能や組制度の仕組みなどは今も継続されている。

参考文献

足立政男（一九九〇）『シニセの家訓——企業商店・永続の秘訣』心交社。

上村雅洋（二〇〇五）「近江商人の経営と危険分散」『経済理論』第三二五号、七一-八六頁。

上村雅洋・曽根秀一（二〇〇九）「（史料紹介）四天王寺宮大工文書（一）」Working Paper Series, Faculty of Economics, Wakayama University, 09-04。

奥村昭博・加護野忠男編著（二〇一六）『日本のファミリービジネス——その永続性を探る』中央経済社。

島田燁子（一九九〇）『日本人の職業倫理』有斐閣。

曽根秀一（二〇一五）「世界最古の企業　金剛組の叡智に学ぶ——伝統産業のビジネスシステムから見た長期存続の条件」『一橋ビジネスレビュー』第六三巻第二号、七〇-八八頁。

曽根秀一・加護野忠男（二〇〇七）「（調査報告）金剛組——四〇代当主にきく」神戸大学大学院経営学研究科ディスカッション・ペーパー、二〇〇七・五一。

曽根秀一・加護野忠男（二〇一〇）「（調査報告）長寿企業の技能伝承と経営」神戸大学大学院経営学研究科ディスカッション・ペーパー、二〇一〇・六三。

曽根秀一・加護野忠男・吉村典久（二〇一〇）「長寿企業における事業継承と同族経営」神戸大学大学院経営学研究科ディスカッション・ペーパー、二〇一〇・六七。

曽根秀一・吉村典久（二〇〇四）「（調査報告）金剛組——家訓『遺言書』を中心に」Working Paper Series, Faculty of Economics, Wakayama University, 04-19。

竹中靖一（一九七七）『日本的経営の源流——心学の経営理念をめぐって』ミネルヴァ書房。

谷直樹（一九九二）『中井家大工支配の研究』思文閣。

帝国データバンク（二〇一四）「長寿企業の実態調査（二〇一四年）」(https://www.tdb.co.jp/report/watching/press/p140905.pdf)。

宮本又次（一九三八）『株仲間の研究』有斐閣。

吉村典久・曽根秀一（二〇〇五）「長期存続企業の家訓にかんする準備的な研究」『和歌山大学経済学会研究年報』第九号、七二-九一頁。

第3章 経営と技能伝承のビジネスシステム

彦根仏壇産業の制度的叡智

柴田 淳郎

1 はじめに

伝統産業では、代々家業を家族で継承する同族企業が多い。本章で取り上げる仏壇の製造・販売・補修を主たる事業とする彦根仏壇産業も同様である。なぜ伝統産業では、創業者一族が経営を支配する同族企業が代を重ね、長寿企業として現代まで存続しているのだろうか。

筆者がある講演会に参加した際、主催者である長浜の企業家は、「地域でのビジネスリーダーの選別はなかなか困難だ。なぜなら、能力のある奴は家格がない。家格がある奴は能力がない」という印象的な発言をされた。地域でビジネスを行う場合、能力を備えているだけでは十分ではない。能力と家格を合わせもつことが必要とされるというのである。ハーバード大学名誉教授であるD・S・ランデスが、その著書において「ファミリー企業にとって戦略的に最大の利点は、その血統にある」と主張しているように、血統は一つの経営資源なのである（Landes, 2006）。

代々家業が継承され、長寿を達成した同族企業は、血統に基づいて、その年月に見合った知識や信頼・資本を蓄積するとともに、年月を超えて技術や技能を伝承していく合理的なビジネスシステムを兼ね備えているのではないだろうか。本章では、前章に引き続き、伝統産業の経営と技能伝承のビジネスシステムについて、同族企業の制度的叡智と家族的経営の力に焦点を合わせて明らかにしたい。

2　彦根仏壇産業の分析視角

ビジネスシステムとは、「企業内（organizational）及び企業間（inter-organizational）の協働の制度的枠組み」（加護野・井上、二〇〇四）である。本章が対象とする伝統産業は、仏壇の製造・販売・補修を主たる事業とする彦根仏壇産業である。彦根仏壇産業の仏壇生産には二種類があるといえる[(1)]。一つは、伝統工芸品としての仏壇生産である。そしてもう一つは、量産品としての仏壇生産であるが、これについては、中国への生産基地の国際化、雇用制度の採用など、別の側面の分析が必要であるため、改めて論じることにしたい。

本章では、彦根仏壇産業に属する企業である井上仏壇店、永樂屋および宮川仏壇が備える伝統工芸品の生産に関わる経営の伝承ならびに技能伝承に関するビジネスシステムを分析対象として、企業内・企業間の協働に関する制度的枠組みを明らかにする。

伝統産業の継続性は、一部の例外を除けば、創業者一族および中興の祖に連なる血統による家業としての継続性、ならびに、工芸技術の継承および技能の伝承が基礎となる（山田、二〇一三）。このような血統の継続性および技能の継続性の基盤となるのが、人材育成と選抜を内包したビジネスシステムである。これは同族企業であるからといって、われわれが一般に想定するほど、単純なものではない。たとえば、創業者一族の子弟が必ずしも優秀であるとは限らない。血統にこだわれば、能力が犠牲となる場合があり、これが同族企業の問題点として理解されてきたといえる。脈々と代を重ねて受け継がれる血統のメリットと経営上および技能を含む技術上の能力を企業として長期にわたって担保していくためには、当然、相応の制度的工夫が必要とされる。

本章では、彦根仏壇産業における伝統工芸品としての仏壇生産のビジネスシステムを明らかにするなかで、同族企業がいかにして、血統のメリットを活かし、またそのデメリットを抑制してきたのかについて考えてみることにしたい。

3 彦根仏壇産業におけるビジネスシステム

――井上仏壇店・永樂屋・宮川仏壇の事例

彦根仏壇産業は、滋賀県彦根市一帯に広く分布しているが、その中心部は彦根城下町の南西部に位置する「七曲がり通り」と呼ばれる街道筋に立地している。「七曲がり通り」は、旧中山道と彦根城下町を結ぶ街道筋として江戸時代に形成された。彦根仏壇産業の歴史がどの年代から始まったのかは、史料上の制約[2]により不明な点が多いが、一説によれば、寛永年代（一六二四～四四年）に漆器業者が京都地方の仏壇に倣って仏壇製造を始めたといわれる（彦根仏壇事業協同組合・彦根仏壇史編纂委員会、一九九六）。

なお、地元では、江戸時代になり、戦国期に武具を生産していた職人たちが平和産業である仏壇産業に鞍替えしたと考えられている。

本章が対象にする井上仏壇店・永樂屋・宮川仏壇（以後、これらの企業を総称する場合、仏壇問屋[3]と略する）は、いずれも同族企業であり、江戸時代から脈々と受け継いできた仏壇の工芸技術が現在でも優れた価値を有すると業界では評価されている。彦根仏壇産業の技術力の高さは、一九七八年、二〇一五年の第一回、第二二回全国伝統的工芸品仏壇仏具展で、永樂屋・宮川仏壇が最高賞である「通算産業大臣賞」および「経済産業大臣賞」の栄誉に浴したことからも証明されている[4]。

それではなぜ彦根仏壇産業は、江戸時代からの工芸技術を高い水準で維持し、現在まで継続できたのだろうか。その理由を探るため、まずは、彦根仏壇産業における仏壇問屋のビジネスシステムを俯瞰することから始めたい。

図8・1は、彦根仏壇産業における仏壇問屋のビジネスシステムの全体像を簡略にまとめている。その第一の特徴は、彦根仏壇の生産は垂直分業体制によっているという点である。一般に、彦根仏壇産業における仏壇生産は、工部七職と呼ばれる職人によって行われる。工部七職とは、木地師、宮殿師、彫刻師、漆塗師、金箔押師、錺金具師、蒔絵師と呼ばれる職人たちである。そして仏壇問屋は商部と呼ばれ、仏壇生産の最終工程である組立工程を担当している。

このような垂直分業体制を反映して、品質管理を含めた仏壇生産の全体的なプロセス管理は仏壇問屋が担い、職人は各職能の仕事に専念できる体制となっている。「経営と技能」が分離し、仏壇問屋が品質管理を含めた取引ガバナンスの機能を備えているのが、彦根仏壇産業のビジネスシステムの第二の特

図8・1　彦根仏壇産業のビジネスシステムの全体像

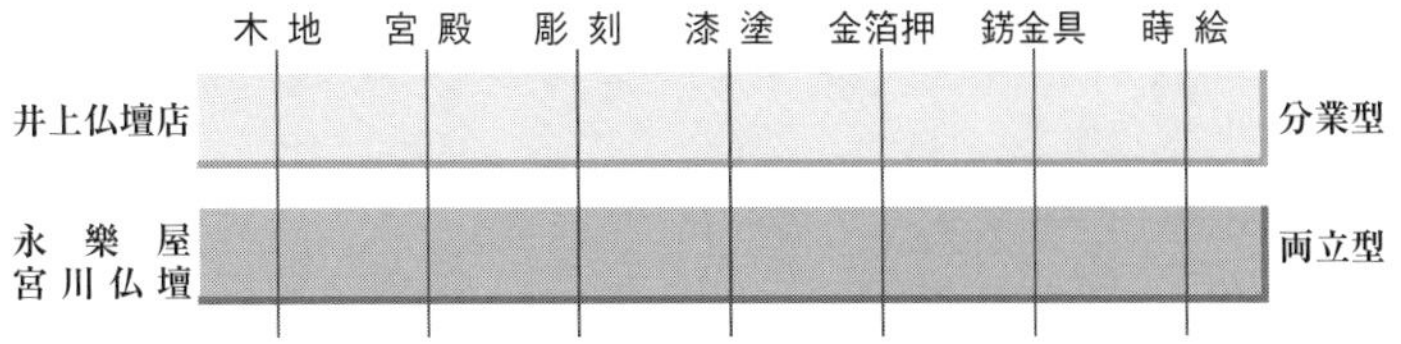

（注）「分業型」「両立型」については，章末注（3）を参照。
（出所）インタビューに基づき筆者作成。

徴である。

彦根仏壇産業における仏壇問屋のビジネスシステムの第三の特徴は、仏壇問屋と職人が、各職能につき二人から三人の職人と数世代にわたり五〇年を超えるような長期継続的取引を媒介として連結している関係にあるということである。ただし、このような取引関係にあっても完全に専属という場合は少なく、仕事がないときには他の仏壇問屋の仕事を引き受けることが、暗黙的に許されている。もちろん、仕事がある場合には、長期継続的な取引関係にある問屋の仕事が優先される。

さらに、第四の特徴は、工部七職と呼ばれる各職人は、仏壇需要が多い場合は仏壇の仕事に専念する場合もあるが、通常は、仏壇生産以外にも山車の改修や社寺の改修等々の仕事にも従事している。仏壇以外の生産に関しては、比較的自由に外部の仕事を請け負うことが許されているのである。

❖経営伝承のビジネスシステム——暖簾分けとスピンオフの連鎖

彦根仏壇産業において、仏壇問屋の経営伝承のビジネスシステムは、創業者家族による伝承が基本となっているが、必ずしも長子相続にこだわらない。また、暖簾分けにより、本家から独立した分家が次々にスピ

図8・2　永樂屋の系譜

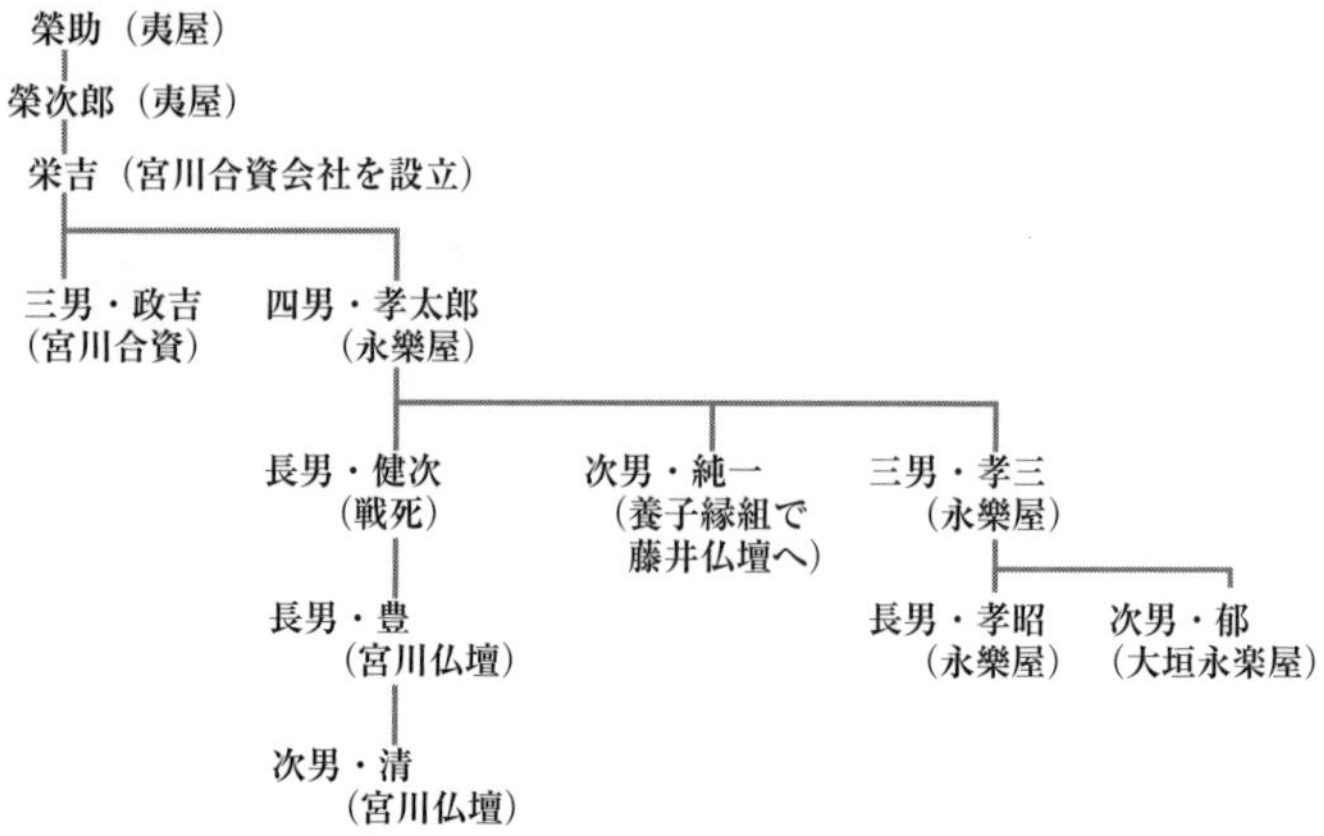

（出所）　宮川（2015）およびインタビューに基づき筆者作成。

ンオフし、起業していくという特徴がある。具体例として、井上仏壇店・永樂屋・宮川仏壇のなかで、最も創業年数の古い永樂屋の事例を中心に経営伝承のビジネスシステムのあり方を確認していきたい。

図8・2は永樂屋に連なる系譜をまとめている。現在の永樂屋は、現・代表取締役である宮川孝昭の祖父にあたる孝太郎によって設立された[5]。系譜にも示されているように、孝太郎は孝昭の曽祖父で宮川合資会社を設立した栄吉の子息であったが、四男だったこともあってか独立し、新しく永樂屋を創業した。ちなみに、宮川合資会社自体は、孝太郎の兄で三男の政吉が経営を継承している。永樂屋はその後、本来、長男である健次に継承されるはずであったが、太平洋戦争の出兵で早世してしまい、当時健次の継嗣である豊はまだ七歳の子どもであったため、三男の孝三が経営を継承することとなった。

こうして、現在の代表取締役である宮川孝昭が、孝三の長男として、永樂屋の経営を継承することとなったのである。なお、先述の豊が、後に宮川仏壇を創業した。さらに、孝昭の弟で孝三の次男である郁は、永樂屋から独立し、岐阜県にて大垣永楽屋を創業している。(6) また、孝太郎の次男の純一が養子に出ているというのは、父方の祖母の実家である岐阜県の藤井仏壇の跡取りとなったことを指す（宮川、二〇一五）。

このような永樂屋の系譜から、いくつかの特徴に注目すべきことが理解できる。第一の特徴は、経営の伝承は基本的に血縁に基づく同族企業を中心に行われているということである。だが、必ずしも長子が経営を継承しているわけではない。長子以外の兄弟がその意志と能力に応じて、経営を継承しているという事実も確認できる。この点が、仏壇問屋の経営継承システムの第二の特徴である。

また、経営を継承しなかった兄弟で、経営の意志と能力がある者が次々と独立し、新しい企業を創業しているという点である。一つの企業を出発点として、スピンオフが繰り返し起こり、樹形図状に組織が生成する現象は「スピンオフの連鎖」と呼ばれている（稲垣、二〇〇三）。彦根仏壇産業においても、暖簾分けを通じた「スピンオフの連鎖」とでも呼ぶべき現象が確認できる。この点は、彦根仏壇産業における仏壇問屋の経営伝承のビジネスシステムの第三の特徴であるといえる。

さらに、宮川純一が藤井仏壇という継嗣が途絶えていた仏壇問屋に養子に入っている事実から確認できるように、スピンオフした企業は、仏壇産業全体の活性化に寄与するだけではなく、血統が途絶えるリスクを分散しつつ、「血のスペア」を準備するという機能をも備えていた。(7) これは、彦根仏壇産業における仏壇問屋の経営伝承のビジネスシステムの第四の特徴である。

❖技能伝承のビジネスシステム

一方、技能伝承のビジネスシステムはどのようなものであったのだろうか。彦根仏壇産業において、仏壇問屋の技能伝承のビジネスシステムは、大きく二つの視点から理解する必要がある。一つは、仏壇問屋と職人との取引関係に注目する視点であり、いわゆる長期継続的取引関係のなかに埋め込まれた技能伝承システムである。もう一つは、工部七職に注目する視点であり、各職能内の職人家族のなかに埋め込まれた技能伝承システムである。以下で詳細を述べよう。

(1) 長期継続的取引と技能伝承

まず、長期継続的取引関係に埋め込まれた技能伝承システムに注目したい。彦根仏壇産業における仏壇問屋と職人との取引関係は、図8・3のようにまとめることができる。

伝統工芸としての仏壇の制作・改修は、前述の通り、分業生産が基本であり、工部七職と呼ばれる職人との取引関係を通じて実施される。今回、取り上げたどの仏壇問屋も、工部七職の各職能当たり、五〇年以上にわたる長期継続的取引関係にある職人を約二～三人の範囲内で保有している。(8) もちろん、バブル期のように大量に仕事が存在する場合、短期的に仕事を引き受けてくれる職人を需要変動のバッファーとして活用するが、現在のように需要が大きく縮減している環境下においては、長期継続的取引関係にある職人二～三人に取引が収斂されていくわけである。その理由は何だろうか。

このような長期継続的取引関係が維持される理由は、家同士の長年の付き合いという側面もある。だが、そのような文化的側面だけでなく、技能蓄積を長期にわたり健全に継続していくうえで、長期継続的取引がある一定の明確な機能を備えているからである。

まず、工部七職内の職能ごとに、二〜三人というかたちで、一人ではなく複数の職人と長期継続的取引関係が形成される理由は何だろうか。

第一の理由は、取引相手を一人の職人に限定してしまえば、職人が早世するような不測の事態に対応できないだけでなく、職人の取引条件をめぐる交渉力を不自然に高めてしまうリスクが発生する。このようなリスクを分散・回避するためである。

第二の理由は、職人間で技能蓄積をメルクマールとした競争原理を働かせることができるからである。良い技能をもつ職人には良い仕事を、腕の落ちる職人には相応の仕事を配分し、工部七職の特定の職能内での職人同士を切磋琢磨させることで、個人的努力を超えた、競争原理に基づく効率的な技能蓄積を促進するためである。

図8・3　仏壇問屋と職人との取引関係

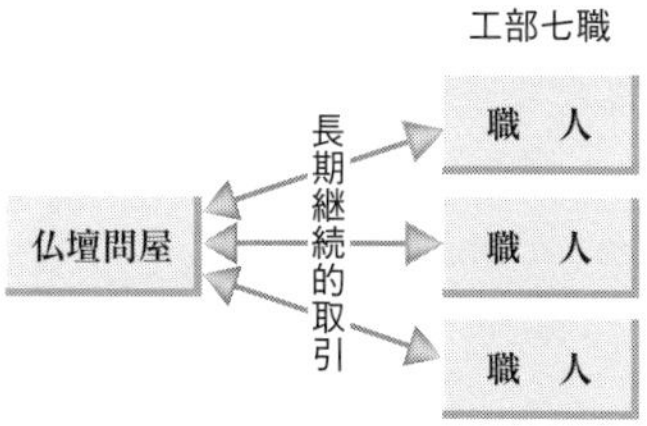

（出所）インタビューに基づき筆者作成。

以上が一人ではなく、複数の職人と長期継続的取引関係が形成される主な理由である。

反対に、長期継続的取引が、複数ではあるが、二〜三人というかたちで少数の職人に限定される理由も存在する。その第一の理由は、後に詳述する「職人家族」で継承される技能が、まさに仏壇問屋が制作する仏壇のデザイン・コンセプトを形成し、それが一種の「営業上の秘匿」となっているからである。一般に、仏壇は地域や宗派によってデザイン・コンセプトが異なるが、それ以外にも、仏壇問屋ごとに異なるデザイン・コンセプトが存在し、同じ彦根仏壇産業内でも、仏壇問屋ごとに制作される仏壇の風合いが異なる。このような違いが仏壇問屋のコア・コンピタンスを形成しており、取引相手を限定することで、不必要な「営業上の秘匿」の流出を回避している。

このような仏壇問屋独自のデザイン・コンセプトは、仏壇問屋と職人の長期的関係のなかに埋め込まれており、職人家族のなかで代を重ねて、暗黙的に継承されている。その結果、長期継続的取引関係にある職人家族以外の職人に仕事を発注すれば、余計な手間がかかることが多い。このような手間を避ける意味でも、長期継続的取引関係にある職人に仕事が優先的に回されることとなる。結果として、取引相手が少数に限定されるのである。

第三の理由は、極端な需要縮減への対応である。これまでみてきたように、長期継続的取引関係下にある職人は、仏壇問屋の経営に不可欠なコア・コンピタンスの継承者である。その結果、仏壇問屋は、現在のような極端な需要の縮減期においても、これらの職人に仕事を差配し、家計を下支えしなければならない。

もし、これらの職人への仕事の差配が停止すれば、職人の技能蓄積が阻害されるだけでなく、職人家族の家計が成り立たず、最悪の場合、廃業という結果となり、コア・コンピタンスの継承が途絶する結果となる。需要縮減期においても、長期継続的取引関係にある職人の仕事の差配や家計の下支えができるかぎり可能となるように、取引相手が最小限に制限されているのである。

(2)　職人家族と技能伝承

次に、職人家族に埋め込まれた技能伝承システムに注目しよう。ここでは、工部七職の職人の技能伝承システムのなかで、最も複雑な工程である漆塗工程を取り上げて考察することにする。

図8・4　工部七職塗師秋道家の系譜と技能伝承

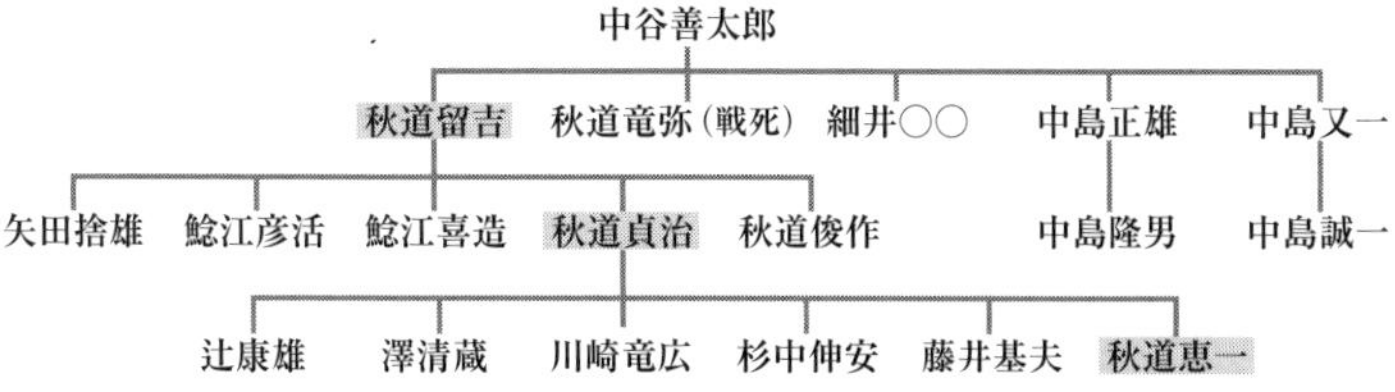

（出所）　彦根仏壇事業協同組合・彦根仏壇史編纂委員会（1996）およびインタビューにより加筆修正。

彦根仏壇産業における技能伝承のビジネスシステムの顕著な特徴は、職人家族が最小単位であり、それを基軸として、単能工を育成するという点にある。

図8・4は、工部七職のなかの漆塗工程を司る職人家族である秋道家の技能伝承の系譜をまとめている。秋道家では、農家であった秋道留吉が中谷善太郎に師事し、漆塗職人となった。師匠である中谷善太郎は、秋道留吉以外に、兄である秋道竜弥、細井○○、中島正雄、中島又一という四人の弟子を育て上げた。秋道竜弥は戦争で早世したが、秋道留吉は生き残り、矢田捨雄、鯰江彦活、鯰江喜造、秋道貞治、秋道俊作という五人の職人を育成した。これらの弟子の実家はいずれも農家であった。その後、秋道貞治は、師匠に倣って、五人の弟子の育成をめざし、辻康雄、澤清蔵、川崎竜広、杉中伸安、藤井基夫、秋道恵一という六人の職人を育てることとなった。

これらの職人家族は、本系譜でも明らかなように、留吉・貞治・恵一と、秋道家の血統に基づき継承されている。また、仕事が多くある場合は、この職人家族内で血縁以外の弟子をとり、いわゆる徒弟制を形成することで技能者が効率的に生産され、需要の多寡に合わせて、職人を供給できる仕組みとなっている。新人の職人は、秋道家の人間でない場合も、主として地縁的つながりで調達される。近所の知り合いの子弟を預かるわけである。

一般に、塗師（漆塗職人のこと）の仕事は、極端に簡略化すると、下地工程・漆塗工程・呂色塗仕上の三つの工程から構成される。(9) 新人の職人は、仕事場の掃除や漆室の番のような周辺的な仕事に従事すると同時に、下地・漆塗・呂色塗仕上という順番で技能を修得していく。下地工程の修得にはおおよそ三年、漆塗工程には二年、呂色塗仕上工程では一年の歳月が必要とされるという。

秋道家の場合、新人職人の多くは近所の農家の子弟であり、住み込みではなく、通いで育成された。新人職人は、安価なアルバイト代で労働を提供する見返りに、技能を伝授されたわけである。新人職人同士は、親方が差配する仕事をめぐり競争関係にある。良い仕事を行える新人に良い仕事が回ってくるからである。

年季はおおよそ五年で、職人家族内で道具の使い方や仕事の手順などの基礎を修得し、年季明けを迎えた職人は、各自独立していく。独立して以降は、仏壇問屋が差配する仕事を通じた職人自身の自己研鑽がメインとなる。(10) 職人の技能蓄積に終わりはないとはいえ、一人前の職人として認知されるための修養期間はおおよそ一〇年を要すると考えられている。

4 おわりに

ここまで、彦根仏壇産業における仏壇問屋を中心としたビジネスシステムを、経営伝承のビジネスシステムと技能伝承のビジネスシステムに分けて分析してきた。最後に、これまでの分析結果を小括としてまとめておきたい。

まず、仏壇問屋の経営伝承のビジネスシステムは、永樂屋を中心とした経営伝承の系譜に確認できるように、完全な同族支配を特徴としている。この点は永樂屋だけでなく、井上仏壇店や宮川仏壇も同様である。

しかし、仏壇問屋の経営伝承は、その系譜からも確認できるように、長子相続にはこだわらず、養子も活用しながら、一族中でも能力のあるものが経営を継承し、さらに独立する意志と能力を有する者であれば、暖簾分けによって、新たな企業の創業者となることが許されている。これがスピンオフの連鎖を生んだわけである。すなわち同族企業の経営が単なる独裁的支配に基づくものではないことが理解できる。

このようなスピンオフの連鎖は、一つの企業の没落により、血統が途絶えるリスクを分散するとともに、「血のスペア」としての機能をも備えていた。「血統にもこだわるが、能力にもこだわる」というのが、彦根仏壇産業における経営伝承のビジネスシステムの基本原則であることが理解できる。

彦根仏壇産業においては、企業経営の競争力や健全性を担保するガバナンス・メカニズムのなかで、発言（voice）ではなく、退出（exit）を尊重する文化があるといえるかもしれない。いずれにせよ、退出に基づくガバナンス・メカニズムが機能したことが、彦根仏壇産業における仏壇問屋の長寿を可能とした一つの要因であり、家族的経営の力の源泉の一つであったと理解できる。

次に、技能伝承のビジネスシステムの特徴を、仏壇生産の垂直分業体制を前提として、大きく二つの側面に注目して分析した。一つは、仏壇問屋と職人家族との長期継続的取引関係のなかに埋め込まれた技能伝承システム、もう一つは、工部七職内の技能伝承の最小単位である職人家族内での技能伝承システムである。これらの技能伝承システムの主体も経営伝承システムと同様に同族である。

長期継続的取引関係に埋め込まれた技能伝承システムでは、特定の職人に仕事を依存する弊害を抑えるとともに、仏壇問屋が差配する仕事の量や質をめぐる職人たちの切磋琢磨を通じて技能蓄積をメルクマールとした競争が促進される。

また、このような仏壇問屋による仕事の差配は、需要の縮減期においても、長期継続的取引関係にある職人家族の家計を下支えする機能を備えていた。これは、技能をもつ人材を経営資源として効率的かつ効果的に、さらには長期にわたって蓄積していくための制度的叡智である。これが家族的経営の力の源泉となり、代を重ねても色褪せない持続的な技能伝承を可能とした秘訣であったのではないだろうか。

本章でみたように、伝統産業のビジネスシステムには、家族的経営のメリットを活かし、デメリットを抑制するきわめて合理的なシステムが埋め込まれている。

経済の東京一極集中が進むなかで、さまざまな優良資源が地方から離れていく現状がある。その結果、今後の地域経済を支える主体として、同族企業や長寿企業にいっそう注目していく必要がある。伝統産業や同族企業に埋め込まれた制度的叡智を掘り起こしていくことで、地域経済や地域企業の活性化に資する研究の蓄積を今後も進めていきたい。

注

（1）　彦根仏壇産業では、とくに仏壇の補修事業を、お洗濯と呼ぶ。古くなった仏壇をきれいに補修するさまが洗濯に喩えられている。

(2) 江戸期には新町筋と呼ばれた現在の通称「七曲がり通り」は、彦根城下町東側の外延部に流れる芹川沿いに立地する。長雨や豪雨で芹川が決壊するたびに新町筋は被害に見舞われ、歴史的に由緒ある仏像や経巻・仏壇仏具・古文書なども流出し、現存しないといわれている（彦根仏壇事業協同組合・彦根仏壇史編纂委員会、一九九六）。

(3) 職人と区別するため、たとえ製造機能を統合していても、仏壇問屋と記載している。彦根仏壇産業には、問屋と呼ばれる企業でも、問屋機能だけでなく、製造機能を有した製造卸ないし製造小売りの形態をとっている企業が存在する。井上仏壇店は、問屋機能に特化しており、製造機能の内製化は行っていないという意味で、分業型と定義した。また、永樂屋は、一部製造機能を統合しつつ、製造小売業の形態を採用し、宮川仏壇は、永樂屋と同様、一部製造機能を統合しているが、小売りはせず、製造卸の形態を採用している。そこで、永樂屋と宮川仏壇は、一部製造機能を統合している問屋という意味で、両立型と定義した。

(4) これ以外にもそれぞれの企業が、多数の受賞歴をもっている。詳細は、各企業のホームページを参照のこと。

(5) ちなみに、宮川孝太郎の弟にあたる栄吉の五男・六男も、北海道旭川に渡り、「仏壇の宮川」を創業している（宮川、二〇一五）。

(6) 宮川（二〇一五）によると、宮川孝三の娘婿も滋賀県草津で永樂屋から独立し、仏壇問屋を創業している。

(7) 井上仏壇店の系譜は、金具職人であった井上久治郎が創業者で、それに続き二代目井上富蔵、三代目井上基順、四代目で現在の経営者である井上昌一と四代にわたって事業が継承されているが、二代目井上富蔵は娘婿であり、永樂屋の系譜以外にも養子を迎える慣行が存在したことがわかる。

(8) 四代以上にもわたる仏壇問屋の歴史からみれば、五〇年はむしろ短いともいえるが、これは代々付き合いのあった職人の後継者が途絶えてしまったために新しい職人を探索しなければならなかった事例であり、最低でも五〇年ということである。

(9) 工程の詳細は、彦根仏壇事業協同組合・彦根仏壇史編纂委員会（一九九六）を参照。

(10) 独立後も師匠や職人のネットワークのなかで先輩から仕事のやり方を教わることもある。また、仏壇以外の仕事を引き受けることで、他の産業の職人から技能を学ぶこともある。

参考文献

稲垣京輔（二〇〇三）『イタリアの起業家ネットワーク――産業集積プロセスとしてのスピンオフの連鎖』白桃書房。

加護野忠男（二〇〇七）「取引の文化――地域産業の制度的叡智」『国民経済雑誌』第一九六巻第一号、一〇九-一一八頁。

加護野忠男（二〇一四）『経営は誰のものか――協働する株主による企業統治再生』日本経済新聞出版社。

加護野忠男・井上達彦（二〇〇四）『事業システム戦略――事業の仕組みと競争優位』有斐閣。

加藤厚海（二〇〇九）『需要変動と産業集積の力学――仲間型取引ネットワークの研究』白桃書房。

柴田淳郎（二〇〇六）『陶磁器産業における会社制度に関する研究』神戸大学大学院経営学研究科博士論文。

柴田淳郎（二〇〇八ａ）「日本型スピンオフ戦略の形成プロセスと論理――日本陶器合名会社の事例分析」『日本経営学会誌』第二二号、四一-五二頁。

柴田淳郎（二〇〇八ｂ）「地場産業のビジネスシステムと競争行動――九谷焼産地と瀬戸焼産地の人材育成システムに焦点を合わせて」『国民経済雑誌』第一九七巻第四号、一〇三-一一三頁。

曽根秀一（二〇一〇）「老舗企業の存続と衰退のメカニズム――宮大工企業の比較分析を通じて」滋賀大学大学院経済学研究科博士論文。

彦根仏壇事業協同組合・彦根仏壇史編纂委員会（一九九六）『伝統的工芸品産地指定二十周年記念誌　淡海の手仕事　通商産業大臣指定・伝統的工芸品――彦根仏壇』サンライズ出版。

宮川孝昭（二〇一五）『七曲がり八起』サンライズ出版。

山田幸三（二〇一三）『伝統産地の経営学――陶磁器産地の協働の仕組みと企業家活動』有斐閣。

Hirschman, A. O.（1970）*Exit, Voice, and Loyalty: Responses to Decline in Firms, Organization, and States*, Harvard University Press.（三浦隆之訳『組織社会の論理構造――退出・告発・ロイヤルティ』ミネルヴァ書房、一九七五年）

Landes, D. S.（2006）*Dynasties: Fortunes and Misfortunes of the World's Great Family Businesses*, Viking.（中谷和男訳『世界のファミリービジネス研究　ダイナスティ――企業の繁栄と衰亡の命運を分けるものとは』ＰＨＰ研究所、二〇〇七年）

第9章 集積のなかでの切磋琢磨
競争が支える協働と工程別分業

山田 幸三

1 はじめに

日本には、織物・漆器・染色・陶磁器・和紙のように地域の歴史や文化を色濃く反映し、数百年にわたって生き続ける地場の伝統的な産業の集積地（伝統産地）がある。こうした伝統産地では、伝統工芸技術と技能に支えられ、製品と顧客に対応したユニークな協働と人材育成の仕組みがつくり出されている(1)。

伝統産地の協働の仕組みは、伝統工芸技術や技能を受け継ぐ人材の育成と密接に関係している。その特徴として、①技能者と経営者の二つのタイプの人材育成と技術・技能伝承、②顧客による産地の人材育成機能、③過剰でない競争状態の維持、の三点が指摘され、産地全体の価値を高めて共存に悪影響を及ぼさないように強者の力を制御する要素を組み込んでいる（加護野、二〇〇七）。

たとえば、陶磁器産地は全国に点在するが、明治維新で環境が激変した後も有田・信楽・京都・美濃など多くの産地が現在まで生き残ってきた。その存続を支えたのは、窯元を中心とする取引関係に基づいた組織間の協働と、伝統工芸技術を継承する人材が切磋琢磨して育つための制度的な仕組みである（山田、二〇一三）。

本章では、伝統的工芸品の産地として、陶磁器産地の事例を組織間協働の視点から取り上げ、最終顧客に価値を届けるための企業間ならびに諸個人の協働と競争のルールの集合体（制度や慣行）であるビジネスシステムの概念を援用して、その存続を産地の分業と競争の構造に焦点を合わせて考えてみよう。

2　陶磁器産地の存続

日本の陶磁器産業は、近年中国などの海外生産地との価格競争で厳しい状況に直面しているが、江戸期にはすでに海外市場と結びついており、江戸や大坂など陶磁器需要のある消費地への国内販路だけに依存していたわけではない。たとえば、有田焼は創業期から商品として生産され、江戸前期の一六五〇年頃には、オランダ東インド会社を通じて長崎の出島から西ヨーロッパへ大量に輸出されていた。

明治維新によって藩の陶磁器専売制度は崩壊するが、西洋型の近代国家を目標に産業を育成しようとした明治政府は、商品を輸出して外貨を獲得するために、生糸・茶・雑貨を重要な輸出品と位置づけ、独自の伝統工芸技術をもつ陶磁器を輸出雑貨の代表的な品目として重視した。陶磁器の生産額は、明治期半ば以降から一貫して増加し、日露戦争前後に好況を迎えた後、一八九〇年代と一九〇〇年代初頭、一九一〇年代前半の停滞期を経て、第一次世界大戦後から国内生産と輸出が順調に成長した。

陶磁器産業は原料立地志向が強く、地理的な条件に大きく左右され、事業所数・従業者数・出荷額で中小規模の工場の占める割合が大きい。陶磁器の一般的な流通経路は、「窯元→産地問屋→消費地問屋→百貨店・専門店→消費者」であった。この経路では、問屋が大きな力をもつ。小規模な窯元の多い産地では、販路を一手に独占して金融力で窯元を従属させ、陶磁器の生産品目やデザインにまで影響を及ぼす例もあった。

だが、戦時中は、共同購入、共同販売、価格協定の流通面で、日本陶業連盟と地域の陶磁器工業組合による統制が進み、問屋の地位は大きく低下する。戦後、小規模な窯元が分散して陶業を営むようになると、問屋は一定程度勢力を持ち直したが、それでも戦前より大きく低下してしまった。

問屋の弱体化は、陶磁器産地の変貌を示す象徴的な事象の一つである。窯元から直売業者を通じて旅館や料亭、あるいは百貨店や専門店に販売する経路や、消費者に直接販売するといった問屋を介さない経路も現れ、自前の販売部門をもった窯元が、百貨店・専門店や輸出業者、あるいは消費者に直接販売するケースもみられるようになった。有田で「有田の三右衛門」と称され、独自のデザイン・コンセプトで知られる焼き物を職人集団の工房組織で制作する柿右衛門窯、今右衛門窯、源右衛門窯などはその代表的な例である。

陶磁器産地は一様ではなく、中核となる窯元の規模や組織的な特徴、生産地と消費地との距離などに違いがあるが、おおむね、製品別および工程別の分業体制による産地内のクローズド・システムをもつ[2]。代表的な産地の先行調査では、立地状況、産地規模、製品特性、市場をもとに、①大・中都市立地型の大・中規模産地（中核型）、②小都市立地型の中規模産地（対抗型）、③小規模産地（周辺型）の三つの類型に整理され、美濃、瀬戸、京都・清水などは中核型、九谷、有田、信楽などは対抗型、益子、備前、砥部などは周辺型に区分された[3]。

陶磁器産地には、何代にもわたって継承される伝統工芸技術とそれに基づくデザイン・コンセプトがある。たとえば、有田には、「古伊万里」「柿右衛門」「鍋島」の三つの伝統様式に基づくデザイン・コンセプトがあり、有田とともに色絵磁器の産地として名高い九谷には、赤・緑・黄・紫・紺青の五彩を巧みに操った九谷五彩と呼ばれる「古九谷」「木米《もくべい》」「吉田屋」「飯田屋」「庄三《しょうざ》」「永楽」の代表的なデザイン・コンセプトがある。

だが、信楽のように、産地ブランドとなりうるデザイン・コンセプトがなくとも、独自の伝統工芸技術を継承して長く生き残ってきた産地も多い。伝統工芸技術を修得する若者や新たな技術や技法に挑戦する陶工、関連する業者がいてこそ産地生き残りの力は生まれる。産地には、伝統工芸技術を受け継ぐ多くの人材を育成し、集積地として生き残る基盤をつくってきた仕組みがあるはずだ。

陶磁器産地では、明治維新で幕藩体制の庇護が消滅すると江戸期の協働の仕組みが崩壊し、自由化による過当競争と粗製濫造の結果、困窮した窯元の技術は低下した。だが、藩が庇護するシステムは機能しなくなったものの、先導的な陶業者のアントレプレナーシップ（企業家活動）を契機として地域の革新につながる自生的な変化が生まれ、産地の伝統工芸技術を切磋琢磨して継承する人材育成の仕組みがつくり出された。

次節では、産地の伝統工芸技術を継承する人材育成の仕組みに注目して、組織的な特徴から窯元を量産型（生産工程の機械化と分業の進んだ比較的規模の大きな窯元）、機能統合型（作家と生産の各工程に特化した職人集団を統合した工房としての窯元)、自己完結型(作家ないし、ごく少数の職人が生産全般を担う小規模な窯元)の三類型に分け、有田焼と信楽焼の陶磁器産地を中心に伝統産地の協働の仕組みをみてみよう。

3 陶磁器産地の協働と人材育成の仕組み

❖ 伝統工芸技術の影響力と二重構造の人材育成——有田

(1) 藩による統制と分業

有田は、四〇〇年の歴史をもつ「和様磁器のふるさと」である。江戸期には有田皿山と呼ばれ、佐賀藩の厳格な統制と分業のもとで磁器がつくられた。藩は有田の窯業を特産業とし、窯元を厳格に管理する政策で意図的に競争を制限した。直営の藩窯を設けて藩主と藩庁が一体となって運営にあたり、藩窯の陶工には苗字を許して扶持米を与えた。

技術や技法の流出を防ぐため、生産は一貫した作業工程ではなく、大きくは素地の生産と絵付けに二分された、徹底した分業によって成り立っていた。一六七五(延宝三)年には、藩の御用窯が大川内山に移り、赤絵町の御用赤絵屋が上絵付けするという分業体制が確立する。

藩は窯元と赤絵屋を登録制にして厳しく取り締まり、赤絵の技法を開発した柿右衛門窯を除いて、陶業者による素地生産と絵付けの兼業を禁止した。赤絵付業者の居住地域は、赤絵町一カ所に指定され、一七七〇(明和七)年には永代の業者数を一六軒に制限した。藩は陶工の経済状態にも目配りし、私生活まで厳しく管理して技能や技法の流出を防いでいた。

(2) 産地再生の基盤をつくった窯元

ところが、明治維新の激変で藩の保護と支援がすべて失われた有田は、江戸期の歴史を受け継ぐ陶業者を主役として自生的に復興の道を歩み出す。一八七三（明治六）年には有田皿山と外山七地区の窯元が、旧藩時代の制度を規準にして自主的に陶業盟約を結んだ。この盟約は申し合わせとしての性格が強かったが、一八七六年には佐賀県知事の認可を得て強制力を得た。

有田の自生的な再生の象徴は、一八七五年の合本組織香蘭社（前期香蘭社）の設立であろう。翌年のフィラデルフィア万国博覧会に出品するため、八代深川栄左衛門、手塚亀之助、辻常明、深海墨之助の四名を中心に資本金四万八〇〇〇円で設立し、選りすぐりの陶工・絵付師・陶商を結集させ、産地の協働の仕組みを大きく変えて復興の先鞭をつけた。

中心人物の八代栄左衛門は陶磁器貿易に関わり、長崎出島に陶磁器販売店を出店するなど、幕末維新の時代に活躍した有力な事業家であった。会社設立に関する法制が未整備であった当時、内務卿の大久保利通は香蘭社設立の出願に対し、香蘭社則は「人民相互の合意事項であると心得よ」と指令している(4)。

香蘭社は、江戸期からの正統性を受け継ぐ陶業者たちが、会社システムに倣って設立した新しい結社として誕生し、美術陶磁器の輸出で産地の核として成長していく。世界各国の万国博で数々の名誉金牌を受賞して有田焼の評価を高め、一八九六年には宮内省御用達となって産地の顔となる。明治維新の激動期から有田の自生的な再生の中心的存在であり、その後精磁会社との分裂を経験するが、工部省電信局から依頼された磁器製の電信用碍子《がいし》の国産化に成功して、その生産で得た資金を美術工芸品の陶磁器開発に投入し、中核となる窯元として産地を支え続けた。

香蘭社とともに、産地再生の中心となったのは深川製磁である。一九一一年に九代深川栄左衛門の弟の深川忠次が資本金一五万円で設立し、香蘭社に対して「新宅」と呼ばれた。深川製磁も宮内省御用達となって産地での存在感を放つが、香蘭社の模倣をすることなく、柿右衛門様式や色鍋島を試みた製品づくりで柿右衛門窯や今右衛門窯とも切磋琢磨し、十二代柿右衛門、十二代今右衛門にも刺激を与えた。

香蘭社と深川製磁は、「香蘭社調」「深川様式」という独自のデザイン・コンセプトの焼き物を量産して産地ブランドを側面から支えた。機械化による常用品の量産を進め、産地の自生的な再生の駆動力となるとともに有田焼の品質維持に努めた。有田の不動点となるアンカーの役割も果たしてきたのである。衛生容器（便器）、タイル、耐酸磁器（工業用化学磁器）を生産した青木兄弟商会、和久製陶所、岩尾磁器なども有田を支えた量産型の窯元である。だが、産地再生の駆動力の役割を果たしたのは、産地でのヘゲモニーをもち、有田の焼き物づくりを方向づけた香蘭社と深川製磁であった。

(3)　産地ブランドを支える窯元

顧客への訴求力をもつ産地ブランドを支え、現代の有田で伝統工芸技術の継承に主導的な役割を果たしているのは柿右衛門窯と今右衛門窯である。柿右衛門窯は、江戸期に産地の革新的な技法となる赤絵の開発に成功し、御用焼物師として例外的に素地から絵付けまでの一貫した制作を藩から認められた。柿右衛門窯と並び称される今右衛門窯は、赤絵町のなかで優れた技術を認められ、御用赤絵屋となった家柄である。一七五二（宝暦二）年の皿山代官記録では、赤絵屋取締り庄屋を仰せつけられている。両窯は、明治維新で鍋島藩窯が民営となった時期には停滞を余儀なくされるが、その後に復興を遂げる。

柿右衛門窯は一八八五年に農商務大臣から初代柿右衛門の功績が追賞され、十一代柿右衛門は第三回内国勧業博覧会で有功賞を受賞する。十一代柿右衛門は、きらびやかな錦手と余白の美を純化させてデザイン・コンセプトを強固にし、東京・大阪から新潟までの行商で販路の拡大を図って窯を再建した。一九五三（昭和二八）年には、初代柿右衛門三百年祭の記念として、十二代と十三代の柿右衛門が一六九〇（元禄三）年の『土合帳《つちあわせちょう》』などに依拠して「濁手」素地を復興した。この技法は、「記録作成等の措置を講ずべき無形文化財」に選定される。

一方、今右衛門窯は、明治維新で御用赤絵屋制度が消滅した後、素地作りからの一貫生産に転ずる。十代今右衛門は有田の谷窯で色絵磁器の一貫した製造を始め、十代から十三代までの一〇〇年余りの間に、華麗な文様と端正な古格を兼ね合わせた作行でデザイン・コンセプトを確立し、鍋島様式の色鍋島の本舗としての地位を確固たるものとした。

両窯の当主は襲名時に改名し、高い工芸技術をもつ産地の顔として重きをなした。一九三六年五月一日佐賀県有田町有田商工会発行の『陶都有田』には、有田町の紹介文の後に泉山磁石場、有田工業學校、佐賀縣第一窯業試験場、陶山社、陶祖李参平頌徳碑、有田物産陳列舘、猿川とともに、香蘭合名會社、深川製磁株式會社、名工柿右エ門窯、色鍋島窯今右エ門燒の四窯元の紹介文が写真と一緒に掲載されている（写真1）。

日中戦争が勃発した一九三七年九月以降、軍需産業関連か国策に沿った代用品の生産に踏み切らなければ工場を維持できなくなった時期には、技術保持者として商工省の認定を受ければ徴用されないという伝統工芸技術の保持のための措置がとられたが、香蘭社、深川製磁、柿右衛門窯、今右衛門窯は、一九四三年に「㊔」（まるぎ）と呼ばれた技術品指定の認可を受け、従業員は徴用を免除されて伝統的美

写真1　『陶都有田』の四窯元の紹介

術工芸品の制作に従事した(5)。

柿右衛門窯と今右衛門窯が、全国的に再び脚光を浴びるきっかけは、一九六〇年に東京で開催された「三右衛門展」の成功であり、唐津焼の中里太郎右衛門とともに「佐賀の三右衛門」と呼ばれることになる。一九七一年には、濁手と色鍋島の技法を伝承する「柿右衛門製陶技術保存会」と「色鍋島今右衛門技術保存会」を設立し、いずれも文化庁から国の重要無形文化財の総合指定を受け、伝統工芸技術の継承と産地ブランド形成で主導的な役割を果たしてきた。後述のように、当主は老舗窯の伝統として絵具の調合を一子相伝で受け継ぐが、職人集団の工房は工芸技術や技法を分業体制で組織として伝承し、職人は終身雇用が基本で外部への人材流動性がほとんどない。

両窯の伝統の継承は、先代からの工芸技術の墨守を意味するのではない。「伝統というのは、伝承されたことを白分がどう使いどう活かすか、育てるか」（十四代酒井田柿右衛門），「伝統は相続できません。受け継ぐものではありません。生活空間や生活習慣の変化に対して応えていくもの」（十四代今泉今右衛門）という言葉が示すように，当主には独自性を付加した新たな価値の創出が求められている。(6)

（4）二重構造の人材育成

有田では，香蘭社と深川製磁に代表される量産型と，産地のデザイン・コンセプトを代表する柿右衛門窯と今右衛門窯という機能統合型の窯元が，産地存続の基盤をなしている。だが，これらの窯元の人材育成には異なるパターンを見出せる。

量産型の香蘭社と深川製磁は，有田の中心的な家柄の出身者によって設立された産地での正統性と共同体的性格を出自としてもつ企業であり，産地の人材育成と工芸技術や技能の蓄積に貢献してきた。両社は，職人が窯元として独立するのを忌避しなかったため，産地の人材供給源としての役割も果たした。

とりわけ，香蘭社は，産地の教育システムの整備と充実に大きく寄与する。一八八一年には，日本初の陶磁器工芸学校である勉脩《べんしゅう》学舎が江越礼太の主導で開校するが，八代栄左衛門を中心に多額の寄付がなされた。勉脩学舎の廃校後，陶磁器産業の後継者育成を引き継いだ有田徒弟学校では，香蘭社の技術者が教鞭をとって後進を指導し，海外や東京の情報を収集して最新の陶磁器技術の紹介に努めて産地の発展に貢献した。

一方，機能統合型の柿右衛門窯と今右衛門窯は，産地への人材供給よりも産地ブランドを支える伝統工芸技術の継承に努めてきた。一子相伝の当主と生産の各工程に特化した職人集団の工房が分業体制を確立し，当主による美術陶磁器の作家物と江戸期から伝承されたデザイン・コンセプトによる工房組織の実用的な高級品の二つのタイプの磁器がつくられている。当主による美術陶磁器は、日本を代表する焼き物として海外の顧客から高く評価され、伝統的なデザイン・コンセプトに当代としての新たな要素を加味した焼き物づくりが試みられている。だが、工房組織の職人集団が工程別分業で制作する焼き物は、それぞれ柿右衛門と色鍋島の伝統的な様式を厳格に踏襲している。

柿右衛門窯と今右衛門窯で、当代の当主と仕事をする職人は、先代や先々代が育成する。陶磁器の工芸技術は、窯元や先輩技能者が仕事を通じて手とり足とりで教え込むような「on the job training」（OJT）ではなく、技能者の傍で仕事をしながら独力で技能を学んでいく「by the job training」（BJT）で継承される。窯元組織の内部で後代のための人材を育成し、顧客への訴求力をもった窯元独自の伝統工芸技術・技能を後世に残しているのだ。

両窯は工房内の工程別分業で人材流動性のない育成の仕組みをもち、窯元独自の技能は外部に流出しないので模倣はできない。むしろ、両窯の実用的な高級品に類するデザイン・コンセプトの焼き物の制作では、傑出した伝統工芸技術とデザイン・コンセプトを受け継ぐ両窯に有田の顔として存在感を発揮してもらうほうがよく、両窯は産地内で自他共に認める別格の気風を維持している。

有田では、産地ブランドを維持する伝統的なデザイン・コンセプトと工芸技術を受け継ぎ、産地の気風をつくった核となる窯元とそれ以外の窯元とが棲み分けている。職人の出入りがほとんどない柿右衛門窯や今右衛門窯と職人の流動性のある香蘭社や深川製磁は、ともに産地でのヘゲモニーをもち、伝統工芸技術・技能を受け継ぐ人材育成の核としての役割を分担してきた。異なった人材育成の仕組みが併存して補完しあっているのだ。産地の分業制のもとで愚直に焼き物をつくる多くの陶工とともに、伝統工芸技術を受け継ぐ人材の育成を支える二重構造の仕組みが、産地の生き残りに大きな役割を果たしてきたのである。

開かれた競争構造と先導的な窯元のアントレプレナーシップ——信楽・京都

(1) 大物陶器の伝統産地

ヘゲモニーをもつ窯元がなく、有田と対照的な産地が信楽と京都である。信楽は、備前・丹波・越前・瀬戸・常滑と並んで日本六古窯と称され、滋賀県と三重県の県境にある高原地帯に位置する。信楽の陶土は粘性と耐熱性が強く、肉厚の大物造りに適しており、江戸期の茶壺や種子壺、明治・大正期の製糸用鍋や火鉢など大物陶器の産地として知られる。

信楽焼は、「火色（緋色）」の発色、「自然釉」によるビードロ釉、「焦げ」の景色の味わいによって粗く素朴な土味そのものを本来の鑑賞の対象とし、刻文など一部の装飾的な細工を施すのみの造形美を活かしているのが特徴である。だが、狸を模《かたど》ったシンボリックな焼き物はあるものの、食器・茶器・花器などにおいて産地を特徴づける独自のデザイン・コンセプトが強固に確立されてきたわけではない。

江戸幕府の天領だった信楽も陶器づくりでは閉鎖的だった。他の郷から信楽へ出稼ぎにきていた者にはロクロや窯詰め、釉薬などの技術を修得できる仕事はさせず、雑役などの下働きをさせていた。陶工が信楽を出て焼き物づくりをするのは固く禁じられ、それに背くと技術を漏洩した罪を厳しく問われた。

(2) 単一製品の協働の仕組み

信楽は、明治維新後の自由化という環境変化のなかで、江戸期から続く火鉢の生産によって焼き物産地としての全国的な地位を確立する。信楽の火鉢は、大正期には全国市場の五割以上を占める代表的な製品となった。昭和期には、一八八七年頃に開発された、白色系の斑紋のある青藍色の釉薬である海鼠《なまこ》釉《ゆう》を施した火鉢が全国的な人気を集めた（写真2）。登り窯による火鉢の生産という単一製品の分業構造が中核となって産地の発展を支えたのだ。

信楽には、製造販売を兼業する比較的規模の大きな窯元もあったが、世襲で窯を継いだ小規模な自己完結型の窯元が多い。製造と販売を兼業する少数の窯元は、火鉢という大物陶器を大量生産して鉄道で全国に配送するために、生産に直接関わるロクロ・窯焚き・施釉などの職人の雇用と設備を保有し、荷造り職人、トラックなどの輸送手段、荷物置き場なども確保していた。下請のような立場で窯元に半製品を提供する素地（生地）製造業者もいた。職人には、「ツクリ」と呼ばれる成形工、ロクロで成形する「ロクロ師」、窯の作業の裏方として雑役を担う「ウラシ」と呼ばれる人々などがおり、「ヒデシ」と呼ばれた「ロクロ師」の助手として主婦や子女が主人を手伝っていた。

写真2　海鼠釉を施した火鉢（明治～大正時代）

だが、一九五五年頃から、ストーブや電気ヒーターなどの普及で火鉢の需要が縮減するという大きな転換点を迎えた。火鉢需要の衰退は、産地の協働の仕組みにも大きな影響を与えた。火鉢の生産が主だった時期は、農閑期の労働力を活用して臨時工の職人を組織化していたが、分業構造には人材の階層的な秩序と流動性があった。登り窯による焼成は大量の薪材を必要とし，稼働時には常に二人は窯に就かねばならない重労働だったのである。

しかし，火鉢の出荷が減って季節変動が小さくなると，臨時工は常用工となって農閑期の臨時雇いの職人はみられなくなる。常用工を雇用できる窯元は，量産志向で生産設備を拡大するか，もしくは職人集団の工房を組織化した。常用工を雇用できない窯元は，家内工業として生産を続けて生き残りを図った。問屋の力は火鉢の衰退で大きく削がれるが，小規模な自己完結型の窯元でも自律した焼き物づくりができるようになった。

(3)　協働の仕組みの分化

産地の劇的な環境変化に対して，先導的な窯元たちは焼成窯の転換を図って新たな生産品目に取り組む。この時期の信楽では，①火鉢と形状がほぼ同じで生産手段や資源の転用が容易な植木鉢の生産を主軸とした量産化を志向し，トンネル窯で生産を拡大した窯元，②一九六二年頃からトンネル窯を築いて生産設備を一新して植木鉢や建材のタイルなどの生産に乗り出し，本格的に企業化して規模を拡大した窯元，③比較的多くの職人を雇用して多品種少量生産し，観光需要など新たな需要を取り込んだ窯元，④ガス窯や電気窯を用いて，多様な品目の生産を開始した小規模な窯元，の少なくとも四つのタイプが見出せる。

植木鉢の生産を主軸に量産化を志向した窯元（①）は後にすべて破綻するが，これらの類型の出現は，信楽の協働の仕組みが分化したことを反映している。建材や観光需要などの新たなニーズに能動的な姿勢で応え，ドメインを再定義した窯元の企業家活動が契機となって，信楽の協働の仕組みに自生的な変化が生まれたのだ。環境変化に創造的に反応した企業家的な窯元と、それに追随した窯元や陶工たちの活動の集積は、危機的な状況下で協働の仕組みを変化させ、産地生き残りの力を生み出したのである。[7]

だが、信楽には産地のヘゲモニーをもち、独自のデザイン・コンセプトで産地ブランドの核となるような窯元は現れなかった。組合の要職に就いて一時的にヘゲモニーを握った例はあるが、独立独歩の気風が強い信楽には、何代にもわたってヘゲモニーをもつ窯元はない。滋賀県指定無形文化財保持者である上田直方・高橋楽斎のような例はあるが、産地ブランドの頂点をなす重要無形文化財保持者（人間国宝）に認定された前例はなく、火鉢の恩恵が過ぎ去った後、産地の伝統工芸士、多くの作家や陶工たちの地道な努力で生き残ってきたのだ。

信楽には、有田のような二重構造の人材育成の仕組みはない。顧客への訴求力をもった産地ブランドを形成する伝統工芸技術とヘゲモニーをもつ窯元が、役割分担して産地の人材を育成する仕組みはなかったのである。徒弟制度や家伝によって、伝統工芸技術の継承と技能の伝承がなされ、陶工の初期の訓練は、近隣の京都の陶工高等技術専門校や工業技術センターという公的機関にゆだねられた。大物陶器を支えたロクロ師には、県立窯業補導所でねりつけ成型法の指導を受けて技術を修得した職人も多かった。

信楽で産地存続の中心となったのは、世襲で窯を受け継ぐ際に、何らかの新機軸を追求した窯元である。火鉢の生産を支えた協働の仕組みが分化すると、自律した小規模な窯元が競いあい、量産志向の窯元や工房組織をもつ窯元とともにしぶとく生き残ってきたのだ。信楽が外部者に開かれ、自由な焼き物づくりができたことも産地の存続に大きく貢献した。

（4）顧客の人材育成機能

顧客への訴求力をもった著名な作家を多く輩出しているが、ヘゲモニーをもつ窯元がなく、小規模な窯元が産地の中核となったのは京都も同じである。京都では、窯の独自性を打ち出そうとする気風が強く、生産工程のすべてを自前で賄おうとするが、窯元の規模が小さいゆえに作業の外注が必要となっても柔軟な対応がみられた。

京都には、産地の人材供給源となってきた量産型の大規模な窯元はみられない。輸出を目的として設立された京都陶器会社（一八八七～九九年）は一〇年余で倒産し、その後に設立された京都陶磁器合資会社（一八九六～一九五三年）も現存しない。

その一方、長い歴史をもつ公営の工業試験場や訓練校がリーダーとなる技能者を育成してきた。第二次世界大戦前の職人は、一般的には徒弟としての実務を通じて技能を磨き、戦後は工業試験場や陶工職業訓練校で一年から二年の訓練を受け、その後に窯へ就職して技能を磨くという、学校を経て職人になるキャリアパスが定着した。さらに、京都市立芸術大学、京都造形芸術大学、京都精華大学などの大学では著名な作家が教鞭をとり、これらの美術系大学が作家の育成機関として機能してきた。

京都では、顧客が窯元の人材育成に果たす役割が興味深い。京焼の産地は、京都という日本の食文化の伝統と格式を受け継いだ消費地にある。京焼の文化的な価値は茶道との結びつきが高めてきた。茶陶を扱う商人が陶工に茶人の好む器を制作させ、芸術性を重んじた高級な茶器が少量に生産された。たとえば、京都に住居と窯場を構えた樂家の初代長次郎がつくりだした赤樂茶碗・黒樂茶碗には千利休の侘《わび》の思想が反映されている。

京都の公家・寺社・茶道家元・料亭・上層町衆などは、長い歴史のなかで窯元にとって産地内の重要な顧客であり、これらの顧客が使えば陶磁器の価値と窯元の評価は高まる。たとえば、清水焼の「古清水」には、富裕な商人たちが遊興や行楽の飲食の際に使い、流行の華美な伊達道具として用いられた歴史もある。

京都の焼き物の作り手と顧客は、金銭的な取引関係にとどまらない。窯元と「顔見知りの関係」にある料亭や茶道関係者などの顧客が陶磁器に付加価値をつけ、顧客の選択は互いに影響しあう。そこに窯元に対する厳しい選別基準が働いてきた。

(5)　アート重視の気風

さらに、京都には他の産地から流入してきた作家や職人にもオープンな交流の場があり、出自にこだわらず有望な人材の選別と淘汰をする場として機能していた。

奥田頴川が本格的な磁器の焼成に成功したのは一八世紀後半だが、古くは野々村仁清・尾形乾山・青木木米、近年では富本憲吉・近藤悠三・楠部彌弌などの名工・作家が多彩な技法を生み出して産地を形成する先導的な役割を担った。大正期には陶芸の芸術性を追求する活動の中心地となり、陶芸史に名を残す赤土社や柳宗悦の民藝運動に参加する河井寛次郎らが窯を開き、その後も他産地からの作家や職人の移住が続いた。

京都には、作家を囲む非公式な集まりで研鑽に励むというアート重視の気風がある。たとえば、六代清水六兵衛や楠部彌弌のような大作家を囲む会では、内弟子という師弟関係にはなくとも品評や意見交換が忌憚なくなされた。人材育成の機能をもつサロン的な場としての研究会が、作家の系譜に固執することなく有望な人材の選別と淘汰を進めたのだ。
自立した窯元の気風を象徴する大作家を通して，作家の卵は互いの作風を意識しつつ独自の作風を確立しようとしたのだろう。産地横断的な交流の場が京都の独自性を強め，産地存続の基盤をつくったといっていい。また，機械化の進展によって瀬戸や九谷で失職した職人が京都に流入し，京焼の人材の層を厚くしたことも否めない。産地を横断した職人の移動は，京都の開放的な気風を強める基盤ともなったのである。

京都では，職人や作家を養成する各種学校や技術研究機関，小規模な生産体制，古都の歴史的魅力が外部から人を惹きつけ，開かれた産地になって作家や窯元を志す人材の離合集散のメカニズムがうまく働いていたのだ(8)。作家とごく少数の職人が生産全般を担う自律した小規模な窯元が主流であり，各人が独自のデザイン・コンセプトと技法で小さなリーダーになろうとして切磋琢磨している産地なのである。

4　おわりに――伝統産地の不文律と新たな協働の仕組み

日本の伝統産地では，歴史的および社会的な要因を反映して，製品と顧客に対応した協働と人材育成の仕組みがつくり出され，それが産業集積の特徴を生み出している。

産地の協働と人材育成の仕組みは，伝統産地の生き残りに大きな役割を果たしている。

有田では，組織的な分業の進んだ量産志向の窯元や工房組織のある老舗の窯元が産地のヘゲモニーをもち，人材育成を通じて産地の生き残りに大きく貢献してきた。信楽や京都はヘゲモニーをもつ窯元はないが、自由な焼き物づくりとオープンな場での小規模な窯元の競いあいと切磋琢磨で新機軸を生み出して存続してきた。また、美濃のように、地区ごとの製品別分業体制と生産の簡略化や機械化を積極的に推進して発展した産地もある(9)。

有田と信楽や京都を比較してみると、伝統工芸技術の継承や技能の伝承を担う窯元が異なった役割を担い、産地全体は有機的なシステムとして機能している。産地の存続を支える協働と人材育成の仕組みとして対照的な特徴をもつが、それらは共通した次元でとらえることができるのではないだろうか。

伝統産地の人材育成は、疑似家族関係にある集団間の競いあいや集団内の切磋琢磨に支えられている。陶磁器産地の事例からは、協働と人材育成の仕組みへの影響要因として、①伝統工芸技術の影響力、②窯元や工房などの中核組織の企業家活動による製品イノベーション、③産地の競争形態を挙げることができる。産地の競争形態は、伝統工芸を受け継ぐ人材育成に資する切磋琢磨と競いあいであり、産地間・産地内・世代間の重層的な競争の組み合わせがイノベーションを生み出すのである。

伝統産地の存続には顧客も役割を分担していた。京都では、伝統文化を維持する役割を担う顧客と窯元は顔見知りの関係にある。単に売り手と買い手の取引だけではなく、目利きと焼き物づくりで互いの機能を高めあい、高い品質を求める顧客の厳しい目が、焼き物を通して窯元を選別するのである。その意味では、顧客が窯元の新陳代謝を促し、伝統工芸技術の継承や技能の伝承に影響を及ぼしている。窯元と顔見知りの関係にある顧客は、顧客同士の判断にも敏感なはずである。顔見知りの取引関係では、売り手と買い手の集団内と集団間の関係にも情報の偏在を緩和する機能が働き、産地に埋め込まれたネットワークとなっているのだろう。

だが、高い品質を追求する窯元が競いあい、切磋琢磨して技術や技能の向上につなげても、互いを潰しあってしまう産地は生き残れない。類似品はつくっても、技術や技法まで真似たコピー商品はつくらないという不文律が、低価格を競いあう収奪的な競争に陥るのを回避する。有田・信楽・京都のような伝統産地は競争の不文律が埋め込まれている点で共通し、共同体的風土を維持して社会的な牽制機能が働いているといっていい。

地域でモニタリングされていると認識すれば、焼き物づくりで手抜きはできない。それゆえに高い品質を維持しようと努めるようになる。だが、モニタリングだけでは産地内での信頼関係は醸成されない。自制が働く取引関係になってこそ、相互の信頼が担保されて収奪的な競争が抑制される。モニタリングと自制が働くことでコミュニティの信頼担保の基礎がつくられるのである。

伝統産地の不文律の果たす機能には違いもある。有田がデザイン・コンセプトの同質的な競争を制御することで産地を支えているのに対し、信楽では窯元の新機軸や産地の外部者に開かれた自由な焼き物づくりの担保と、制作プロセスでの模倣の制御による担保という二重の信頼担保が、過剰な競争を回避してきたと考えられる。

日本の地域には、長きにわたって存続し、しかも日本ならではの伝統工芸技術を蓄積している産地が多くある。しかし、産地独自の伝統工芸技術や技能があるにもかかわらず、海外にベクトルが向いていない、あるいは現代のライフスタイルに合うような変換が十分にできていない伝統産業が多いのではないだろうか。最後に、こうした現状に直面している伝統産地の取り組みをみておきたい。

近年、外部組織と連携し、新たな組織間協働をつくり出す伝統産地が現れてきている。有田では、

写真3　1616/ arita japan（Photo: Takumi Ota，百田陶園提供）

「究極のラーメン鉢」、「有田 Houen」、「匠の蔵」、「1616 / arita japan」（写真3）シリーズのように、商社主導で産地の分業制の工程で培われてきた専門性を活かした商品開発が行われている。産地の代表的な伝統様式にとらわれずに国内外のデザイナーと協働し、使い手のニーズを意識した高品質の商品開発と従来にはないチャネルの活用により、顧客への訴求力を強めて新たな市場を開拓しているのである。

たとえば、二〇〇五年開始の「匠の蔵」シリーズは、有田焼卸団地協同組合企画として第八弾まで継続し、第一弾の「至高の焼酎グラス」は最初の三年間で二三万個を販売するヒット商品となった。二〇一二年に立ち上げられた「1616 / arita japan」シリーズは、「匠の蔵」を主導した産地商社である百田陶園の百田憲由社長の強いリーダーシップのもとで、陶磁器を手がけた経験のないプロダクト・デザイナー柳原照弘と、オランダのデザイン・スタジオであるショルテン＆バーイングスとの共同開発でヨーロッパを中心に世界二〇カ国にまで販路を拡大している。陶磁器以外では、北陸の山中漆器の産地で、我戸幹男商店と、東京・横浜を中心にプロダクト・デザイナーの経歴をもつ福井工業大学の安島諭准教授（現・金沢美術工芸大学教授）によるコラボレーションがなされた(10)。

伝統産地は、伝統工芸技術の継承と顧客への強い訴求力がないと生き残っていけない。そのためには、重層的な競争の組み合わせによるイノベーションの促進、外部組織との連携・協働、個別商品開発グループ単位での公的な振興策などが必要だろう。小さな地場産業も、自分たちの気づかないジャパン・ブランドを形成する可能性を秘めているのである。

注

（1）　伝統産業の特徴は「特殊な手工業的技術や秘法をもち、特有の精神的風土にささえられて、歴史的試練の中で淘汰され、洗練醇化されつつ生き残ったという歴史的・意識的な面における深さをもっている」ことであり、「歴史が深く、伝統的な技術や原料の他に伝統的精神ともいうべき意識構造を所有する」点で地場産業とは異なるとされる（下平尾、一九七八、vii、二二五-二二七頁）。

（2）　経営史研究では、明治・大正期の主要な陶磁器産地（有田・瀬戸・京都など）について、製品の種類・市場、経営形態と規模、生産技術（窯の形態）、職工数、生産戸数、同業組合の役割などの実態から、産地には独自の分業構造があり、経営者による革新、産地間の競争と協調、輸出市場への対応が分業構造を変化させる原動力とされている。大森（二〇〇四）、宮地（二〇〇四）、山田（二〇〇八）を参照。

（3）　柿野（一九八五）参照。この研究では、陶磁器産地の構造的特徴として、①産地は中小規模の地方都市中心で中小零細企業が多い、②多くの製品が産地名で総称されるなど同じ品種でも産地ごとに原料や生産方法によって製品特性が異なる、③産地の窯元が製品別に生産特化する水平的な分業体制であるが、大・中規模産地では生産工程別に特化する垂直分業体制が小・零細規模メーカーの存立基盤となっている、などが明らかにされている。有田と信楽は、産地規模が中規模（生産額五〇億円以上五〇〇億円未満）で、立地状況は小都市立地（人口五万人未満）の同じ類型として位置づけられた。

（4）有田町史編纂委員会（一九八五）Ⅱ、六九頁を参照。なお、深川家は江戸期の元禄年間に佐賀の小城から有田に移り、当主は代々栄左衛門を名乗って藩の統制下で陶磁器業に従事した。先代の七代の頃から藩の政策に協力して国内流通の整備に取り組み、肥前陶磁器の販売市場を大坂から江戸まで大きく広げている。

（5）有田では、ほかに満松製磁（満松惣一）、川浪製磁（川浪喜作）、大川内村の市川光春・小笠原春一が指定を受けた（有田町史編纂委員会、一九八七、三五八頁）。

（6）山田（二〇一三）六九頁。

（7）山田（二〇一三）一八三－一八四頁。

（8）京焼陶芸家の宮下善爾（一九三九～二〇一二年）は、筆者のインタビュー調査（二〇〇七年六月一〇日、京都・桂工房）で京焼の伝統と京都の気風を次のように語った。「伝統とは形ではない。京都には新しいものを受け入れる風土が一貫して存在する。……仁清（野々村仁清）も乾山（尾形乾山）も京都の外からやってきた人。……京都は使う人が鑑賞眼を持っていた」（山田、二〇一三、六〇－六二頁）。この場を借りて、宮下氏の調査へのご協力に謝意を表し、ご冥福をお祈りしたい。

（9）岐阜県の多治見市・土岐市・瑞浪市を中心とした美濃焼産地は、和様食器の生産地として平安期から長い歴史があり、市之倉の杯、高田の徳利のように産地内の地区ごとの製品別分業体制と生産の簡略化や機械化の積極的な推進で多様な製品を安い価格で供給して発展した。窯元や職人は他産地の伝統的様式を取り込んだ焼き物づくりに抵抗がなく、それゆえに産地固有の伝統的デザイン・コンセプトである「織部」や「志野」などは江戸期にいったん途絶える。一九三〇年に荒川豊蔵が「古志野」を東濃地域の焼き物と明らかにしたように、昭和期に地域との関わりが再発見された（山田、二〇一三、二〇九頁）。

（10）「匠の蔵」「1616 / arita japan」シリーズにみられる有田焼産地の新しい組織間協働の事例は別稿で論じたい。また、山中漆器産地については、鷲田（二〇一四）一五〇－一五二頁を参照。

参考文献

有田町史編纂委員会（一九八五）『有田町史　陶業編』Ⅰ・Ⅱ、有田町。

有田町史編纂委員会（一九八七）『有田町史　陶芸編』有田町。

有田町歴史民俗資料館（二〇〇七）『有田皿山遠景――有田町歴史民俗資料館叢書』有田町教育委員会。

大森一宏（二〇〇四）「常滑窯業の発展と同業者組織」『経営研究』第一八巻第一号、七三－九三頁。

柿野欽吾（一九八五）「わが国陶磁器工業の構造」『経済経営論叢』第二〇巻第二・三号、八二－一〇九頁。

加護野忠男（二〇〇七）「取引の文化――地域産業の制度的叡智」『国民経済雑誌』第一九六巻第一号、一〇九－一一八頁。

信楽町史編纂委員会・滋賀県立甲賀高等学校社会部（一九五七）『信楽町史』臨川書店。

下平尾勲（一九七八）『現代伝統産業の研究』新評論。

十四代酒井田柿右衛門（二〇〇四）『余白の美　酒井田柿右衛門』集英社。

冨増純一編（一九九八）『信楽焼歴史図録　しがらき　やきものむかし話』信楽古陶愛好会。

羽田新編（二〇〇三）『焼き物の変化と窯元・作家――伝統工芸の現代化』御茶の水書房。

宮地英敏（二〇〇四）「近代日本陶磁器業と中小企業――瀬戸陶磁器業を事例として」『経営史学』第三九巻第二号、五九－八〇頁。

山田幸三（二〇一三）『伝統産地の経営学――陶磁器産地の協働の仕組みと企業家活動』有斐閣。

山田雄久（二〇〇八）『香蘭社一三〇年史』香蘭社社史編纂委員会。

鷲田祐一（二〇一四）『デザインがイノベーションを伝える――デザインの力を活かす新しい経営戦略の模索』有斐閣。

第3部 先駆的なビジネスシステム

第10章 制度的独立を通じたビジネスシステム改革

積水ハウスのスピンオフ

吉村典久

1 はじめに

本章では、積水ハウス（旧・積水ハウス産業）の事例を取り上げる。同社は、いわゆる「プレハブ住宅」[1]を黎明期から手がける会社であり、長年にわたり住宅産業のトップメーカーの位置にある。表10・1には、二〇一五年度における戸建て住宅の新築着工戸数のシェアが示されている。[2]

積水ハウスは、飯田グループホールディングス（飯田GHD）に次いで第二位の位置にあるが、飯田GHDはそもそも、住宅建設六社（一建設、飯田産業、東栄住宅、タクトホーム、アーネストワン、アイディホーム）が二〇一三年一一月に経営統合して誕生した経緯をもっている。この飯田GHD誕生以前、つまり二〇一二年度以前において、積水ハウスは第一位の地位にあった。二〇一二年度以前の五年間をみると、二〇一二年度は三・七％のシェアでトップ、以下、旭化成ホームズ二・四％、積水化学工業二・四％、ミサワホーム二・三％、大和ハウス工業二・二％、一一年度は四・一％でトップ、以下、積水化学工業二・五％、タマホーム二・四％、大和ハウス工業二・四％、旭化成ホームズ二・三％、一〇年度は三・八％でトップ、以下、積水化学工業二・三％、大和ハウス工業二・三％、住友林業二・一％、タマホーム二・一％、〇九年度は四・一％でトップ、以下、大和ハウス工業二・六％、積水化学工業二・五％、タマホーム二・四％、住友林業二・三％、〇八年度は四・〇％でトップ、以下、タマホーム二・六％、大和ハウス工業二・五％、積水化学工業二・五％、ミサワホーム二・四％となっている。第二位以下の会社には毎年変動があるが、積水ハウスはトップを守り続けてきたことがわかる。

表10・1　着工戸数シェア（2015年度）

	会社名	シェア（前年度比）（%）
1	飯田GHD	9.4（－0.7）
2	積水ハウス	3.3（－0.4）
3	一条工務店	2.9　（0.0）
4	旭化成ホームズ	2.5（－0.1）
5	積水化学工業	2.2（－0.3）
6	その他	—

（注）　全体では41万8302戸，前年度比2.2％増。
（出所）『日経産業新聞』2016年8月23日付。全体は国土交通省「新築着工戸数」，シェアは各社の販売実績から日本経済新聞社が推計。

主要な経営指標（二〇一五年度の売上高、営業利益、純利益）を比較しても、飯田GHDの一兆一三六〇億円、八四九億円、五四九億円に対して、積水ハウスは一兆八五八九億円、一四九六億円、八四三億円と相当な開きがある。

着工戸数シェアに開きがあるにもかかわらず経営指標上は積水ハウスが優位に立つ理由は、事業全体に占める新築住宅事業の割合の違いと、住宅一戸当たりの価格に大幅な違いがあるためでもある。飯田GHDはいわゆる「パワービルダー」と呼ばれ、低価格を強みとしている。一方で、コストを要する「自由設計」と「直接販売・責任施工」を創業以来の一貫した基本方針としてきたのが積水ハウスであり、高価格ではあるが高品質であることを強みとしてきた。それが経営上の成果につながってきたことは、多々指摘されるところである。

本章では、積水ハウスの歴史を振り返り、成果につながったとされる一貫した基本方針のなかでもとくに「直接販売・責任施工」の仕組みに注目していく。[3] 住宅の直販方式は日本のみならず、世界を見回しても相当にユニークな方式であった。それが生み出された過程について論じていく。

なお論じていくに際しては、実質的な創業者である田鍋健の足跡を追う必要性がある。直接販売・責任施工の仕組みは、彼の住宅に対する考え方が色濃く反映されているからである。また、反映することを可能とする舞台に彼が立っていたことも、考えが具体化される重要な点となっているからでもある。

2 「どら息子」の誕生まで
――積水化学工業そして日本窒素肥料を源流にして

❖ 積水化学工業ハウス事業部の設立

積水ハウスの源流は日本窒素肥料にある。第1章においても触れたように、戦後の一九四七年、日本窒素肥料の従業員七名がプラスチックの総合的事業化を計画し設立されたのが積水産業（翌年、積水化学工業と改称）であった。[4] 翌年には、日本窒素肥料から買収した奈良工場において自動射出成形による日本で初めてのプラスチック自動射出成形事業を開始した。

一九六〇年、同社のハウス事業部をスピンオフさせるかたちで設立されたのが積水ハウス産業（当時）であった。当時の積水化学工業では、プラスチックの用途拡大が急務となっていた。一九五七年からの需要減退にもかかわらず、各メーカーが設備投資を継続していたため、主力商品の塩化ビニル管が過当競争に巻き込まれていたからである。一方で、新商品であるプラスチック建材は市場浸透の時期でしかなかった。一九五八年に事業部制が採用され、成形品・化成品に加えて建材事業部も設置され、プラスチック建材の販売拡大が使命とされた。なお同事業部の初代部長には、後に積水ハウスの第二代目社長、実質的な創業者とされる田鍋が就任している。

こうした時期、一九五七年発行のアメリカの雑誌 *Modern Plastics* に、"House of the Future" なる記事が掲載され、そこにオールプラスチック製の実験住宅が紹介されていた。これが建材事業部の技術者の目にとまり、一九五九年九月、プラスチックハウスのプロジェクトが始動することとなった。一棟丸ごとの工場生産が可能となれば、プラスチックの需要は格段に伸びると考えられたのである。

オールプラスチック製の住宅の開発は簡単なものではなかった。最終的には、強度や採算性を考慮して「プラスチックをより多く使った家」に変化していた。構造に軽量鉄骨、壁にプラスチックを採用した「セキスイハウスA型」を一九六〇年三月に完成させた。同月、四番目の事業部としてハウス事業部が発足するに至った。

ハウス事業の開始

一九六〇年四月には東京に、五月には大阪に、それぞれモデルハウス展示会場が設置された。初めての取り組みでもあり、メディアでも多数紹介されるなど反響は大きなものであった。田鍋は、その反響の大きさがスピンオフを後押ししたと述べている。

「大阪駅前と東京の神田に展示場を開設した。部品を組み立てて作った住宅、という物珍しさもあって、予想以上の来場者があった。『これはいける』と判断した上野さん（積水化学工業社長・当時——引用者注）は、本格的に住宅事情に進出することを決め、八月『積水ハウス産業』を設立した」（田鍋、一九八七、三九〇頁）

一九六〇年八月、ハウス事業部が独立して別会社が設立された。社長は積水化学工業社長の上野次郎男が兼務、二代目社長となる田鍋も取締役となった。資本金は一億円、出資比率は積水化学工業が三〇％、旧日窒グループの新日本窒素肥料と旭化成工業、当時の三和・大和の両銀行、第一生命保険、丸紅飯田（現・丸紅）、三菱銀行がそれぞれ一〇％であった。

積水化学工業の事業部のままではなく別会社とされた理由について、積水ハウスの社史は以下のように記述し、既存事業と新規事業の特性の違いが別会社とされた理由としている。

「取り扱う商品は、同年（一九六〇年——引用者注）四月に積水化学工業株式会社が発売したプレハブ住宅『A型』である。プレハブ住宅は、同社の主力事業である大量生産のプラスチック製品とは違い、多種の材料を使用して現場で一棟一棟、人の手により施行する。全く性格が異なる商品を扱うにあたり、社長の上野は独立させる道を選んだのである」（積水ハウス社史編集室、二〇一〇、一〇頁）

翌年の一九六一年には、「A型」の改良型である「B型」が発売された。さらに一九六二年、「B型」を二つ重ねた総二階式の「2B型」が発売される。「B型」「2B型」は、「自由設計」と呼ばれるその後の積水ハウスの代表的な商品コンセプトが盛り込まれるなど、数々の新商品の原型となる商品であった。

しかしながら当時は住宅といえば木造の時代であった。大きな期待を背負って始まった新会社であったが、成果はなかなか上がらず、創業以来、赤字決算を続けていた。

「積水ハウス産業の累積赤字が三十八年七月期決算で、資本金に迫る九千万円に達することが判明した時点で、上野さんは積水化学の常務会を招集し、『いつまでも、どら息子の面倒を見ているわけにはいかない』と、住宅事業からの撤退を表明した」（田鍋、一九八七、三九一頁）(5)と、親会社の積水化学工業は住宅産業から撤退する決定を下すこととなる。(6)

3 「どら息子」から「孝行息子」へ――「直接販売・責任施工」の実現

❖経営層における意見対立――田鍋健の二代目社長就任

積水化学工業社長と積水ハウス産業初代社長を兼務していた上野のこうした発言に対して、同専務取締役兼同取締役であった田鍋は以下のように翻意を促す。

「この時、私は建材事業本部長のポストを外されていたが、たかだか三年で住宅事業を投げ出すのは、早過ぎると考えた。『確かに今はしんどいけれど、住宅の需要はこれからますます伸びていくと思う。積水ハウス産業をつぶすのはもったいない』と発言した。すると上野さんは、それを待っていたかのように、『そこまで言うのなら、田鍋、お前が行ってやれ』と、投げやりな感じで言った」(田鍋、一九八七、三九一頁)

このように住宅事業の存続を訴えた田鍋に対し上野が社長就任を要請する事態となった。そこで田鍋は、「こうなったら、私も後には引けない。『分かりました。やりましょう』と答え」(田鍋、一九八七、三九一頁)、一九六三年六月、積水ハウスの社長に就任することとなる。

「売り言葉に買い言葉」にみえるやりとりの末の社長就任であったが、同社の状況は危機的なものであった。経営に関わる数値に関してはそもそも従業員二〇〇名の小企業のままであり、スピンオフ三年で九〇〇〇万円の累積赤字を抱えていた。精査すると、そのほかに不良資産がかなりあり、実質的には二億円近い赤字の状況であった。数値化しがたい面においても、「社員も意識が乏しく、上野さんが解散を考えていたことを知っていて、やる気を失っていた」(田鍋、一九八七、三九三頁)状況にあった。

しかし田鍋には、プレハブ事業・住宅事業そのものには将来性が相当にあるとの考えがあり、それを見据えての社長就任でもあったのである。

当時の日本の住宅産業の状況を、田鍋は以下のように分析していた。まず当時の日本住宅公団(現・独立行政法人都市再生機構)が昭和三〇年代の初め、2DKを中心とする四、五階建ての鉄筋住宅の建設を開始した。これを皮切りに、工業化住宅が普及のきざしを見せ始める。すぐに着工戸数が伸び始めることはなかったが、多くの会社が工業化住宅の分野に乗り出すこととなる。その最初とされているのは大和ハウス工業が一九五九年に売り出した、プレハブ住宅の原型とされる「ミゼットハウス」である。同社は翌々年から本格的なプレハブ住宅の販売に乗り出す。「セキスイハウスA型」の試作も同時期のことであった。

両社以外にも、進出は相次いだ。子会社設立などのかたちで複数の鉄鋼メーカーが鉄骨系、ミサワホームや永大産業（同社は一九五九年に、国産第一号のプリント合板の製造販売を開始した会社である）が木質系、と強みを活かす商品開発を進めていた。

こうした供給側の動きは当然、需要側の動き、つまり住宅需要の高まりに対応するものであった。戦後復興が進むことで、人々が快適な居住環境というものに目を向け始めていた。「夜露をしのげれば」の時代は終わりを迎えていたのである。また都市化現象も進み、大量の人々の大都市流入も起こっていた。こうした住宅を求める社会の変化に対して、在来工法による木造住宅の建設はままならない状況に陥っていた。国産材の不足のみならず、必要な熟練工（大工など）が戦死あるいは高齢化などで確保できないためであった。その結果、とくに都市部では住宅不足が大規模に発生していた。

こうした不足を解消する住宅として期待されたのが、住宅建設における相当の工程を工場内で賄え、一方で現場における工程を削減できるプレハブ住宅であった。

積水ハウス産業自体の状況には問題があったが、「各社がプレハブ住宅に着目したのは、そうした状況を踏まえて、将来性を見込んだためであり、私もあえて積水ハウス産業の存続を主張したのも、そんな背景があったからだ」（田鍋、一九八七、三九七頁）と考える田鍋は、状況改善に向けての策を講じ始める。

田鍋がまず取り組んだのは、人心の一新、従業員のモチベーション・アップであった。当時の社名であった「積水ハウス産業」では、「産業」という商社のごとき社名となっており住宅を建てる建設業に似つかわしくないとして、現在の「積水ハウス」と変更することとした。当時の財務状況からすれば社名変更にかかるコストは小さなものではなかったが、社名変更による「イメージチェンジで、社長が変わって会社も変わる、という雰囲気が社内にも広がることを期待」（田鍋、一九八七、三九四頁）しての取り組みであった。

田鍋の改革はもちろん、イメージチェンジのレベルで終わることはなかった。社長就任を機に矢継ぎ早に改革を進めることとなる。その背後には、就任以前の積水ハウスのビジネスシステムに難があると考えられていたことがあった。

既述のように、社史では「全く性格が異なる商品を扱うにあたり、社長の上野は独立させる道を選んだのである」と、別会社とされた理由が説明されている。しかしながら実際には、積水化学工業のビジネスシステムの少なからずが持ち込まれたままとなっていた。

たとえば雇用システムの点においては、田鍋の社長就任時、積水化学工業からの出向者は全従業員の三分の一にのぼっていた。出向者は積水化学工業の労働組合に所属しており、給与や勤務時間などの労働協約はそのまま適用されていた。幹部従業員の大半は出向者であった。それが社内に及ぼしていた悪影響を、田鍋は以下のように感じていた。

「私は根本的に社員の士気が燃え上がってこない原因は何だろうと考えた。そして、積水化学からの出向者が課長や係長のポストについているため、独自採用のプロパー社員のやる気が育つはずはないことに気付いた。

出向社員は約三十人いた……『この会社がつぶれても、親会社に帰れる』という気持ちもある。一方、プロパー社員にしてみれば、上司が親会社風を吹かすうえ、賞与なども差があるとなると、誠心誠意働く気になれないのも同然だった」（田鍋、一九八七、三九四頁）

また取引（販売）システムの点においても、「大阪（本社内）と東京（丸の内東京ビル）に営業所を置いたが、実際の販売は代理店に任せることにした。母体の積水化学工業株式会社が代理店方式を取っており、その販売方法を踏襲したのである」（『積水ハウス社史』編集室、二〇一〇、一〇頁）と、性格が異なるとされた商品同様のシステムのままであった。そもそも、親会社と新会社の社長は兼務されていた。

別会社とはされたが旧態依然としたビジネスシステムを引きずったままの積水ハウスであったが、それが後に飛躍的な成長を遂げることができた背景には、親会社の経営陣とは異なる意見をもった人材（田鍋）が存在し、それが活躍する舞台として、本体とは独立したかたちで積水ハウスが存在していた点は大きいと考えられる。異見・主張をもった人材をうまく活かす場となったと考えられるのである。

❖ビジネスシステム改革――労働、「直接販売」、生産の仕組みのかみあい

異見・主張をもち、一九六三年六月に社長に就任した田鍋は、積水ハウス産業から積水ハウスへの改称を皮切りに、ビジネスシステムの構成要素となるそれぞれの仕組みについて、以下のような改革を進

めている。

①　労働の仕組み——出向者の移籍
②　販売の仕組み——直接販売方式への転換
③　仕入の仕組み——資材の流通ルートの見直し
④　生産の仕組み——生産体制の拡充

労働の仕組みについてであるが、積水化学工業からの出向者の積水ハウスへの移籍については、早々の九月には実施されている。田鍋は、出向者に積水ハウスに移籍するよう説得を開始、特別な事情をもつ一人を除いて全員からの同意をとりつけた。

そして、販売力の勝負になると考えた田鍋は、販売の仕組みの改革にとくに注力する。市場に参入する業者が増加していた点に加えて、住宅建設へのニーズが高まっているにもかかわらず、本来は工法を意味する用語であるはずの「プレハブ」が商品名として定着し「『プレハブ住宅って、引っ越しの時に運べるの』という問い合わせがあったほどで、一般の認識度はかなり低かった」（田鍋、一九八七、三九七頁）点も、販売の仕組みに注目した理由であった。

具体的には、就任半年後の一九六四年三月に販売方式を代理店方式から直接販売方式に転換した。プレハブ住宅メーカーの大半が代理店経由の販売であり、直販方式は業界初の試みであった。消費者へ直接に売り込み、実際の施工については代理店にゆだねる仕組みになっていた。

それ以前は、積水ハウスの代理店は建材店と商社の二本立てであった。しかし、建材店は材木を売るのと同様と考え、鉄骨の組立に慣れていない大工に、プレハブ住宅を売り込む努力はほとんどしなかった。商社も大工、左官、ペンキ屋をはじめ、電気、水道、ガス業者などを組織的に使って、プレハブ住宅を建てる、という工法に慣れていない状況にあった。こうした状況を打破する目的をもって、直接販売方式の導入が推し進められた。

業界初の試みに従業員は大いに戸惑ったが、「まず親類に売ろう。契約出来たら、建設工事の現場監督をして、完工まで全責任を持つ。アフターサービスも完璧に請け負う」（田鍋、一九八七、三九七頁）と、従業員に直販方式と責任施工方式が説明された。そして田鍋は、従来の販売方式での実績への不満に加えて、「お客さんにとっては、住宅は高額商品であり、生活の根拠である。そんな大切な商品を他人任せで売るというのは、私の経営理念にそぐわないことだった。だから直売制に踏み切った」（田鍋、一九八七、三九八頁）と、顧客の立場からの改革でもあったと述べている。

販売方式の見直しは、それを実際に行う営業担当者の勤務体制（日曜出勤など）、残業手当や奨励金の制度の見直しにもつながるものであった。しかし労働の仕組みの見直し、具体的には出向者の転籍が前年にすんでいたため、積水化学工業の労働協約とは関係なく見直しが可能となった。ビジネスシステムの構成要素間で整合性がとれたのである。

販売の仕組みの見直しに加えて、生産コストの低減、工事の原価意識向上など種々の改革の成果は、田鍋の社長就任後一年で実を結ぶこととなる。単年度黒字化を達成し、翌一九六五年には累積赤字を一掃して一割配当を実施した。

直接販売の仕組み、「全員セールスマン」の考え方を業界に持ち込んだ田鍋は、生産の仕組みの改革にも着手する。その背景には、懸命に販売を手がけても顧客の側には「プレハブ住宅は、在来の木造に比べ、簡単に出来るちゃちな組立住宅」との認識が根強く、「こんなイメージを一掃し、本格住宅という〝市民権〟を得るには、住宅部材の品質を高める必要がある」、「自分たちで納得のいく部材を作らないことには、良質な住宅は出来るはずはない」（田鍋、一九八七、四〇二頁）との考えがあった。創業当時から積水ハウスは滋賀県栗東町に工場をもっていたが、実際にはパネル製造・塗装を行う程度であった。プレハブ住宅の主要部材である鉄骨をはじめとして大半の部材の加工などは外部化され、自社工場では行われていなかった。こうした生産の仕組みでは十分な品質管理は不可能と考えられ、外部化していた作業を内部化することとした。自社工場内に鉄骨と木材の加工設備を導入し、自社で手がけることとしたのである。加えて、鉄骨系のプレハブ住宅にとっての大きな問題は「錆」の問題であった。防錆技術の開発には各社、懸命に取り組んでいた。積水ハウスは塗料メーカーや自動車メーカーの協力を得て、プレハブ業界では初めて、当時最先端で最も防錆性に秀でた塗装設備の導入も進めた。こうした生産設備・技術といったハード面に加えて、当時、それほど普及はしていなかった従業員からの「提案制度」といったソフト面での取り組みも進めた。

ビジネスシステムのインフラとなる労働の仕組みの見直しが進められ、販売そして生産という主要な構成要素の改革もかみあうかたちで進められたのが、田鍋による改革であった。田鍋はこれを「何事にも勢いというものがある。私は将棋、囲碁、マージャンなどの勝負事をひと通りこなすのでよく分かるが、勢いに乗った時は強い。四十年代前半の積水ハウスはまさにその勢いがつき始めた時期だった。会社の基礎が固まり、営業、技術の両輪がうまくかみ合い始めた」（田鍋、一九八七、四〇三頁）と述べているが、このことが引き続く成長の出発点となったのであった。

田鍋の顧客第一主義の考え方、「直接販売・責任施工」の仕組みを核とするビジネスシステムは、積水ハウスの競争力の源泉となり続けた。また、その後の高度経済成長期の住宅需要の伸びもあり、積水ハウスの業績は順調に推移した。会社設立一〇年の一九七〇年、東京・大阪両証券取引所第二部に株式を上場、翌年には両市場で第一部に指定替えとなった。最初の公募価格四一〇円に対して最終的には九〇〇〇円の値がついた。大株主である積水化学工業にとってみれば「どら息子」から「孝行息子」へと生まれ変わったことは明白であった。

設立一五年の一九七五年一月期には大幅な増収増益となり、大和ハウス工業のそれを上回り住宅業界トップの企業となった。大和ハウス工業は、前述の通り、プレハブ住宅の商業化に最初に成功したとされる会社であった。積水ハウスの業績はその後も、一九九一年に住宅業界では初めて売上高一兆円を超すなど、順調に推移することとなる。

4 おわりに

本章では、住宅産業をリードしてきた会社である積水ハウスの事例を取り上げた。「自由設計」と「直接販売・責任施工」を一貫して基本方針として掲げてきた同社であるが、後者の方針がいかにして生み出され、また、それが独立して機能したのではなく、ビジネスシステムの他の構成要素である労働や生産の仕組みとうまくかみあいながら機能して、同社の成長の基盤となったことを論じてきた。

加えて、こうしたシステム構築に際して実質的な創業者である田鍋健の果たした役割についても論じた。本書の第1章にて、「コーポレート・スピンオフ」がなぜ行われるのかを論じた。そこでは、人的結社としての側面が強かった日本企業においては、マネジメント層における対立・異見を発言することをいとわない人材が存在することによって、そうした対立を解消する手段としてのスピンオフの姿が議論された。積水ハウスの事例においても、別会社となることで労働の仕組みの見直しが可能となっただけではなく、それが卓越した企業家としての田鍋の意思決定・行動を可能としたと指摘できよう。

注

(1)「プレハブ」とは「日本では一九五五年ごろから、低層の組立式住宅、仮設の校舎や事務所、プレキャスト・コンクリートに中層の共同住宅などの総称として使われ始めた。あらかじめ工場で部材を作り、それを現場で組み立てるという意味の"prefabrication"の略称」(稲葉、二〇一四、二〇九―二一〇頁)である。

(2) 日本の住宅市場の特徴は、全住宅取引に占める新築の割合が高いことにある。日本の割合が八五・三%(二〇一三年時点)に対して、アメリカは一〇・七%(二〇一〇年時点)でしかない。そのため、ここで取り上げた新築の住宅着工戸数は住宅市場の状況を示す代表的な値となる(富士通総研、二〇一六)。

(3) 工場での大量生産、生産効率の問題と「自由設計」の考え方は、矛盾をはらんだものである。その解消については、西野・伊丹(一九九八)に詳しい。

(4) 両社の歴史については、両社の社史(積水化学工業、一九七七/積水ハウス社史編集室、二〇一〇)をとくに参考にした。また田鍋健が自身の経験を語ったものとして、田鍋(一九八七)および大阪府「なにわ塾」(一九九二)がある。

(5) 住宅事業からの撤退、一転しての継続に関わる経営層の発言などについては、田鍋の著書だけではなく積水ハウスの社史にも同様の記載がある。

(6) 後に積水化学工業は、「セキスイハイム」にて再参入することとなる。また同じく日本窒素肥料の流れを汲む旭化成工業も、子会社の旭化成ホームズの「へーベルハウス」にて市場に参入した。二〇一五年度のシェアをみると、同根の三社が第二位、第四位、第五位を占めている。それ以前からも三社は、主要な大手ハウスメーカーの位置にあり続けている。

参考文献

稲葉和也（二〇一四）「住宅――政策の影響を受けながら生活に深くかかわるビジネス」橘川武郎・平野創・板垣暁編『日本の産業と企業――発展のダイナミズムをとらえる』有斐閣。

大阪府「なにわ塾」編（一九九二）『人・愛・住まい――住宅産業の道を選んで田鍋健』ブレーンセンター。

積水化学工業編（一九七七）『三〇年の歩み』積水化学工業。

積水ハウス社史編集室編（二〇一〇）『積水ハウス五〇年史　未来につながるアーカイブ 1960-2010』積水ハウス。

田鍋健（一九八七）「私の履歴書」日本経済新聞社編『私の履歴書　経済人 23』日本経済新聞社（『日本経済新聞』一九八五年一〇月に連載）。

西野和美・伊丹敬之（一九九八）「自由設計か生産効率か――積水ハウスのイノベーション」伊丹敬之・加護野忠男・宮本又郎・米倉誠一郎編『ケースブック　日本企業の経営行動 2　企業家精神と戦略』有斐閣。

富士通総研（二〇一六）「ゼミナール　住宅市場の未来①」『日本経済新聞』二〇一六年三月二一日。

第11章 複合的な競争における協同
ビジネスシステムの設計思想再考

栗木　契

1 はじめに

市場とは、異質なビジネスシステムがぶつかりあう複合的な競争の場である。本章では、「スピードの経済」と「組み合わせの経済」という、二つのビジネス原理を取り上げる。そのうえで、これらのビジネス原理が内包するパラドクスが、ビジネスシステムのデザインを複線化し、そのもとで複合的な競争が生じることを、事例を踏まえて検討する。

2 ビジネスのエコシステム

市場において展開されるのは、同質的な企業間の競争ばかりではない。そのため、競争しつつ共存するという棲み分けが、市場では生じることが少なくない。本章では、複合的な競争における協同の諸相を確認する。

エコシステムとは、ビジネス研究が、生態系生態学から借用したメタファーである。メタファーの一つの効果は、結びつかないように思われているもの同士の関連性への探究を促し、新しい発想を導くことである。(1) エコシステムのメタファーは、現代のビジネスにあっては、価値創造が単独のプレイヤーでは実現しえなくなってきていることを炙り出す。エコシステムは、ポーター流の価値連鎖に基づく顧客価値創造モデルからの脱却の提案であり、補完財への注目や、顧客との価値共創の強調がなされる。(2)

「複合的な競争における協同」は、このエコシステムのアイデアのさらなる拡張である。本章で取り上げる「スピードの経済」や「組み合わせの経済」のように、ビジネスの原理がパラドクスを内包するものである以上、一つのシステムで顧客に十分な価値を提供することはできない。したがって、相対立するかにみえるシステムの競争が、結果的には顧客へのより十全な価値を提供する共創となることを本章では確認していく。

3 スピードの経済

顧客のニーズ（欲しいという気持ち）に素早く応えるスピードの経済の追求は、現代のマーケティングの一つの重要な基軸である。スピードの経済の意義は、顧客価値を向上させる一方で、経営効率の向上を実現することにある。だが人間の生活における価値のあり方は、単純に割り切ることを拒む、ねじれた性格をもつ。インターネット時代に「スローライフ」への共感が広がるのは、ニーズに素早く応えることを迂回し、じっくりと時間を共にしながら必要を満たしていくことによって深まる価値もあるからである。

加えてビジネスは、時間的順序展開によって、意図せざる帰結を生じやすい取り組みである[3]。スピードの経済についていえば、目先の利得への迅速な対応が、顧客価値を低下させてしまったり、早期の技術転換を阻害してしまったりする、逆機能があることに注意しなければならない。

本節では、スピードの経済の功罪を見定めつつ、その活用の仕方を検討する。市場とは、スピードの経済のパラドクスへの対応をめざす、異質なビジネスシステム間の複合的な競争の場なのである。

❖ 短時間化の効果

スピードを上げることは、各種の効果（よい影響）をビジネスにもたらす。これらの効果を総称して、加護野忠男は「スピードの経済」と名づけている（加護野、一九九九、六六-九四頁／同、二〇〇九）。ビジネスにおけるスピードの向上には、短時間化と短サイクル化の二つの局面がある。スピードの経済とは、ビジネスにおけるスピードの向上に、必要な時間の短縮化、そして回転率の向上という二つの局面があることをとらえた総合概念である。

スピードの経済の第一は、企業活動の短時間化から顧客価値の向上が生じるという効果である。製品の供給やサービスの提供に要する時間が短縮化されれば、顧客の待ち時間や拘束時間は減少し、顧客にとっての活動の制約は低下する。

たとえば、二大都市間の移動に八時間を要するC鉄道があったとする。革新的な新型車両の導入により、この移動時間が二時間になったとしよう。こうしたスピードアップは、その利用目的がビジネス上の商談であれ、プライベートの芝居見物であれ、C鉄道の顧客を時間制約あるいは宿泊コストから解放する。これが短時間化の効果であり、この顧客価値の向上は、C鉄道の利用拡大を促す。

実際にはどうだろうか。二〇一五年には北陸新幹線の開業により、東京―金沢間の移動時間が三時間半から二時間半に短縮した。これに伴い北陸の各地では、観光客の大幅な増加や、本社機能の移転によるオフィスの増設や工場の新設などの動きが生じている。あるいはこの時期、金沢市は首都圏に向けて、「ちょっと、金沢まで」という、時間制約や宿泊コストからの解放を示唆するコピーを用いて、北陸新幹線開業プロモーションを行っている(4)。

鉄道事業だけではない。すぐに料理が出てくる定食屋、その日のうちに仕上がるクリーニング店、翌日に届く宅配便など、商品の供給やサービスの提供に要する時間の短縮化は、さまざまなところで顧客価値の向上を導いている。

❖短サイクル化の効果

スピードの経済の第二は、短サイクル化である。短サイクル化とは、個々の企業活動の所要期間――たとえば、仕入れた商品を売り切ったり、仕入れた資材を使い切ったりするまでの期間――の短縮化を意味する。こうした短サイクル化は、投資効率の向上、廃棄ロスの減少、鮮度の向上、切り替えコストの減少といった複数の効果をビジネスにもたらす。

図11・1　短サイクルと長サイクルの小売り販売

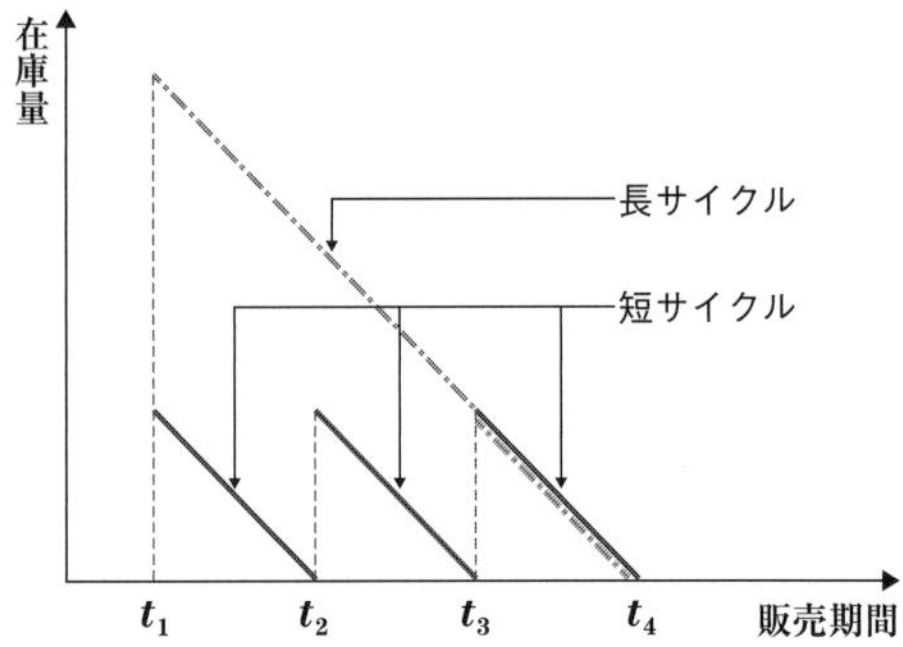

（1）投資効率の向上

まずは、投資効率の向上である。これは、短サイクル化が投資効率を高めるという効果である。

先ほどのC鉄道ではスピードアップの前には、二都市間で八車両編成の列車を一日に一便、トータルで一六時間をかけて往復させていた。そして、スピードアップ後も一日当たりの利用客数は変わらないものとする。このとき従前と同じ旅客輸送量を確保するには、列車の編成を二車両にして、これを四往復させればよい。このように所要時間の短縮により短いサイクルで車両が回転するようになると、二車両で従前の八車両と同じ輸送量を実現できる。仮にスピードを高めた新型車両の製造には一車両当たり三億円と、従前の車両の三倍のコストを投じることになるのだとしても、この回転率の向上があれば、同じ輸送量の実現に必要な車両製造の初期投資は二五％削減される。

短サイクル化は、以上のC鉄道のような運行や作業のスピードアップによって生じる。それに加えて、流通業などでは短サイクル化を、仕入れ量の小口化によっても生み出すことができる。図11・1をみてほしい。この図は、小売りなどのビジネスにおいて、仕入れた商品在庫が販売期間を経て減少していくという関係を描いている。実線は、短いサイクルで仕入れを何度も行い、販売を行うモデルであり、一点鎖線は、一括して大量の仕入れを行い、長いサイクルで売り切っていくモデルである。このような長サイクル・モデルから短サイクル・モデルへの切り替えにあたっては、製品の供給時間やサービスの提供時間の短縮化は必須ではなく、一回当たりの仕入れ量を小口化すれば実現する。この小口化に伴い必要となるのは、多頻度の発注である。

さて、この二つのモデルを比較してみよう。販売を開始する t_1 時点において、短サイクル・モデルでは、長サイクル・モデルの三分の一の商品在庫を用意すればよい。したがって、必要在庫を確保するための初期投資は三分の一ですむことになる。また、用意すべき商品ストックのスペースも三分の一でよい。t_1 ～ t_4 の通期での売上げはどちらも同じであることから、より少ない資金で同一の売上げを上げることのできる短サイクル・モデルのほうが、投資効率が高いことになる。

(2) 廃棄ロスの減少

短サイクル化の効果は投資効率の向上だけではない。次は廃棄ロスの減少である。これは、短サイクル化が商品の廃棄量の減少を導くという効果である。

C鉄道の例題でいえば、それはたとえば車内で販売する弁当の廃棄量の減少である。C鉄道では始発駅と終着駅で弁当を車内に積み込んでおり、その販売期限は車内に積み込んでから八時間である。従前は、終着駅到着後の弁当の売れ残りは、すべて廃棄しなければならなかった。だが短サイクル化を実現した後は、復路での販売も可能となるし、そもそも八時間をかけて販売する弁当の全量を一度に車内に積み込まなくてもよくなる。多頻度少量の補充が可能となり、当然ながらその廃棄量は減少する。

図11・1の二つのモデルではどうだろうか。仕入れた商品が、トレンドの変化やモデルチェンジによ

り、時点t_3より早く商品価値を失うという問題が発生したとしよう。残される在庫については、どの時点でこの問題が発生しようと、短サイクル・モデルが長サイクル・モデルの在庫量を上回ることはない。短サイクル・モデルのほうが廃棄ロスは少なくなりやすく、リスクの少ないモデルだといえる。

（3）　鮮度の向上

短サイクル化は、鮮度の向上も導く。これは、短サイクル化が鮮度の高い商品の供給を導くという効果である。

C鉄道については、短サイクル化により、先に述べたように、八時間をかけて販売する弁当の全量を一度に車内に積み込まなくてもよくなる。したがって、スピードアップ後は、始発から二時間経過後以降は、従前より鮮度が高い（列車に積み込んでからの時間が短い）弁当を顧客に提供できるようになる。

さらに図11・1の二つのモデルに目を転じると、短サイクル・モデルでは、t_4時点で販売するのは、t_3時点で仕入れた商品である。ところが、長サイクル・モデルでは、t_1時点で仕入れた商品を販売することになる。このようにt_2～t_4の期間においては、短サイクル・モデルのほうが鮮度の高い商品を販売できることになる。

（4）　切り替えコストの減少

さらに短サイクル化は、切り替えコストの減少も導く。これは、短サイクル化が実現すると新商品への切り替えコストが相対的に低下し、タイムリーな新機軸の導入が容易になるという効果である。

C鉄道では、どうだろうか。C鉄道は、一車両の更新を走行距離に基づいて行っているとしよう。この場合、スピードアップにより一日に四往復する新型列車は、一往復する従前の列車の四分の一の期間で新車両に入れ替わっていくことになる。更新の期間が短くなれば，装備やインテリアのトレンドを踏まえた新型車両をタイムリーに投入していくことが可能になる。

図11・1の二つのモデルでも，同様の効果が確認できる。t_3より早い時点で新商品への切り替えを図る必要が生じた場合に，長サイクル・モデルでは残っている旧商品の在庫量が多いことから，新商品への切り替えに躊躇してしまうことが多くなりそうである。この問題を考えると，短サイクル・モデルのほうがタイムリーな新商品の導入に適しているといえる。

加えていえば，以上のような新型列車や新商品への切り替えの容易さは，新たな列車や商品を次々と投入しながら顧客の反応をみる，企業の市場実験を容易にする。このように，多頻度な市場実験の容易な短サイクル・モデルは，顧客の嗜好や行動についての理解を深めたり，適切な品揃えを見出したりするうえでも有利である。

❖ スピードの経済のパラドクス

スピードの経済は，広く通用する一般性のある原理である。とはいえ，ビジネスの世界では，一般性とは絶対的であることを意味するわけではない。

(1)　短時間化のパラドクス

短時間化は，多くの利得を顧客にもたらす。だが，鉄道事業についていえば，スピードアップ競争の一方で，日本の各地で「わざとゆっくり走る列車」が運行されている(5)。目的地に急ぐのではなく，車窓を眺めながら列車でゆっくり過ごす楽しみを提供する各種の観光列車の人気は根強い。

同様に、速度を落として、ゆったりとした時間を提供することで顧客価値を高める対応は、飲食サービスなどでも広くみられる。山崎正和は、食事の贅沢は「奇妙な吝嗇」から生まれるという。

「人間にとっての……不幸は、欲望が無限にあることではなく、それがあまりにも簡単に満足されてしまふことである。食物をむさぼる人にとって、何よりの悲しみは胃袋の容量に限度があり、食物の美味にもかかはらず、一定の分量を超えては喰べられない、といふ事実であらう。……（そこで）食欲についていへば、……より多くを楽しむために、少量の食物を最大の時間をかけて消耗しようとする」（山崎、一九八七、一六一－一六四頁）

山崎が指摘するように、贅沢な食事とは、一片の牛肉を味わうのに、調理に手間をかけ、食器を整え、食卓を飾り、作法と会話に気を配りながら、ゆっくり口に運ぶ食事である。このように急がないことや、待つことの効用というものがあり、こうしたスピードダウンは、食事だけではなく、さまざまな娯楽や社交の場に取り入れられている。

以上のように消費には、より多くを楽しむために、より短時間により多くの物財を消耗しようとする傾向（スピードの経済）がみられる一方で、楽しむ時間を拡大するために、物財の消耗を引き延ばそうとする傾向（スローダウンの経済）がみられる。事業収益の幅を広げるには、こうした消費の二面性を見逃さないようにしなければならない。

(2)　短サイクル化のパラドクス

オープン・イノベーションは、スピードの経済における短サイクル化の効果を、技術転換という企業課題に取り入れようとするアイデアだといえる。H・チェスブロウが説くように、製品ライフサイクルが短縮化しており、技術開発コストが上昇している現代のビジネス環境のもとでは、先端技術の獲得を内部育成型の研究開発に頼るのではなく、外部調達型の取引に置き換えていくことに多くの利点がある(6)。このような環境下にある企業は、大きな研究投資をして自前で技術フロンティアを切り拓くのではなく、そのつど外部から最新の技術を調達するほうが、短サイクル化によって生じる投資効率の向上、廃棄ロスの減少、鮮度の向上、切り替えコストの減少などの諸効果を取り入れやすくなる。

とはいえ、これらの効果には限界があり、長サイクル化を志向する企業が、早期の技術転換を実現してしまうことがある。沼上幹は、この問題を、「柔軟性の罠」と呼ぶ(7)。短サイクルで次々と新たな技術を採用していく取引システムは、一見したところ柔軟性が高い。ところが、この種の柔軟さを獲得した企業は、その時々に利用可能な技術の採用に向かいがちであり、そのために少し長い目でみると高いコスト・パフォーマンスをもたらすはずの技術への投資に出遅れてしまうことがある。逆に、長サイクル・モデルのもとでは、その時々の柔軟な変更ができない分、未来を先取りした意思決定を行おうとする傾向が強まる。このような企業内の意思決定への影響を経由して、短サイクルで柔軟な取引システムが、柔軟な技術転換を阻害するというパラドクスが起こることがある。

ビジネスでは、人々や組織がある状況を踏まえてとった行為が、時間の流れのなかで人々や組織の新たな行為を引き起こすことで、当初とは異なった状況が構成されてしまうことが少なくない。こうした時間的順序展開がもたらす中長期的な影響も考慮すれば、スピードの経済はパラドクスを避けられない点には、注意が必要である。

アスクルとフェリシモ

企業活動の短時間化は顧客価値を高める。「アスクル」は、このスピードの経済を追求することで大きな成長を果たした通信販売の企業である。[8] アスクルは、オフィスで必要となる事務用品などを、注文の翌日に配達する（明日来る）ことをうたい文句に、一九九三年にその事業を開始した。現在ではアスクルは、国内の多くのエリアで、午後六時までの注文については翌日に、午前一〇時（オフィス向けは午前一一時）までの注文については、当日の配達を行う。

アスクルは、従業員数三〇人未満の中小の事業体のオフィスをターゲットに事業を開始した。オフィスで働く人にとって、事務用品が切れてしまうことは、仕事を行ううえで大きな支障となる。規模の大きな事務所だと、こうした欠品が生じても、出入りの文具卸がすぐに届けてくれる。しかし、スモールオフィスやホームオフィスではそうもいかない。また小さなオフィスでは、大量の買い置きをストックしておくスペースも十分でない。

このような問題を解決したのがアスクルのスピーディな配送である。現在のアスクルの利用者は中小事業所を超えて、一般消費者から大企業へと広がる。必要なものが迅速に届くアスクルのサービスを支えるのが、受注情報をすばやく処理する全国七カ所の物流センターである。これらの物流センターでは、受注を受けてから最短二〇分で出荷される。

「フェリシモ」もまた、アスクルと同じ通信販売事業を営む企業である。物流機能は、通信販売事業のKFS（成功の鍵）である。フェリシモも怠りなく物流機能の強化を進めている。しかしそこでは、アスクルのようなスピードの追求はなされていない(9)。

フェリシモの通販事業の特徴は、コレクション方式を主軸としていることである。フェリシモのコレクション方式は、モノを一つずつ集めていく楽しさをベースとしている。食器やハンカチやアクセサリーなど、申し込んだ商品のシリーズが、数カ月にわたって、色柄やデザイン違いで毎月一回届けられる。好きなアイテムが、毎月少しずつ集まっていく。これが、コレクション方式の購買の楽しみである。

フェリシモのコレクション方式は、楽しむ時間を引き延ばすスローダウンの経済に根差している。そしてこの方式のもとでは、供給側の企業が、今日や明日に届けるといったタイトな時間の約束を行うことは不要であり、高速配送を極限まで追求する必要はない。また、数カ月先までの予約となることから、計画的な出荷が可能になり、受注処理の高速化も過度に進めなくてよい。フェリシモについていえば、現在は一カ所の物流センターから配送を行い、効率的に日本全国をカバーしている。

このように国内の通信販売の市場は、異質なビジネスシステムが競争しつつ共存する棲み分けの場となっている。アスクルとフェリシモのスピードの経済への対応をみることで、その一端が理解できる。

4　組み合わせの経済

ビジネスでは、製品やサービス、あるいは提供者や利用者を組み合わせることによって、顧客に提供する価値を高めたり、事業上の効率性を引き出したりすることができる。本節では、こうした組み合わせの経済の諸相を、「バリュー・ネットワーク」「サービタイゼーション」「情報や設備の多重利用」といったコンセプトを振り返りながら確認する。

とはいえ、あらゆる経営ツールが万能ではないのと同様に、組み合わせの経済にも限界はある。本節では、市場が、組み合わせの経済のパラドクスのもとで、異質なビジネスシステム間の複合的な競争の場となることを、合わせて確認していく。

❖組み合わせがもたらす顧客価値の向上

異なった企業活動を上手く組み合わせることで、事業の有効性や効率性はさまざまなかたちで高まる。これらの効果を総称して、加護野忠男は「組み合わせの経済」と名づけている（加護野、一九九九、九六－一一六頁／同、二〇〇九）。企業活動の組み合わせが生み出す効果には、顧客価値の向上、そして情報や設備の多重利用という二つの局面がある。組み合わせの経済とは、単に複数の異質な事業を展開することではなく、さらにそれらの事業を融合化することから、効率化あるいは顧客価値の向上を引き出そうとする取り組みである。この融合性の追求の強調が、組み合わせの経済を、一般的な多角化とは異なったものとする。

組み合わせの経済の第一は、組み合わせによって顧客価値が向上することである。顧客にとっての商品の有用性は、補完的な関係にある他の商品との組み合わせによって決まる。C・クリステンセンが提唱したバリュー・ネットワークは、こうした製品やサービスの補完性に注目した概念である[10]。

製品やサービスの対価は、個々の財の価値に対して支払われる。だが、単一の財それだけでその有用

図11・2　バリュー・ネットワーク（ハンバーガーの場合）

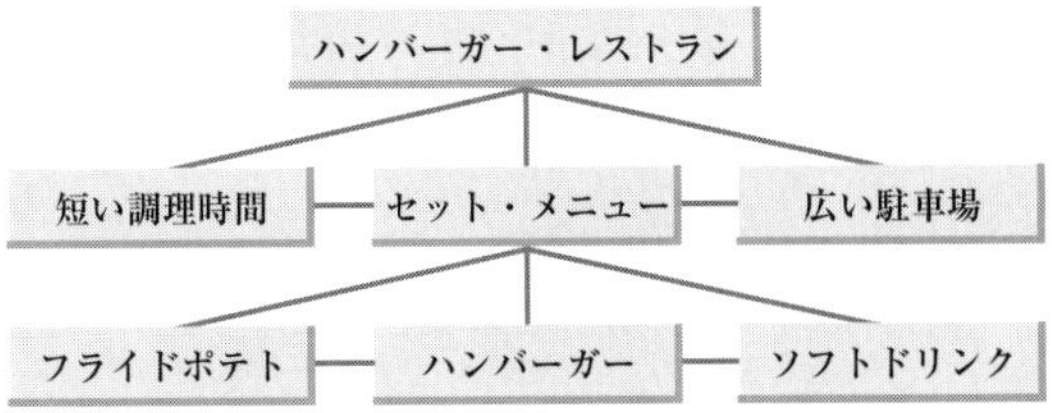

性を発揮できるものは、まず存在しない。たとえば、「ティーカップ」は、それだけで使用されるわけではなく、そのなかに「お茶」を注ぎ、「テーブル」の上に置いて使用される。さらに「カップ皿」や「ティースプーン」を組み合わせる必要もあるかもしれない。このように顧客価値は組み合わせのなかで実現することをとらえた概念がバリュー・ネットワークである。

図11・2はバリュー・ネットワークとしてみた、マクドナルドの事業の組み立てである。マクドナルドのハンバーガーは、それだけでもおいしい。しかし、他のメニュー（ドリンクやポテトなど）や、サービス（短い調理時間や広い駐車場など）と組み合わさることによって、ファミリー層を中心とした利用者にとっての有用性はさらに高まる。マクドナルドは、バリュー・ネットワークを踏まえた総合的なメニューやサービスを組み合わせて提供することで顧客価値を高めている。

スマートフォンや携帯電話などについても同じことがいえる。提供される各種の端末（ハード）に、音声通話やデータ通信などのさまざまな通信サービス、さらにそこに有料・無料の多様なアプリケーションの提供サービス（ソフト）が組み合わされることによって、顧客にとっての便益の幅が広がる。スマートフォンや携帯電話のビジネスでは、複数の企業が連携しながら、この組み合わせの妙を競いあっている。

サービタイゼーションもまた、組み合わせがもたらす顧客価値の向上をとらえた概念である。サービタイゼーションとは、メーカーが、製品の供給に加えて、サービスを通じた価値提供活動に取り組むことによって、収益性を高めようとする動きを指す[11]。メーカーは単に製品を供給するだけではなく、製品を使いこなすためのサービスを提供することで、顧客価値を高め、収益機会を拡大することができる。製品の運用や使用についてのコンサルティング、保守点検、故障対応、消耗品の販売や補充、アプリケーションの提供など、メーカーにとって付加価値の源泉となるサービスは少なくない。

組み合わせによる顧客価値の拡大に目を向けることで、企業は単なる収益源の増加を超えた戦略展開の可能性を手にする。組み合わせ型の事業を構想する企業は、すべての製品やサービスから収益を得る必要はない。組み合わせ型の事業では、無料あるいは廉価な製品やサービスを「誘因（フック）」として使い、別の製品やサービスの売り上げを拡大することで、利益を増大させつつ回収するという展開が可能になる。

たとえば、二〇一四年にヒットした「妖怪ウォッチ」は、ＴＶアニメをフックとして使い、人気を膨らますとともに、ゲームソフト、そしてメダルなどのキャラクターグッズを収益源として利益を回収するという展開を構築していた[12]。廉価なスマートフォンや携帯電話を販売する通信事業者も、同様の組み合わせの活用を行っている。このようなフックと収益源の組み合わせは、個別の製品やサービスの供給だけでは小さくまとまってしまう事業を大きく膨らませる。

❖組み合わせがもたらす情報や設備の多重利用

組み合わせの経済の第二は、組み合わせることによって情報や設備の多重利用が可能になることである。たとえばインターネット通販のサイトを運営する企業は、利用者の購買履歴や検索履歴などのデータを蓄積している。これらのデータを分析することで、個々の利用者の嗜好や行動を踏まえた商品の推奨（リコメンデーション）や広告配信（ターゲティング広告）を行うことが可能になる。このように販売管理上のデータをプロモーションに多重利用して商品の推奨や広告配信を効率化する取り組みは、インターネット上で広く行われている。

情報や設備の多重利用の利点は、わずかな追加費用で効果的な企業活動を展開できることにある。総合スーパーや百貨店といった、衣食住の各種の商品を取り揃えるワンストップ型の総合小売店は、その古典的なモデルの一つである。さまざまな商品を一カ所で買い揃えることができれば、顧客にとっての利便性は高まる。こうした組み合わせによって顧客価値の向上が生じる一方で、ワンストップ型の総合小売店は、情報や設備の多重利用の効果も享受できる。目玉商品に惹かれて来店した顧客が関連購買する商品については、総合小売店は、来店を促すための追加のプロモーション費用を負担する必要がない。加えて総合小売店では、販売管理システムなどについても多重利用が可能となる。

近年拡大しているクラウド・サービス事業も、情報や設備の多重利用による効率化を活用している。企業のデータ・センターが、個別にピーク時のトラフィックに対応しようとすると、ほとんどの時間帯は利用されない余剰能力を抱え込むことになり、投資効率が悪い。この問題を解決するのが、クラウド・サービスのような、サーバー・レンタル事業である。ピーク時の異なる複数の企業がサーバーを共同利用すれば、需要は平準化され、個別に投資する場合と比べて、はるかに効率的な運用が可能となる。同様に第3節で取り上げたアスクルでも、平日昼間の利用が多いオフィス向け通販と、平日夜間や休日の利用が多い家庭向けの通販を組み合わせたことで、物流センターの稼働が平準化し、生産性が向上しているという(13)。

❖ 組み合わせの経済のパラドクス

先述したように、ビジネスの世界では、一般性とは絶対的であることを意味するわけではない。組み合わせの経済もまた、広く通用する原理ではあるが、万能ではない。

総合スーパーや百貨店は、組み合わせの経済によって顧客価値や事業効率を高めてきた。しかし総合小売店は、近年はどうも旗色がよくない。駅ナカのモールをみればわかるように、カジュアル衣料、スニーカー、生活雑貨、物菜、スイーツ、カフェと、各種の専門店をデベロッパーが一カ所に揃えれば、ワンストップ・ショッピングが実現する。そして、そこに出店する専門店チェーンが、集中特化を通じて、総合スーパーや百貨店を上回る魅力的な接客や品揃えを、各々のカテゴリで実現するようになり始めると、総合モデルの優位性は揺らぐ。

バリュー・ネットワークを説明するなかで述べたように、ティーカップは他の財との組み合わせによって有用性を発揮する。とはいえ、常にティーカップの売り手が、ティーカップのほかに、茶葉もテーブルもスプーンも取り揃えて供給しなければならないわけではない。市場を通じて顧客が、必要な商品の組み合わせをスムーズに獲得できるのであれば、それらの供給を一つの企業が一括してマネジメントすることの必要性は低下する。そして、このような状況のもとでは、バリュー・ネットワークの構成要素の一部の供給に特化することで専門性を磨く企業が，強みを発揮することが多くなる。類似の現象は，小売業に限らずさまざまな産業で広く目撃される。

❖ 東進ハイスクールとスタディサプリ

「東進ハイスクール」は，学校行事や部活動などに忙しい現役高校生をマーケティング上のターゲットとしてきた[14]。一方，代々木ゼミナールをはじめとする，従前からの大手予備校の主要ターゲットは，現役高校生ではなく浪人生だった。浪人生は，予備校での学習時間が長く，時間の制約も少ないことから，かつての一浪や二浪をすることが当たり前だった時代には，予備校にとっての魅力的な顧客だった。

東進ハイスクールのイノベーションは，現役高校生の必要を踏まえて，映像配信による授業を導入したことである。VODやDVDなどによる映像講義であれば，時間の制約が大きい現役高校生への柔軟な提供が可能になる。生徒は，自分のレベルや目標に合わせて講義を選択し，好きな時間に受講することができる。

加えて東進ハイスクールの指導に欠かせないとされるのが，担任指導である。東進の担任は，受講生と定期的に面談を行い，志望校をめざした最適な学習方法を一緒に考える。東進がラインアップしている映像講義は，膨大な数にのぼる。これを気ままに，つまみ食いするだけでは，学習効果は上がらない。週ごと，日ごとの中間目標を確認しながら，部活や学校行事との両立を図りつつ，毎週同じペースで学習を進めていくことが重要となる。高度な学習効果を実現しようとすれば，充実した映像講義の配信に加えて，的確な学習計画が欠かせないわけで，東進ではこれをリアルの教室での対面による担任指導が支える。また東進では、生徒の日々の学習の継続を促すためのコーチングを行う場としても、教室を活用している。

東進ハイスクールはＩＴの進化を活用した映像講義の配信と、リアルの教室での指導という、組み合わせの経済の効果を追求することで、学習効果を高め、数々の一流大学への進学者数を伸ばしてきた。これに対して、インターネットでの映像講義の配信に専門特化しているのが「スタディサプリ」（旧・受験サプリ）である。リクルートが運営するスタディサプリは、ＩＴとリアルの組み合わせではなく、ＩＴに特化したビジネスシステムの利点を追求する。スタディサプリは「月々九八〇円」という、東進をはじめとするリアルの教室のコスト負担がある予備校には実現困難な破壊的価格を訴求している。

スタディサプリは、専門特化によるコスト低下を料金に反映することで、一流講師による講義映像を配信しながら、標準的な予備校の五〇分の一ともいわれる低価格を実現している。一方でスタディサプリは、ウェブ上でセンター試験や大学入試の過去問題の無料提供を行っているが、この無料サービスは有料会員獲得のフックとなっていると思われる。また、スタディサプリは、東進ハイスクールのようなリアルの教室での指導は提供していないが、こうした指導が、高校での補習など別のかたちで補完されるのであれば、市場を通じた受講生へのＩＴとリアルの組み合わせの提供が実現し、顧客価値が大きく低下することはないともいえる。

東進ハイスクールとスタディサプリは共通して、オンライン講義の導入により、従来の予備校では提供できなかった新しいかたちの教育サービスを実現しようとしている。とはいえそこには、高付加価値型と価格破壊型の二つの異なる路線があり、東進ハイスクールは前者を、スタディサプリは後者を追う。

この複合的な競争が、高校生の学習機会を高度化しつつ拡大し、大学受験市場を深耕していく。これが複合的な競争から生じる協同であり、顧客へのより十全な価値の提供を促している。

5 おわりに

スピードの経済と組み合わせの経済は、パラドクスを内包したビジネス原理である。こうしたパラドクスが、市場を異質なビジネスシステムがぶつかりあう複合的な競争の場とする。このことを本章では、いくつかの事例を踏まえつつ確認した。

この市場という場の懐の深さへの理解は、性急に一つの正解を求める姿勢が、脆弱なマーケティングにつながることを浮き彫りにする。異質なビジネスシステムの競争は、複合的で豊かな市場を構築する協同ともなるのである。

注

（1） 井上（二〇一五）二四頁。
（2） 椙山・高尾（二〇一一）。
（3） 沼上（二〇〇〇）一四五－一四六頁、栗木（二〇一二）。
（4） 北陸新幹線の開業に伴う北陸各地の動きについては、『日本経済新聞』二〇一五年四月一一日付、『読売新聞』二〇一五年五月八日付、および金沢市ホームページ「北陸新幹線開業」（http://www4.city.kanazawa.lg.jp/17215/kaigyoukinjyouseijigyou/index.html、二〇一五年八月一六日アクセス）を参照した。

（5）このようにスピードを落としたり、ゆっくりと停車したりすることに価値を見出す観光列車としては、「東北エモーション」「リゾートしらかみ」「飯田線秘境駅号」「瑞風」「花嫁のれん」「ベル・モンターニュ・エ・メール」「みすゞ潮彩」「しまんトロッコ」などを挙げることができる（栗木、二〇一五c）。

（6）Chesbrough（2006）訳書一三–一七頁。

（7）沼上（二〇〇〇）一八三頁。

（8）以下のアスクルの事例については、筆者のアスクル株式会社へのインタビュー（二〇一五年九月二日）、およびアスクル株式会社ホームページ「会社案内」(http://www.askul.co.jp/kaisya/index.html, 二〇一六年八月一六日アクセス）による。

（9）以下のフェリシモの事例については、筆者の株式会社フェリシモへのインタビュー（二〇一五年三月二五日）、およびフェリシモ・ホームページ（http://www.felissimo.co.jp/, 二〇一五年八月一六日アクセス）による。

（10）Christensen（1997）訳書六三–六九頁。

（11）Baines *et al.*（2009）.

（12）三宅・島崎（二〇一五）一三〇–一三一頁。

（13）筆者のアスクル株式会社へのインタビュー（二〇一五年九月二日）による。

（14）以下の東進ハイスクールとスタディサプリの事例は、内田（二〇一五）九〇–九一頁、および栗木（二〇一五b）による。

参考文献

井上達彦（二〇一五）『模倣の経営学――偉大な会社はマネから生まれる』日本経済新聞出版社（初版は、二〇一二年、日経BP社）。

内田和成（二〇一五）『ゲーム・チェンジャーの競争戦略――ルール、相手、土俵を変える』日本経済新聞出版社。

加護野忠男（一九九九）『〈競争優位〉のシステム――事業戦略の静かな革命』PHP研究所。

加護野忠男（二〇〇九）「日本のビジネス・システム」『国民経済雑誌』第一九九巻第六号、一–一〇頁。

栗木契（二〇一二）「市場の逆説性を考える」栗木契・水越康介・吉田満梨編『マーケティング・リフレーミング――視点が変

わると価値が生まれる』有斐閣。

栗木契（二〇一五ａ）「事業の未来をビジョンで拓く」石井淳蔵・栗木契・横田浩一編著『明日は、ビジョンで拓かれる――長期経営計画とマーケティング』碩学舎。

栗木契（二〇一五ｂ）「年一万円の受験サプリは採算が取れるか」『プレジデント』三月一六日号、一四一―一四三頁。

栗木契（二〇一五ｃ）「わざとゆっくり走る鉄道が、なぜ儲かるのか」『プレジデント』一〇月五日号、八三―八五頁。

椙山泰生・高尾義明（二〇一一）「エコシステムの境界とそのダイナミズム」『組織科学』第四五巻第一号、四―一六頁。

沼上幹（二〇〇〇）『行為の経営学――経営学における意図せざる結果の探求』白桃書房。

三宅孝之・島崎崇（二〇一五）『三〇〇〇億円の事業を生み出す「ビジネスプロデュース」戦略――なぜ、御社の新規事業は大きくならないのか?』ＰＨＰ研究所。

山崎正和（一九八七）『柔らかい個人主義の誕生――消費社会の美学』中央公論社（初版は、一九八四年、中央公論社）。

Baines, T., H. W. Lightfoot, O. Benedettini and J. M. Kay（2009）"The servitization of manufacturing: A review of literature and reflection on future challenges," *Journal of Manufacturing Technology Management*, Vol. 20, No. 5, pp. 547–567.

Chesbrough, H.（2006）*Open Business Models: How to Thrive in the New Innovation Landscape*, Harvard Business School Press.（栗原潔訳『オープンビジネスモデル――知財競争時代のイノベーション』翔泳社、二〇〇七年）

Christensen, C. M.（1997）*The Innovator's Dilemma: When New Technologies Cause Great Firms to Fail*, Harvard Business School Press.（玉田俊平太監修、伊豆原弓訳『増補改訂版 イノベーションのジレンマ――技術革新が巨大企業を滅ぼすとき』翔泳社、二〇〇一年）

第12章 マネびと学び

創造的模倣と日本的応用力

井上　達彦

1 はじめに

優れた企業家は、ビジネスシステムを構想するときに、どのようにアイデアを発想するのだろうか。日本企業も高度成長期には米欧の企業をお手本にしていた。他者を上手にマネしている企業は強い。優れたものであれば何でも取り込む。その成功にならって、進んだ世界からマネをしようとする企業が続く。マネに拍車がかかるのだ。さまざまな業界で競ってマネをしていたといっても過言ではない。

「マネをしている時期の企業は競争力も強い。逆に他社がまねをしているとこぼす側は落ち目であることが多い」

こう語るのは、加護野忠男である（『エコノミスト』二〇一二年五月二二日号、五八-五九頁）。

もっとも、日本企業がマネをしたのは先を行く同業のお手本ばかりではなかった。業界を代表する偉大な企業は、思いもよらない「お手本」を見つけ出し、創造的な模倣を行った。ここでは、その原理と応用力について検討していきたい。

2 お手本から学ぶ方法

❖ アナロジー発想

「お手本」から学ぶときに参考になる方法として、アナロジーという発想法がある。(1)アナロジーとは、「ある一つの領域についての知識をベースにして、別のターゲット領域の情報を解釈するのに用いること」(2)である。異業種や異なるドメインのビジネスモデルを「お手本」のベースとすれば、自らの事業の仕組み（ターゲット）に適用できる。

このように説明すると難しいように感じられるが、実はそうでもない。

「〜〜とかけまして……と解く。その心は○○」

これは、落語における「なぞかけ」の「お題」である。これは、一見すると無関係な二つの言葉を選び出し、それら二つの言葉の共通する部分をオチとして示すという知的遊びである。実は、ビジネスにおける新しい結びつきというのは、このなぞかけと全く同じ原理なのである。

たとえば、「ファスト・ファッション」とかけて「コンビニ弁当」と解く。その心は「どちらも陳腐化しやすい」となる。

陳腐化しやすい商材というのは、作りだめがきかず、売れ残るとロスが大きくなる。それゆえ、コンビニエンス・ストアは、弁当にしてもおにぎりやサンドイッチにしても、少しずつ作って、適切なタイミングで補充して廃棄ロスを防ぐ。

この構造的な類似性が、ファッション・アパレルの参考になった。日本のファスト・ファッションのさきがけとなったアパレル・メーカーは、コンビニエンス・ストアの業態のビジネスを模倣してビジネスシステムを築いた。さすがに、一日に何度も補充する必要はないが、買い物客がたくさん来店する週末に合わせて、週単位で企画して補充しようということになった。

このように、「えっ、それどういうこと？」と聞いた者を驚かせ、戸惑わせるようなアナロジーは新しい発想を生み出す。結びつかないようなものの関連性を探るなかで、「なるほど」と思えるようなアイデアが生まれるのである。

意外な結びつきによって何かが生まれ、新しい発想が得られるというのは、決して珍しいことではない。日本では、トヨタ自動車、セブン－イレブン、ヤマト運輸などが模倣（アナロジー）によって新しいビジネスシステムを生み出した。アメリカでもサウスウエスト航空、ウォルマート、スターバックスなどが、いずれも模倣（アナロジー）の原理によってイノベーションを引き起こしている。

誰でも思いつくような「お手本」だと独創性が生まれない。それゆえ、ベースとターゲットとの間には、地理的、業種的、時間的な距離が必要なのである。

❖ポイントは「お手本」探し

遠い世界にあり、なおかつ構造的に類似した「お手本」を探すためにはどうすればよいのか。そのヒントは、組織学習論とネットワーク論にある。

組織学習には二つの種類がある。[3] 一つは、身近にある既存の知をうまく活用することで効率的に学ぶという方法である。このような学び方は「活用的学習」と呼ばれている。

もう一つは、普段扱わないような知識を探し出し、既存の知識と結びつけるという学習である。既存の知識同士であっても、新しいかたちで結合させればイノベーションを引き起こすことができる。このような学び方は「探索的学習」と呼ばれている。

普段手に入らないような知識を探し当てるためには、普段とは違う情報源にアクセスしなければならない。イノベーションが滅多に起きないのは、そのような結合が偶然にゆだねられているからであろう。もし、新しい結合を安定的に促すことができれば、イノベーションの頻度も高まる。そのためには企業家自身のネットワークを上手く設計して良い縁結びができるように工夫する必要がある。

ネットワーク論的にいえば、意図的に偶然性を高めるためには「遠距離交際」をすべきだということになる。ただし、遠距離交際ばかりしていては日常のルーチンの業務がおろそかになってしまう。それゆえ七～八割は「近所付き合い」をしつつ二～三割で遠距離交際するのが望ましい。[4]

たとえば、ホームファニッシングという業態を立ち上げたニトリは、毎年、入社二年目の社員をアメリカへ視察に行かせて、活発な研究会を開催しているそうだ。アメリカの商業集積地には、ウォルマート、ターゲット、トレーダージョーズ、ホールフーズ、ベストバイ、シアーズといった著名なチェーンストアが立ち並んでいる。これらの店舗を観察し、徹底的に議論を重ねることで日本では得られない知見が得られるからである。

それでは、「近所付き合いと遠距離交際」を適切なバランスで組み合わせるためには、どうすればよいのだろうか。組織として、安定的に遠い世界からお手本を探し出せるようにするには、どのような能力や特質を備える必要があるのだろうか。

3　アナロジー発想の実際

❖ KUMONのビジネスモデル開発

本章では、このような特質を備え、アナロジー発想からモデルを探し当ててビジネスシステムをデザインしている企業として、公文教育研究会（KUMON）に注目する。

KUMONは一九五八年に設立された教育事業体である。一人一人の力に見合った個人別・能力別の指導を掲げ、スモールステップで解き進められる教材を開発し、フランチャイズ方式を軸に教室を展開していった。二〇一五年九月現在で、国内において約一万六四〇〇の教室を運営し、一四八万人（国内全教科合計学習者数）もの生徒を指導している。海外でも四八の国と地域の八四〇〇の教室において二七六万人（海外全教科合計学習者数）の生徒を指導しており、その売上比率は全体の四割を超える。こうした海外事業の成功もあり、この一〇年間は安定的な売り上げを計上し、直近の営業利益率も一一・二%に達している。

そのKUMONが自らのネットワークを活かし、次世代のビジネスシステム（社内ではビジネスモデルという用語が用いられている）を開発する必要に迫られた。

きっかけは、創業五十周年の二〇〇八年に掲げられたビジョン、NEXT50である。もともとKUMONの理念のなかには、「地球社会に貢献する」という文言があり、これを実現するために公文式を世界中に広めようとしていた。フランチャイズ教室のビジネスシステムだけでそれが実現できるのか。KUMONの経営企画室では「現行のフランチャイズ以外の可能性」が検討された。

次なる五〇年の長期ビジョンを実現するためには、今まで以上に多様な個人や団体を巻き込んで価値創造のサイクルを回す必要があるのだ。

筆者は二〇一一年以来、KUMONについて断続的に調査を進めてきた。半年に一度の頻度で話を聞き、その時々に経営企画室が行ってきた活動について調査してきた。本章では、KUMONが開発してきた複数のビジネスシステムのなかから、革新的なものを二つ選んで紹介しよう。それは、発展途上国向けのものと、学習療法のものである。

詳細な説明に先立って、KUMONのビジネスシステムの概略について説明しておきたい。

KUMONの教育――「教えない教育」

KUMONでは、よくある学習塾のような一斉授業は行われない。学年やレベルによるコース分けもない。生徒一人一人が配布された教材を黙々と解くという光景だけが広がっている。教室には「先生」と慕われる指導者は存在するが、その指導者の役割は知識を教えることではない。生徒一人一人を観察し、その学習状態や性格、やる気を推し量り、その生徒に見合った教材を選んで手渡し、「ちょうどの学習」と「自学自習」を実現させることなのだ。

自学自習というのは、読んで字のごとく、自ら学んで自ら習うことである。自ら学ぶためには、教材が難しすぎても易しすぎてもいけない。負荷がちょうどでなければ、生徒は集中できない。それゆえKUMONの教材は、どんな子どもにも「ちょうど」になるようにスモールステップで細かく分かれている。

国内の一般的なKUMONの教室で取り扱っている科目は、算数・数学、国語、英語の三教科である（他にフランス語、ドイツ語、外国人向け日本語などがある）。たとえば、算数・数学であれば6AからVまでの二八段階となる（二〇一六年現在）。

算数・数学の教材は、原則として文章題や図形は扱わない。あえて代数計算に絞り込んでつくられている。この算数・数学の教材は基本的に世界共通である。

言語の教材については、地域のニーズに合わせてカスタマイズされている。たとえば英語教材は、日本国内の教材、母国語としての英語教材、ならびに第二外国語としての英語教材とでは異なる。どちらの教材も各ステップが二〇〇枚で構成されており、進む幅を小さく刻めるように工夫されている。教材の汎用性は高く、世界中の老若男女に活用されている。

KUMONはこの教材を軸に、当時としてはまだ日本では珍しかったフランチャイズ方式を採用して成長したのである。会費（価格）は、生徒一人当たり一教科の月会費というかたちで徴収している。日本国内の会費の場合、幼児・小学生は六四八〇円、中学生だと七五六〇円、高校生以上が八六四〇円となっている。小学生が算数と国語を学んだ場合、一万二九六〇円（六四八〇円×二）となる（二〇一六年現在）。指導者が本部に納入するロイヤルティの比率は社外秘である。

ＫＵＭＯＮの会費は国・地域によって異なるが、受益者負担を強いるという点では共通している。この金額は、発展途上国で所得が低い家庭、あるいは先進国であっても何らかの理由で困窮している家庭にとっては、決して安いとはいえない。

4　ビジネスモデル開発の二つの事例

これから、ＫＵＭＯＮが採用した二つの事例を紹介したい。いずれも会費がボトルネックとなって十分に普及させることができていなかった事業である。最初の事例は発展途上国で学校に毎日通えない子ども向けの教育事業で、二つめの事例は認知症を改善するための学習療法についてのものである。「お手本」の発見という点で相互に関連しているので併せて紹介したい。

❖ 事例１　発展途上国向けのビジネスモデル

（１）　学校に行けない子どもたち

国際連合によれば、二〇五〇年時点での世界の子ども人口（五〜一四歳）は、約一三億五〇〇〇万人と推計されている。そのうち学校に行けず、基礎学力がつかない小学四年生は二億五〇〇〇万人に達する見通しだ（二〇一四年の人口推計）。

バングラデシュでは、多くの子どもたちが義務教育を全うできない。貧しいがゆえに働かざるをえず、不登校となって義務教育から脱落・中退してしまう。財政難と教育行政の不備もこれに拍車をかけていて、教師の質は低く、校舎や教材といった教育インフラも不足している。その結果、国民の識字率は低く、最低限の計算能力を身につけることもできない。

このような社会的背景があって、バングラデシュではNGOによるノンフォーマル教育が発展してきた。ノンフォーマル教育とは、正規の学校教育以外に、ある目的をもって組織された教育活動のことで、これまで十分な教育を受けてこなかった子どもや成人を対象としたものである。

BRACはノンフォーマル教育の世界におけるリーダー的存在のNGOで、バングラデシュ国内に二万校を抱え、在籍生徒数は六七万人に達する。政府の提供する正規の義務教育を補完するようなかたちでサービスを提供している。一九九六年には、政府もノンフォーマル教育局を設置してこれを公式に認めるようになった。

（2）　ドナーモデル

KUMONの経営企画室は、こうした発展途上国に展開するために、BRAC向けのビジネスシステムを設計した。公文式は、毎日教室に通わなくとも家庭で自学自習できる。極端な話、週に一回、教材を手渡して指導する機会があればサービスを提供することができる。問題は、週に一度でも、紙媒体の教材をいかに配布し、採点する環境を整えるかであったが、BRACに採用されればこの問題も解決し、生徒も保護者も安心して取り組める。

KUMONがBRAC向けビジネスシステムの設計にあたって参照したのは、ドナーモデルだった

図12・1　NGOをプラットフォームにしたドナーモデル

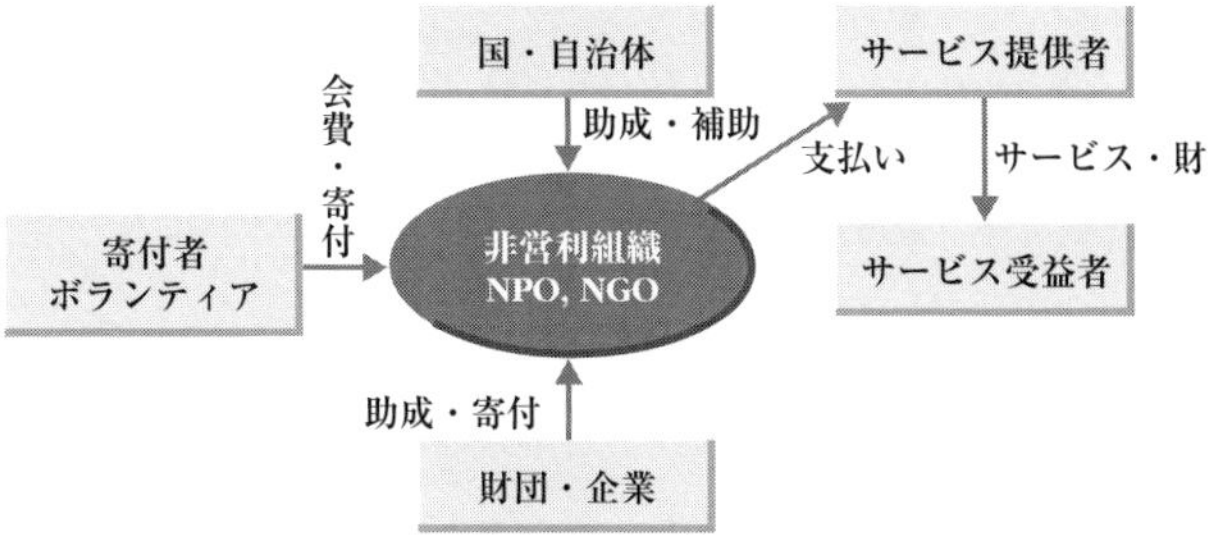

（図12・1）。すなわち、非営利組織であるＮＰＯやＮＧＯがイニシアティブをとって国・自治体、財団・企業ならびに寄付者・ボランティアから、助成や寄付を募り、適切なサービスを提供するというものである。サービスの受益者が社会的貧困層であり、自ら負担できないような場合に有効なモデルである。

このモデル自体は「非受益者負担」の典型モデルであり、すでにあるパターンとして関係者に認知されている。発想すること自体が難しいわけではない。しかし、実際にプラットフォームとなる法人をみつけて連携することは容易ではない。今回のケースでは、協力してもらいたいパートナーは世界最大規模のＮＧＯのＢＲＡＣである。ＫＵＭＯＮの教材が本当に有効だと立証できれば普及は加速する。そのためには、学習効果に関するエビデンス（証拠）が必要である。

幸いＫＵＭＯＮには学習状況を判断し、「ちょうどの学習」を実現するためのいくつかの指標がある。そのなかの一つに「学力診断テスト」があるが、これは子どもの現在の学力を正確に測り、どの教材からスタートするかを決めるために使われる。このテストをＫＵＭＯＮ導入前と導入後に実施して成績を比べれば、ＫＵＭＯＮの効果を客観的に測定することができるだろう。

ただ、もちろんＫＵＭＯＮとしても社内の指標に満足しているわけではない。これによって測定できるのは、ＫＵＭＯＮの教材で直接養われる能力である。自らの教材を通じて養われた計算力や読解力が向上するのは、ある意味で当然のことである。

むしろ、ＫＵＭＯＮの導入によって、数学力や言語力に関わる一般の能力・応用力が向上するという姿をめざすべきであろう。国際的に実施される学習到達度テスト（その代表はＯＥＣＤが開発した「ＰＩＳＡ」〔Program for International Student Assessment〕）でも、その効果が認められれば理想的である。

またＫＵＭＯＮでは、学習効果をエビデンスとして世の中に伝えていくために、効果測定についての研究をさらに進めている。比較的認識・測定しやすい（cognitive）問題を解く能力だけではなく、認識・測定しにくい（non-cognitive）行動特性や心理特性についても研究が進められている。学習の姿勢、やる気、有能感、自信などについての指標があれば、「自学自習の力」を測定してその効果をアピールすることができるからだ。

公文式のＢＲＡＣへの導入実験は、ＪＩＣＡの支援のもと、二〇一四年に開始された。約一年半のプログラムで、二〇一四年は三つの学校で三カ月の小規模実験が行われた。二〇一五年四月からは、より本格的に一七校（約五〇〇人）のパイロット実験がスタートしている。

そして、このＪＩＣＡとの連携がきっかけで、もう一つの「お手本」をみつけることができた。それは、認知症患者に向けた学習療法に関わるものである。

❖事例2 特別養護老人ホーム向けのビジネスモデル

(1) 学習療法の課題

KUMONの教材は、一般の子どもたちの学習以外にもさまざまな方面で活用されている。障害児への知育教育、少年院などの更生施設の支援など、実に多様である。そのなかでも継続的に取り組んできた活動として、認知症高齢者への活用がある。

東北大学の川島隆太教授の調査によれば、公文式の学習によって認知機能の低下を防ぐばかりか、認知症に伴う周辺症状（失禁・徘徊・歩行困難など）が改善するような効果も確認されている。[5] KUMONはこれを「学習療法」と呼び、その社会貢献性と将来性に期待している。

すでに、日本で約一六〇〇カ所の高齢者介護施設に学習療法は導入されている（二〇一五年三月現在）。海外でも注目されていて、アメリカの一〇州二二施設で導入されている（同一〇月現在）。ただし、国内でこれ以上導入実績を伸ばしていくのは容易ではない。なぜなら、ビジネスモデルとして非常に難しい課題を抱えているからだ。

まず、学習療法は保険外のプログラムのため代金を利用者やその家族から徴収しており、利用はあくまで任意である。そのため、KUMONとしても徴収する金額を通常の半分程度に抑えているが、導入件数も限られたものとなっている。

次に、施設にとってのメリットが少ない。既存の仕組みでは、この学習療法を実施しても施設の収入とはならない。受益者負担ということで利用者とKUMONの間でビジネスが成り立っているからだ。上述の通り、KUMONの側も採算ぎりぎりのレベルで課金しているので、施設に場所代を払う余裕もない。

もちろん、施設としてはKUMONの学習療法を導入することで利用者が元気になればアピールポイントにはなる。それでも、金銭的なメリットがないのだ。

さらに問題を難しくしているのは、現状の介護保険の制度では、認知症が改善されると介護度が下がって、介護報酬として国から施設に支給される額が減る可能性があるという点だ。極端な話、学習療法によって認知症が改善しても「要介護」の度合いが下がると、施設に給付される金額が減りかねない。

学習療法で認知症状が改善することは、家族や介護するスタッフにとって喜ばしいことだが、介護施設にとっては不安要素にもなる。積極的に導入する後押しにはならない。そのため「学習療法」は大きな可能性をもちながらも、ビジネスとしては飛躍的に成長するまでにはなっていない。

(2)　刑務所の運営から学ぶ

この課題を解決するヒントが遠い世界にあった。イギリスで話題になった刑務所の運営モデルである。

イギリスでは肥大化した公的予算を削減するために、二〇一〇年から政府が直接公的事業を運営するのではなく、民間への事業委託が検討された。特徴的なのは、報酬が成果ベースで支払われるという点である。削減した費用を還元するためのビジネスモデルが考案されたのだ。

それがソーシャル・インパクト・ボンド（以下、SIB）である。SIBとは、①投資家から資金を集め、②その資金を公共性のあるサービスの実施費用に充当し、③自治体などが削減された公費の一部を投資家へ成果に応じた報酬として還元する、という仕組みである。イギリスで開発された官民連携の社会的投資モデルであるが、アメリカやオーストラリアでも導入され、一定の成果が報告されている。

図12・2　ピーターバラ刑務所のSIB

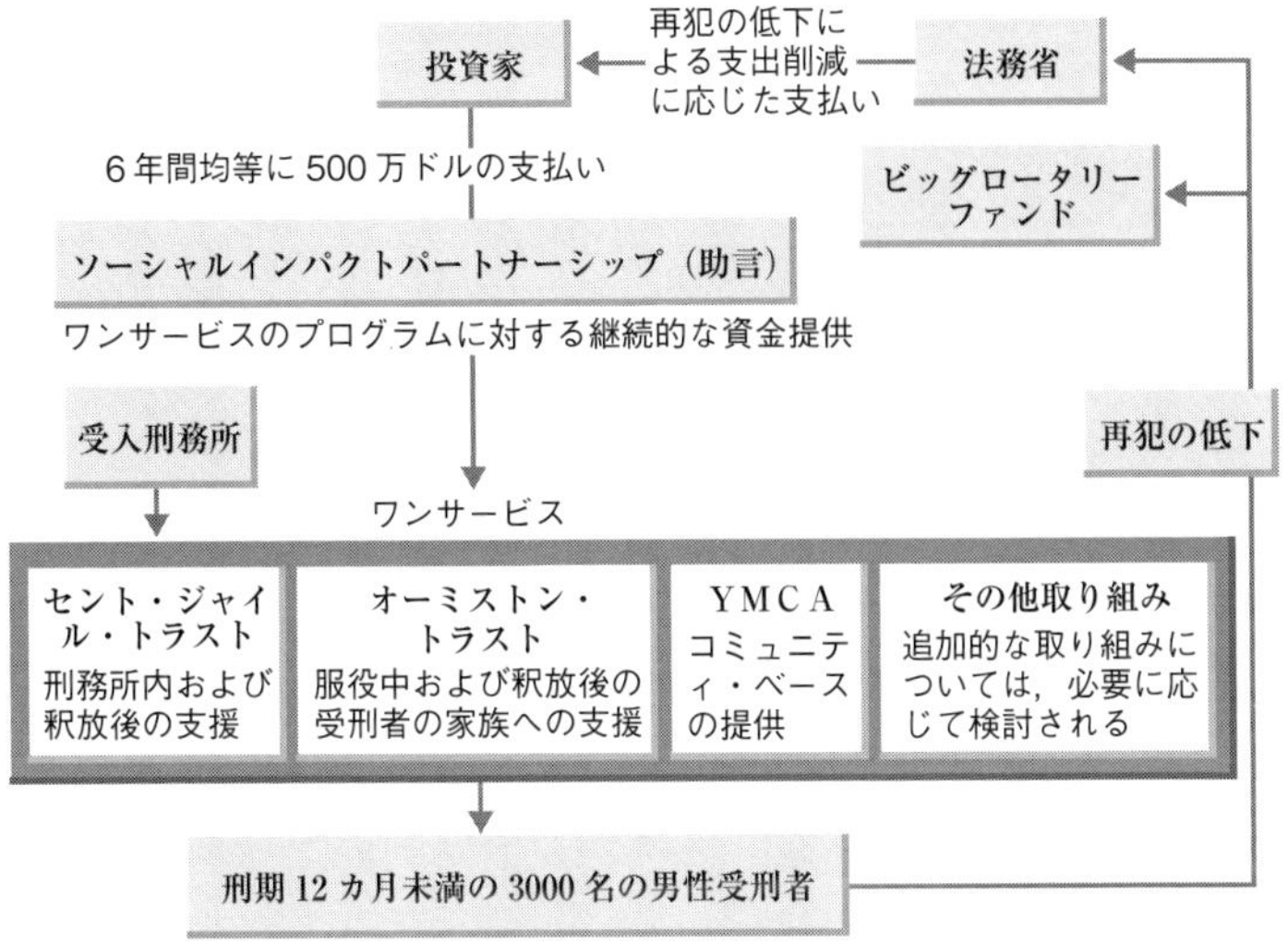

この仕組みが最初に適用されたのは、イギリスのピーターバラ刑務所で、刑期一年未満の軽犯受刑者三〇〇〇人を対象に心理セラピーや職業訓練などの社会復帰支援サービスが提供された（図12・2）。このサービスによって再犯率が下がれば税金の支出は抑えられる。一〇％以上の削減を条件に、その削減分の一定額を投資家に還元するという取り決めがなされた。

二〇一三年の中間報告によれば、退所後一年間の再犯・有罪判決率を測ったところ、全国平均の推移が一六％強も上昇しているにもかかわらず、ピーターバラでは六％強の低下がみられた。全国平均との比較で二三％の差異が認められたのである。

(3) KUMONの実証調査事業

ＫＵＭＯＮがこのようなＳＩＢの取り組みを知ったのは、ＪＩＣＡの紹介により国連の会議に参加したときのことだった。

実際に参加してみたところ、ＳＩＢの刑務所への導入事例を教育にどのように適用すればよいかが議論されていた。

最初は、なぜ刑務所の事例やＳＩＢの仕組みが教育に関連するかがわからなかったそうだ。日本に帰国して、社内で調査して議論していくうちに「これは学習療法に使えるかもしれない」ということがわかってきた。

ビジネスモデルを理解した後、ＫＵＭＯＮは、経済産業省の「平成二七年度健康寿命延伸産業創出推進事業実証調査事業」に応募する。同社の学習療法は、認知症や高齢者の脳機能の維持・改善に効果があることが科学的に実証されている。この実績もあって採択され、介護予防分野としては、日本で初めての先駆的な事例となった。

同社広報の説明資料によれば、下記のような実証調査を通じて二〇一六年度以降の取り組みに結びつける計画だ（以下、広報資料より抜粋）。

① 「学習療法」によって認知症高齢者の介護度を良化（たとえば要介護度4から3にするなど）することで、公的介護費用等の削減に貢献可能か。

② 健康な高齢者を軽度認知障害（ＭＣＩ）、要介護認定へと進ませないために、「脳の健康教室」（学習療法を予防に応用したもの）が認知症予防サービスとして公的コスト削減に貢献可能か。

③ 「学習療法」実施により、認知症高齢者の家族および介護施設職員、施設運営者などにどのような社会的便益が発生しうるか。社会的投資収益率（ＳＲＯＩ）法を活用して調査。

この調査全体の設計は、慶應義塾大学SFC研究所に委託されている。SIBに詳しい伊藤健特任助教（大学院政策・メディア研究科）と認知症の経済的影響を研究している佐渡充洋助教（慶應義塾大学医学部／ストレス研究センター）から協力が得られた。そして「学習療法」を導入している四五の高齢者介護施設と、一六の「脳の健康教室」において実証実験が行われ、どの程度の公的コストが削減されるかが調べられているのである。

5　模倣を成功させるコツ――組織の特徴

KUMONは、次代のビジネスシステムの「お手本」を遠い世界から探し出している。貧困層にサービスを展開するために、ドナーモデルに注目し、世界有数のNGOであるBRACにアプローチした。また、認知症患者に学習療法を提供するために刑務所の運営事例が参考になることに気づいた。いずれも異国や異業種に「お手本」をみつけたのである。

なぜ、KUMONは遠い世界から「お手本」を探し当てることができるのだろうか。

KUMONの場合、冒頭で紹介したトヨタ、セブン‐イレブン、ヤマト運輸、アップルなどの事例とは状況が異なる。企業家個人が、ネットワーキング行動やひらめきによって見出したのではなく、組織として「お手本」を見つけ出したといえる。そうしなければ、複数の仕組みについて複数の「お手本」候補を探し当てることなどできない。

異国や異業種から「お手本」をみつけ、イノベーションを引き起こす組織にはどのような特徴があるのか。われわれは、調査を通じて三つの行動特性が重要だと考えるに至った。それらは、①遠い世界へのネットワーキング、②組織の記憶の整備、③課題と解決策の多対多のマッチング、である。

❖遠い世界へのネットワーキング

ＫＵＭＯＮは世界四九の国と地域にグローバル展開をしていくなかで、産官学のネットワークを構築してきた。さまざまな経歴をもったフランチャイジーたちはもちろん、教室で育った生徒たちも第一線で活躍しており、各界への橋渡し役となっている。フランチャイズ以外にもさまざまなかたちで導入を進めてきており、正規の学校、介護施設、就労移行支援施設、少年院などともつながりがある。それゆえ関連する省庁も、文部科学省のみならず、厚生労働省や経済産業省など幅広い。

さらに、アジアの経済が発展するようになってからは、ＫＵＭＯＮ自身もグローバルに展開する異業種の民間ビジネスについて積極的に学ぶようになった。その対象は、スターバックス、マクドナルド、カーブス、味千ラーメン、ヤクルト、など枚挙に暇がない。現地で観察などを行ったり、専門家と意見交換したりするのはいうまでもなく、機会あるごとに接触してネットワークを築き上げていった。

このネットワーク基盤があったからこそ、ＢＲＡＣをみつけることができた。そして、これをきっかけにＪＩＣＡに相談することになるのだ。ＪＩＣＡの助言を受けたＫＵＭＯＮは国連の会議に参加する機会を得て、刑務所の運営モデルに出合う。偶然といえば偶然かもしれないが、それを必然化するようなネットワーク基盤があってこそである。

さらに特筆すべきは、この一〇年間、ＫＵＭＯＮは異業種で活躍している人物を中途採用で迎えてきたという点だ。これによって多様な視点でKUMONの価値が話しあわれるようになった。

外部との多様なネットワークを構築するためには、外部ネットワークをもった人物を招き入れればよい。あちらこちらで橋渡し役をつくればよい。組織内部にも多様性をもたせて、多様な結びつきを助長すればよいのである。

❖組織の記憶の整備

しかし、多様なネットワーク基盤があれば、必要な情報が得られるというものでもない。そもそも、情報というのはあるところで価値をもっても、他のところでは価値をもたないものである。自分が必要な、しかし他人にとっては潜在的な価値しかもたない情報を、探し出さなければならないのである。

そのためには、まず、「誰が、どのような情報をもっているか」を知っておく必要がある(6)。学術的にはこのような知識を「トランスアクティブ・メモリー」という(7)。いわば、組織におけるインデックス情報のようなものだ。このインデックス情報がなければ、組織のなかに偏在している情報があっても、探し当てることは困難になる。KUMONには十分すぎるほどのトランスアクティブ・メモリーがある(8)。

また、自らが他社にとって価値のある情報をもっているときに、それを欲する人や部門に紹介できれば理想的である。互いに、何を求めているかを理解していれば、主体的に探さなくても自然に集まってくるからである。

しかし、インデックス情報がなければ、組織のなかに偏在している情報があっても、それを探し当てることもなければ、適切なところに紹介されることもない。そのため、イノベーションは引き起こされない。引き起こされたとしても、千載一遇のチャンスにはなりえない。

さらに各部門が情報をしっかりと蓄えて、いつでも引き出せるようにしておく必要がある。KUMONの場合、学習療法には一〇年間全国で取り組んできたという活動の厚みがある。ノウハウの蓄積もある。担当部署に質問を投げかければ即座に答えが返ってきて、議論を深めることができる。学校導入も同じことで、担当部署にある試みについて挑戦できるかどうかについて問い合わせれば、経験に裏づけられた見解を聞くことができる。さまざまな問いに対する答えが、過去の経験のなかに埋め込まれている。活動の質と量の厚みによって、イノベーションは誘発される。

KUMONではインデックス情報、ならびに過去の経験が人々の記憶のなかに蓄えられている。社員が長期に組織にとどまり、過去の試みや状況を覚えていることが大切なのである。

❖課題と解決策の多対多のマッチング

最後に、観察やインタビューを通じて感じたことを述べる。印象的だったのは、KUMONが、解決策をピンポイントで探すというようなことをしていない点だ。

通常、次代のビジネスシステムを設計するとなると、課題を特定して、それを解決するための「お手本」を探すはずである。特定の課題に照らし合わせて「役に立つ／役に立たない」が吟味され、一対一のマッチングが志向される。満足のいくモデルがみつかるまで逐次探索が続けられるように思われる。

しかし、KUMONでは、もう少し緩やかなかたちで探索が行われていた。次代のためのビジネスシステムといっても、さまざまな仕組みがありうる。学校導入モデル、施設導入モデルなど、モデルごとに解決すべき課題は異なる。それゆえ，参考になりそうなモデルが幅広く探索され，候補として蓄えられているのである。

もちろん，参照モデルを探すときには，社内の課題が的確に意識されている。そのうえで，参考になりそうなものをプールに蓄え，整理しているのだ。ピンポイントで探すというものではない。

こうして，「課題のリスト」と「解決策のリスト」を整備することで，両者が結びつきやすくなる。環境の変化や追加的な情報の獲得によって「契機」が生まれ，ある課題に対して探し求めていた解がみつかるのである。

考えてみれば，ピンポイントで探すと，「お手本」モデルがある側面からしか評価されなくなってしまう。「役に立つ／役に立たない」で一刀両断にすると，別の仕組みに役立つような「お手本」の潜在的価値が捨象されてしまう。

学校導入にはそれに特化した担当部署があり，課題を解決しようとする。施設導入にもそれに特化した担当部署があって，課題を解決しようとする。しかし，経営企画室としては，各部署の課題を理解し，役に立つかもしれないというモデルを幅広く探索すべきなのである。刑務所運営のモデルもこのような姿勢で皆で探索したからみつけられた。

遠い世界の「お手本」というのは，ただでさえ自社には関係のないことと思われがちである。そうであるがゆえに潜在的な価値を評価しながら探し求めることが大切なのである。

6 おわりに

意外かもしれないが、他社がなかなか模倣できない仕組みも、調べてみると、大なり小なり模倣によって築かれているものだ。模倣できない仕組みが模倣によって築かれるという「模倣のパラドクス」である。

そうだとすれば、独自性を追求するからこそ、逆に、模倣の力が大切だということになる。われわれは、模倣の作法を会得し、その先にある心得までも身につけて、模倣の能力を高めなければならない。

本章では、創造的な模倣を可能にする応用力を解き明かすために、「アナロジー発想」を援用して、模倣からイノベーションを生み出すために必要な組織の行動特性を導き出してきた。ビジネスシステムの「お手本」探しに成功しているKUMONの事例から、適切なネットワーキングを行い、組織メモリーを整備することが大切だということがわかった。(9)

・複数の国や地域、複数の業界とネットワークを築き、課題と解決策を探索する。
・これらの課題と解決策のうち、自社に関連しそうなものは組織に蓄積し、いつでも適用できるようにしておく。
・組織内に課題と解決策の仲介を行う部門を設置し、「誰が何を知っているか」と「誰が何に困っているか」を把握し、必要に応じて紹介できるようにする。
・組織内の課題を適切にとらえ整理する一方で、何らかの課題を解決しうる解決策のヒントも事例として整理して、多対多のマッチングを図る。

このような組織を築き上げられれば、必要なときに必要なイノベーションを生み出すことができる。結びつきが多様になればなるほど、イノベーションを引き起こしやすくなり、模倣ベースのイノベーションを仕組みにすることができるのである。

注

（1）ビジネスモデルのアナロジー発想については、Martins, Rindova and Greenbaum（2015）, 吉田（二〇〇二）を参照。
（2）Gentner（1983）.
（3）March（1991）の議論。入山（二〇一二）第七章に、解説が書かれている。
（4）西口（二〇〇七）。
（5）川島（二〇〇四）。
（6）Walsh and Ungson（1991）. 入山（二〇一二）第五章に、解説が書かれている。
（7）Wegner（1986）.
（8）この点については、永山晋（二〇一一）および井上・真木（二〇一〇）を参照（ウェブからダウンロード可能）。
（9）Hargadon and Sutton（1997）の知見と通じるものがある。

参考文献

井上達彦・真木圭亮（二〇一〇）「サービスエンカウンタを支えるビジネスシステム――公文教育研究会の事例」『早稲田商学』第四二六号、一七五–二二一頁。

入山章栄（二〇一二）『世界の経営学者はいま何を考えているのか――知られざるビジネスの知のフロンティア』英治出版。

川島隆太研究代表（二〇〇四）「社会技術研究システム・公募型プログラム　研究領域『脳科学と教育』　研究課題『前頭前野

機能発達・改善システムの研究開発』　研究実施終了報告書」社会技術研究開発センター。
永山晋（二〇一二）「マルチプルネットワークの連携を通じた知識の創造と移転のジレンマの解消——ＫＵＭＯＮの指導者ネットワークの事例」『商学研究科紀要』（早稲田大学）第七三号、七三–九〇頁。
西口敏宏（二〇〇七）『遠距離交際と近所づきあい——成功する組織ネットワーク戦略』ＮＴＴ出版。
吉田猛史（二〇〇二）「相互作用的アナロジーによるビジネスモデル策定理論の構築に向けて」『経済科学』第四九巻第四号、九–二六頁。
Gentner, D.（1983）“Structure-mapping: A theoretical framework for analogy,” *Cognitive Science*, Vol. 7, No. 2, pp. 155–170.
Hargadon, A. and R. I. Sutton（1997）“Technology brokering and innovation in a product development firm,” *Administrative Science Quarterly*, Vol. 42, No. 4, pp. 716–749.
March, J. G.（1991）“Exploration and exploitation in organizational learning,” *Organization Science*, Vol. 2, No. 1, pp. 71–87.
Martins, L. L., V. P. Rindova and B. E. Greenbaum（2015）“Unlocking the hidden value of concepts: A cognitive approach to business model innovation,” *Strategic Entrepreneurship Journal*, Vol. 9, No. 1, pp. 99–117.
Walsh, J. P. and G. R. Ungson（1991）“Organizational memory,” *Academy of Management Review*, Vol. 16, No. 1, pp. 57–91.
Wegner, D. M.（1986）“Transactive memory: A contemporary analysis of the group mind,” in B. Mullen and G. R. Goethals eds., *Theories of Group Behavior*, Springer-Verlag.

第13章 社会問題の解決システム

社会企業家と問題解決コミュニティ

稲葉 祐之

1 はじめに

本章では、ビジネスシステムの概念をもとに、かつての社会企業家たちの取り組みを、社会問題解決の事例として考察する。社会問題の解決事例を分析することで、社会問題解決のソリューションが生み出される仕組みについて検討しよう。

本章では、ケースとして明治期の日本で流行が始まった結核という社会問題を取り扱う。結核の流行初期に日本の企業家的医師たちが、当時有力な治療法として認識され始めた大気安静栄養療法（サナトリウム療法・自然療法）を導入し定着させた経緯をたどる。後からみれば、彼らは結核を根治させる最終的な解決法を生み出したわけではない。しかし、多くの選択肢のなかから有効性の高い療法として選択し、それを広めた企業家的医師たちと彼らをよりどころとして生まれた問題解決コミュニティからは、いくつかの示唆を見出すことができる。

2 社会問題解決のモードと社会企業家

単独の主体（個人・集団・組織など）では解決できない複雑な問題を、社会問題という。具体的には、福祉・教育・過疎・少子高齢化・安全・貧困・環境保護などが社会問題とされるが、これらは内容が複雑で広大な問題空間を有するため、本質的にコミュニティや複数の主体間、あるいは複数の主体によるネットワークや社会全体による解決を必要とする。

これらの社会問題は、どのように解決されていくのだろうか。基本的には、取引・権力・贈与・企業家による共同問題解決という四つのモードを利用した市場・政府・慈善・事業という四つの解決方法がある（稲葉ほか、二〇一〇）。

❖市場による社会問題の解決

第一の解決法は、市場による解決、すなわち利益や便益の獲得をインセンティブとした、売り手と買い手の間での取引による解決法である。この方法では、ソリューションが取引を通じて提供される。つまりソリューションを必要としている相手に、ソリューションを有している主体が、金銭との交換を通じてそのソリューションを提供するというものである。

このような解決の仕方の例として、感染症の治療薬が挙げられる。天然痘・結核やＨＩＶ・エイズなど治療の難しい感染症は、これまでも大きな社会問題となってきた。この問題は、製薬会社などがワクチンや治療薬を生産し，それを必要とする人々が購入し投与されることで解決されてきた。このように利潤獲得動機に基づく売り手がソリューションを提供し，ソリューションを求める買い手が市場を通じてそれを購入することで，問題は解決する。

この方法による問題解決の基本原理は，交換（ソリューションの取引）である。この原理による問題解決には，いくつかの特色がある。第一に，市場が機能する範囲（国内市場あるいは国際市場）と重なっており，他の方法と比較して非常に広範囲をカバーすることができる。そして第二は，運用にコストがほとんどかからないことである。

一方デメリットも存在する。第一に，この解決方法が，ソリューションを購入できる人にしか効果がないという点である。またソリューションの提供が利益獲得可能性のある領域に限られる点も，短所の一つである。そのため道路建設や文化財保護など，いわゆる公共財と呼ばれる財の提供に関しては，このやり方では機能しない。三つめの短所は，市場で取引されないものに対しては効果がないという，いわゆる外部性問題である。市場を介さずに起こる問題に対して，この解決法は役に立たないのである。

❖政府による社会問題の解決

取引原理では解決できない上述の問題に対して，権力原理に基づいた政府（ここでは政府を，行政機能のみならず立法機能も含めた大きな括りで考える）というツールは，問題解決の一つの方法として機能する。政府はルールの設定とそれに基づく権力の行使，そして徴収した税金という資源の再配分を通じて，ソリューションを購入できない主体や公共財問題・外部性問題に起因する社会問題を解決することができる。

この仕組みによる問題解決は、非常に広範囲（中央政府あるいは地方自治体の管轄内）をカバーすることができるなど、多くの利点をもっている一方で、いくつかの短所もある。第一に、政府を組織し維持するために多額の費用を要すること。第二に、政府による税金投入にはいくつかの基準（たとえばナショナル・ミニマムやシビル・ミニマムの考え方、納税者あるいは行政サービスの受け手への平等な還元など）があり、場合によっては画一的で不十分な支援にとどまるなど、必ずしもソリューションを必要とする側のニーズに合うとは限らない点。第三に、民主制下での政府によるルールや政策の決定、あるいは資源投入の決定プロセスには、さまざまな利害関係者がその影響力を行使することが可能で、その結果として必ずしもソリューションを必要とする側に合った政策実行がなされないこともありうる点である。

❖ 慈善による社会問題の解決

慈善は、寄付やボランティアといった自発的に提供される資源を、支援の必要な相手に引き渡すことで社会問題の解決を図るものである。

この解決方法の基本原理は、贈与である。すなわちソリューションあるいは問題解決に必要な資源をもっている人（ドナー）が、それらを必要としている相手（レシピエント）に無償で提供するというもので、ドナーとレシピエントの間を慈善団体（チャリティ）が媒介することも多い。地域コミュニティ内での慈善から、近代の赤十字あるいは国際的に活動する大規模なNPOやNGOまで、その影響力は大きくまたカバーする領域も広い（この解決方法の本来の主役はドナーだが、実際にはむしろドナーから拠出された資源を集めて組織化し、ソリューションとしてレシピエントへ届ける慈善団体が問題解決の主役として機能していると考えてよい）。

独立した組織として問題解決に必要な独自の資源の拠出を受けて社会問題の解決に関われることは、慈善の強みである。また目的ごとに慈善団体が組織されていることで、ドナーからの関心も集めやすく、人材の確保や知識の集積も効率的に行うことができる。一方で慈善団体は、自らがソリューションの実行に必要な資源を生み出しているわけではなく、あくまでもドナーに依存しなければならない点で制約がある。長期間、ドナーからの資源拠出を継続的に受け続けることが、実は難しい。慈善では活動のための資源供給が不安定になる可能性が、常につきまとうことになるのである。

❖事業による社会問題の解決

一方市場を通じ、事業組織を利用して進められる、新しい仕組みによる社会問題の解決は、近年ソーシャル・イノベーション（social innovation）と呼ばれている。

事業による社会問題の解決には、以下のような特徴がある。まずこの方法の基礎原理は、事業を通じた共同問題解決（joint problem-solving. Inaba, 2009）である。そこでは企業家・中核組織・協働参加者・受益者といったプレーヤーが参加する問題解決の場となるコミュニティが形成され、問題解決の推進が図られている。この解決方法の機能する規模はあまり大きいものではなく、問題空間の大きさと問題解決コミュニティの規模に依存している。

また、この方法による解決法は、通常の市場取引とも少し異なる。それは社会問題が、複数の主体

（人・組織）が参加する共同問題解決によらなければ解決できないような広大な問題空間を有する複雑な問題であることに由来している。事業がその成果を有償で提供している点は、市場による解決に類似している。しかし、事業では売り手と買い手以外の人々も巻き込むことで、市場における単なるソリューションの売り手と買い手の関係だけでは解決できない問題をも解決することができる。そのためには、通常の市場取引の売り手・買い手以外に多くの（有給・無給の）プレーヤーの参加が必要であり、中核組織を中心に多様なプレーヤーが協働するコミュニティのなかで、問題解決活動が行われている。

この解決方法の長所は、事業組織を通じて、そして経営というツールを用いることで、他のやり方では未解決だった社会問題の解決も可能となることである。また活動に必要な資源を自らの事業収入で確保するため、事業を軌道に乗せることができれば慈善団体のように必要な資源をドナーの拠出のみに依存することなく、持続的な活動が可能である。

一方で事業による社会問題の解決は、問題解決者たちの企業家的能力に大きく依存する点が短所として挙げられる。社会問題のソリューションを事業によって持続的に提供するためには、資源が十分に確保できていない状態から、ソリューションをみつけ、中核組織を立ち上げ、参加者を募ってコミュニティをつくり上げ、事業を持続的に進められるように軌道に乗せなければならない。高い企業家能力・経営能力をもった人の数は限られている。それがこの方法が普及するうえでのボトルネックなのである。

以上、四つの解決モードを示してきたが、本章ではこれらの解決モードのいずれかあるいはこれらの組み合わせによって社会問題が解決されていくと考える。複雑な社会問題は市場・政府・慈善・事業の組み合わせによって、多くのプレーヤーによって解決されているのである。次節以降は、結核という社会問題に対して、大気安静栄養療法というソリューションを定着させたプレーヤーたちとそのコミュニティについてみていこう。

3 社会問題としての結核

結核（tuberculosis）は、結核菌によって感染し、慢性化すると体内各所に結節（tubercle）の病変をつくる伝染病である。結核菌は、日光や煮沸を除いて抵抗力が強く、飛沫や塵埃を通じて空気感染する。結核患者との長期接触（濃厚接触）によって感染の危険は飛躍的に高まり、抵抗力が弱い乳幼児期・思春期には感染の危険が大きい。また、密集生活・日光不足・栄養障害・睡眠不足といった身体的・環境的条件の悪化によって抵抗力が低下すると発病し、病状が進行する。

結核は一九五〇年代以降、治癒が可能な病気の一つとなったが、それまでに日本国内で六五〇万人の死者を出した深刻な社会問題であった。とりわけ二〇世紀前半は、結核の対策としてさまざまな試行錯誤が行われ、解決が模索されていた時期であった。結核は、①原因究明と治療法の確立が困難であったこと、②難治性で回復までに時間がかかったこと、また③伝染病であり社会レベルでの予防・感染拡大防止策が必要であったことにより、当時その治療と防止は困難であった(1)。

歴史的には一九世紀前半からさまざまな療法が開発されてきたが、治癒率の大幅な改善は一九五〇年代以降にストレプトマイシン、パス、イソニコチン酸ヒドラジッド投与による化学療法が確立されたこ

表13・1　明治期の結核死亡数と死亡率（対人口10万人）

年　次	死亡数	死亡率
1883（明治16）年	13,808	73.5
84（　17）年	26,269	77.1
85（　18）年	—	—
86（　19）年	36,138	93.1
87（　20）年	36,369	92.0
88（　21）年	39,687	99.0
89（　22）年	42,452	104.3
90（　23）年	46,025	112.3
91（　24）年	54,505	132.1
92（　25）年	57,292	132.6
93（　26）年	57,798	137.4
94（　27）年	52,888	122.3
95（　28）年	58,992	137.0
96（　29）年	62,790	144.3
97（　30）年	—	—
98（　31）年	—	—
99（　32）年	66,408	153.0
1900（　33）年	71,771	163.7
01（　34）年	76,614	172.7
02（　35）年	82,559	183.6
03（　36）年	85,132	186.9
04（　37）年	87,260	189.1
05（　38）年	96,030	206.0
06（　39）年	96,069	204.2
07（　40）年	96,584	203.7
08（　41）年	98,871	206.1
09（　42）年	113,622	234.0
10（　43）年	113,203	230.2
11（　44）年	100,722	222.1

（注）　1896年までは福田（1995）をもとに作成。それ以降は人口動態統計による。
（出所）　高三（2004）135頁。

とで初めて可能になった。それまでは、多くの人々による試行錯誤が続いていた。結核は本章で扱う明治以降、都市化と工業化の進行に伴って流行し、大きな社会問題となっていたのである（表13・1）。

4　明治から昭和初期のサナトリウム療法

結核の問題が顕在化していく明治から昭和初期の日本社会のプレーヤーたちは、どのような問題解決をしてきたのかをみていこう。

❖ 問題解決者としての政府の参入の遅れ

明治期の政府は、結核の蔓延に対して有効な対策を出せずにいた。それにはいくつかの理由がある。第一に、官立病院の減少である。西南戦争後の均衡財政政策とデフレ財政（松方財政）のため、それまでは三三五を数えるまでに増加していた官立病院は一八八一（明治一四）年以降衰退し（医学校付属病院となるか、廃院もしくは民営化）、明治末には一〇〇弱にまで減ってしまう（厚生省医務局、一九五五）。代わって日本の医療は民間医療機関が主軸を担うことになり、今日に至っている。その後の政府の対応は、官立結核療養所設置の根拠法となる「肺結核療養所ノ設置及国庫補助ニ関スル法律」が制定され（一九一四〔大正三〕年）、一九一七年に最初の官立結核療養所（大阪市立刀根山療養所）が開設されるまでは、「肺結核予防ニ関スル内務省令」（初の結核予防規則）の施行（一九〇四年）、工場法の制定（一九一一年、一九一六年施行）などがあるのみであった。また難治性の結核治療の研究は、主流の医学者からも敬遠された。当初大学での研究は少なく、治療は民間療養所が中心となった。

こうして、社会問題としての結核に対峙したプレーヤーは、民間医療機関・慈善家・社会企業家にほぼ絞られることになった。本章で注目する明治三〇年代以降、一九一七年に大阪市立刀根山療養所が開設されるまでの約二〇年間は、問題解決はおおむね民間を主体としてなされてきたといってよい。市場、慈善、残余問題を解決するための事業という三つの解決モードによって問題解決が進められた時期でもあったのである。

この時期の日本社会では、問題解決のためのさまざまな試みがなされた。次項では、結核が社会問題として認知され始める明治二〇年代以降の結核治療初期に取り入れられた大気安静利用療法というソリューションについて注目し、それがシステムとして定着するまでのコミュニティについて考えよう。

初期サナトリウム療養所の設立——企業家と市場を通じたソリューション

一九世紀末から二〇世紀前半の結核療法として普及したのがサナトリウム療法（大気安静栄養療法）である。サナトリウム療法は、とりわけ結核病初期の患者に対して、清浄な空気のもと、十分な栄養を積極的に摂取し、安静と適度な運動によって体力を増進して、結核に対する抵抗力を増すことで全治をめざす。結核菌に対する患者の抵抗力を増進して治癒を図る自然療法の一種であり、より積極的な対症療法と併用して用いられるなど、長期にわたって適用された治療法であった。日本における大気安静栄養療法は、私立サナトリウムの設立と普及に伴って、療法として確立し普及していった。

日本の初期の結核治療は、主にエルウィン・ベルツを中心とするグループが担っていた。ベルツは一八七六年、お雇い外国人として東京医学校（現在の東京大学医学部）の教師に招かれ、一九〇二年の東京帝国大学退官まで内科教授として多くの医師を育てている。ベルツは、当時ブルーメルやデトワイラーによって確立され欧州諸国で広まりつつあったサナトリウム療法を日本に紹介した。また箱根・真鶴・熱海・鎌倉・葉山・草津などを療養施設・保養施設建設の候補地として見出し、その建設推進にも熱心であった。

初期サナトリウム療法の推進者の多くは、この時期の東京帝国大学医学部の出身者および関係者であった。後に立地に適した湘南地域に多くの療養所が建設されるが、湘南海岸のサナトリウム群一二施設のうち九施設の創設者が東京帝国大学医学部の出身で、そのうちの四人はベルツと深い関わりがあった。

真摯な結核医だが多少露悪的な面もあった島村喜久治が後年になって、療養所はなかなか逃げ出さない患者が入ってくる採算のとれる企業である旨を、その著書のなかで書いている（島村、一九五六）。しかし最初期の結核療養所の運営は、きわめてリスクの高い事業であった。

その最初の試みは一八八七年の鎌倉海浜院に始まる。鎌倉海浜院は、当時内務省衛生局長の地位にあった長与専斎が横浜の開業医（近藤良薫）や実業家（茂木惣兵衛）と組んで建設した（長与は東京医学校校長在任時にベルツを迎え入れて以来、ベルツと関わりがあった）。鎌倉海浜院は、官・財・医の大立者による企業性の高い事業であったが、十分な需要がなくわずか一年あまりで閉鎖され、ホテル（鎌倉海浜院ホテル）へと改装された。当初の厳格な療法が患者に受け入れられなかったためで、先駆的な試みは失敗に終わった。

結核療養所として運営を初めて軌道に乗せることができたのは、鶴崎平三郎が一八八九年に兵庫県に設立した須磨浦療病院である。鶴崎もベルツの教えを受けた弟子の一人であり、後には神戸衛生実験所（現・ビオフェルミン製薬）の創立（一九一七年）に関わる実業家でもあった。鶴崎は当初、必要な資本を集めるため保生株式会社（資本金一万五〇〇〇円）を設立し、同社を用いて一万坪の敷地に診療所と病院その他付属施設を持つ療養所の建設と運営にあたっていた（竹村、二〇〇八）。しかし、須磨浦療病院の開業当初の運営は困難を極め、「株主の不平の声縷々聞こえて如何に苦心焦慮せしも意ならぬ」（鶴崎・鶴崎、一九八九、二七頁）状況であった。結局、鶴崎は株式会社組織を解散して、篤志家の寄付を仰ぎつつも極力資金を借り入れて個人経営とし、自ら院長として困難な時期を乗り切ることになる。

一方、湘南では一八九二年に清川来吉によって鎌倉養生院が、九七年に佐々木政吉によって杏雲堂診療所（杏雲堂平塚分院）が、九九年に中村春次郎によって中村恵風園療養所が、そして高田畊安によって南湖院が建設されていった（表13・2参照）。前述の通り、これらはいずれも東京帝国大学医学部とベル

表13・2　湘南海岸にあったサナトリウム

施設名	所在地	開設年月	創立者	病床数（結核病床）
鎌倉海浜病院	鎌倉・由比ヶ浜	1887（明治20）年7月	長与専斎 近藤良薫	30 （？）
鎌倉養生院	鎌倉・雪の下	1892（明治25）年7月	清川来吉	65 （44）
杏雲堂療養所 （杏雲堂平塚分院）	平塚・須賀	1897（明治30）年10月	佐々木政吉	155 （155）
中村恵風園療養所	鎌倉・腰越	1899（明治32）年2月	中村春次郎	168 （168）
南湖院	茅ヶ崎・南湖	同　年10月	高田畊安	？ （？）
鎌倉病院	鎌倉・長谷	1900（明治33）年2月	中浜東一郎 岡本武次	92 （70）
鈴木療養所	鎌倉・腰越	1911（明治44）年4月	鈴木孝之助	179 （179）
額田保養院	鎌倉・大町	1920（大正9）年10月	額田豊	146 （146）
湘南サナトリウム	逗子・小坪	1926（大正15）年1月	武久徳太郎	163 （163）
長谷川病院	藤沢・辻堂	1928（昭和3）年2月	長谷川徳三	103 （103）
聖テレジア七里ヶ浜療養所	鎌倉・腰越	1929（昭和4）年4月	アルベルト・ブルトン	147 （147）
林間病院	鎌倉・鎌倉山	1933（昭和8）年6月	向山孝之	39 （39）

（出所）高三（2004）29頁。

ツのネットワークを基礎としており、日本における初期サナトリウム療養施設が集積していった。これらはみな民間医療機関による経営であり、公立療養所の建設が全国で始まる大正から昭和初期までに、逗子・鎌倉・藤沢・茅ヶ崎・平塚にまたがる地域に一二カ所のサナトリウムがあり、結核専用の病床は一五〇〇床を超えていたと考えられる（高三、二〇〇四）。

民間結核療養所の設立は、明治二〇年代以降西洋医の育成と活動が軌道に乗り、民間医師による資本の蓄積が進んで初めて可能になった。当初療法の定着と病院経営に苦労したこれらサナトリウムの経営者も、明治三〇年代以降の結核患者の増加も相まって徐々に経営を安定させていった。

たとえば一八九九年に開設された南湖院は、昭和に入ると湘南地域最大の結核療養所となるまでに成長した。南湖院の院主であり院長を兼ねた高田畊安は、当初ベルツの医局員として帝国大学附属第一病院に勤めていたが、「余は民間に業を開き、神恩（高田はキリスト教徒であった――引用者注）に浴しつつ大いに社会的に活動して、他日の大成功を期せん」（高三、二〇〇四、四一頁）として退職、療養所の経営にあたった。一九三六（昭和一一）年の記録によれば、当時南湖院は東洋一のサナトリウムといわれ、敷地は約五万坪あまりに拡大していた。高田の年収は二万三〇〇七円（月額一九〇〇余円――同時期の内閣総理大臣の給与月額は八〇〇余円、東京府知事は同五〇〇余円）にも達し、この時期までに結核療養所は十分に採算のとれる事業の一つとなっていたことがわかる（川原、一九七七）。その意味でこれらの施設の経営者は、結核医であるとともにきわめて企業家的・事業家的側面が強かったといってよい（菅谷、一九七六）。日本の結核医療は、まずこのような特徴をもつ民間医療者によって始まったのである。

❖サナトリウム療法の裾野の拡大――療養旅館・療養下宿

サナトリウムはその設立当初から、病床の絶対数が不足していた。結核死亡数が一四万七四七人となった一九一八年の病床数はわずかに二二二九床で、公立療養所の数も増えた三六年でさえ死亡数一四万五一六〇人に対して病床数は一万一七一八床であった（青木、二〇一六）。また、これら民間結核療養所への入院には、多額の費用がかかった。高等文官試験合格者の初任給が七五円だった大正・昭和初期に、サナトリウムへの入院は、一日につきおおむね二円五〇銭から五円五〇銭ほどときわめて高価であり、長期の入院が可能なのはごく限られた富裕層のみであった（高三、二〇〇四）。

病床数の不足を補い、またそこまで資力のない患者にも転地療養が可能になったのは、明治三〇年代以降これら結核療養所の周囲で入院を待つ患者や転地療養患者を受け入れた旅館や下宿・貸家・貸間などが数多く登場したことによってであった（茅ヶ崎南湖院近傍の茅ヶ崎館、三カ所のサナトリウムが立地した鎌倉・腰越の湘浜館、あるいは須磨浦療病院に隣接して建てられた須磨保養院などがその例として挙げられる）。

療養旅館や療養下宿と呼ばれたそれらは、旅館・仕舞屋・農家・漁家が日銭を稼ぐために始め、時代が下るにつれてより本格的な施設も建てられるようになった。これらは入院した場合のおおむね半額以下の出費で大気安静栄養療法の場を提供した。和室に大気浴をするための板張りの間や縁側を備えたものが多く、なかにはベッド・枕頭台の設備があり、掃除・洗濯・痰コップの処理まで行う、サナトリウムと見まがうほどの施設もあったという。食事は滞在先で提供されるものから、仕出し・自炊など多様であり、近傍の結核療養所や医療機関で医師の診察・治療を受けて、あるいは通俗療養書を参考にしながら療養を行った。

こうした療養旅館・療養下宿は主要な療養所の周囲に立地し、とりわけ湘南地域に多く集積した。空気が清浄で療養に適していたことと、すでにサナトリウム群が集積していたことが、その理由として挙げられる。医療行為は近傍の結核療養所や医療機関に頼らざるをえないため、医療機関の集積があってはじめて可能になったのである。これらは、比較的少ない資力でも始めることができ、より多くの結核患者に療養の機会を提供することが可能になった。

❖慈善および社会事業としての結核療養

上述のように、転地による大気安静栄養療法は費用もかさみ、受け入れ可能な絶対数も少なかった。そのため結核患者の多くは、自宅での療養を余儀なくされていた。とりわけ貧しい患者に対して施療（無料もしくは安価での医療）を行う施設が現れるようになったのは、工場労働者（主に女工）や都市の貧民街などでの結核がさらに都市全体や農村に蔓延するようになった明治四〇年代以降のことである。

貧困結核患者に対する施療を組織化したのが、白十字会である。結核医として高田畊安のもとで診断に携わっていた医師・林止は、自らも自宅で開業し結核治療に携わった。高田から洗礼を受けキリスト教徒となった林は、従来から存在した医事伝道会の同志一八名と一九一一年に社団法人白十字会を設立した。会の趣旨に賛同する開業医八〇名を組織して救療員に嘱託して医療奉仕を開始し、翌年には救療所は一三七カ所に拡大した（『東京朝日新聞』一九一二年八月二二日／小松、二〇〇〇）。救療員は、①各自の医院で貧困の結核患者を一日三名以内に限って、無料で診療・投薬する、②三名以上に達したときは、三名に達しない救療員に回す、といった制度の持続性を維持するための取り決めに従って施療を開始した（白十字会八十周年記念行事準備委員会、一九九〇）。

さらに入院の必要のある結核患者に対しては、事業に賛同する医師・中村春次郎が自身の運営する七里ヶ浜恵風園に薄費結核患者のための一三名分（後に三〇名分）の病床を設置し、資力に応じて一日四〇銭以上一円二〇銭以下の入園料を徴収するほかは、いっさい診療料・薬価をとらなかった。林らは、翌年白十字会結核早期診断所を開設して結核の無料診断を行い、また機関誌『白十字』を刊行して結核予防の啓蒙を図るなどした。

❖結核療養者の組織化と相互支援

当時多くの結核患者は、著名な結核医（北里柴三郎・原栄・石神亨・額田豊）らの著した一般向け通俗療養書などを頼りに自宅での療養を行っていた。一九二〇年にやはり湘南に開設された結核療養所・額田保養院の経営者で結核医の額田豊が支援したのが、結核療養者の相互支援組織・自然療養社を主宰する田邊一雄である。田邊自身も結核患者であり、発病後に受洗したキリスト教徒であった。

一九二三年月刊誌『療養生活』を創刊し、創刊の辞のなかで「実に病む者の友はやはり病む者でなければならぬ」「結核を理解させる方針と同病相憐れむの気持ちを持って進もう」と述べ、相互支援の必要性を強調した。また「われわれ療養者は医者まかせの他力本願では決して治らない。患者自身が肺病を理解して、自ら直す気持ちにならなければならない……」とも述べて、患者の自律を促している（小松、二〇〇〇／田邊、一九九六）。

自然療養社は通信指導に力を入れた。会員になった者には指導書六巻と『療養生活』を送り、結核に対する啓蒙運動を展開する。熱心な同志が集まり、事業をさらに展開していった。自宅療養に必要な横臥椅子などの品々を多数購入して会員に販売する代理部を大阪難波に設置し、自宅療養の便を図って好評を博したという。また僚友が集まって自然療法を行う療養ホームを小田原・鎌倉・新潟・多摩川などに設置した。近所の主婦の賄いを受け、週に一度医師の診察を受けて、自律的な療養を行った。さらに、結核から回復した者を糾合して複十字会を結成するなどしている。このようにして転地療養のできない自宅療養患者に対しても、より有効なソリューションが提供されるようになっていったのである。

5 おわりに――問題解決コミュニティの創発と成長・発展

本章では、サナトリウムの日本への導入をきっかけに、大気安静栄養療法というソリューションが、民間結核療養所の開設、療養旅館・療養下宿の参入、施療組織の発足、結核療養者の組織化を通じて、結核患者に受け入れられるプロセスを描いてきた（ただし、これらが結核治療のソリューションのすべてというわけではなく、それ以外にも問題を解決するためのコミュニティは多数存在していた）。

結核治療の有力なソリューションの一つであるサナトリウム療法が、結核医としての知識をもち、結核療養所を開設できる資力をもつ企業家的な民間医療者によって始められたことは、先に述べた。一方で彼らは、ただ単に収益機会だけを求めて結核療養所を開設したわけではなかった。収益機会を求めるだけであれば、当時最も順当に収益を上げられたといわれる内科で開業することもできたはずである。なぜ、彼らが結核史上の先駆者としてサナトリウム療法を導入・定着させることができたのであろうか。これらの活動は相互に無関係に行われてきたわけではなく、問題解決コミュニティともいうべきコミュニティの創発と成長・発展として記述することができる。

社会問題の解決には、前述の複数の解決モードを備えたコミュニティが必要である（以下でいうコミュニティは、第2節で述べた事業による問題解決のコミュニティよりも広く、市場・慈善モードのソリューションの提供者も含んでいる）。日本にサナトリウム療法を定着させ、問題解決コミュニティを創発したのは民間医療者らによる結核療養所の功績であった。しかし、市場に任せていただけでは、コミュニティのある程度の成長（すなわち療養所や療養旅館・療養下宿の数の増加）はあっても、結核療養所と療養旅館・療養下宿というソリューションしか出てこなかったであろう。コミュニティの発展、すなわち白十字会のような慈善というモードが加わることよって、あるいは自然療養社のような事業というモードが加わることによって、市場モードの解決法では包含することのできなかった人々にもソリューションを提供することができたのである。

これらの新たなモードは、コミュニティのなかから内発的に生まれている。それには以下の要素が関係していると考えられる。

(1)　先見性

当時社会的にまだ注目され始める以前から、また難治性であることから大学などで積極的に研究対象とされてこなかった結核に着目していた。結核医であると同時に、近親者を結核で失った、あるいは自身が結核を患ったことがある（高田畊安・林止・中浜東一郎・田邊一雄ほか）など、社会問題としての結核の解決に高い関心を有していた。

(2)　有効なソリューションへの近接性

東京帝国大学医学部およびベルツとの関わりがあり、可能なソリューションのなかからサナトリウム療法を有効なソリューションとして選択し、実行に移した（長与専斎・鶴崎平三郎・清川来吉・佐々木政吉・中村春次郎・高田畊安・中浜東一郎・岡本武次・鈴木孝之助・額田豊）。

まだ十分な臨床比較試験法が開発されていなかった当時、結核には非常に多くの新薬・療法が提示されたが、実際そのほとんどには効果はなかった。その意味で次善の方法とはいえ、「結核に効く薬はない」ことを前提に十分な実績のある大気安静栄養療法を導入したことと、それに伴って十分な数のフォロワーを得たことで一定程度の規模のコミュニティを形成することができた。

（3）　内発的な発展性

マイノリティではありながら、コミュニティのメンバーにキリスト教徒としての倫理観から、あるいはキリスト教の影響を受けるなど倫理性・社会性という面から、社会問題としての結核問題に取り組む意志をもつ者がいた（高田畊安・林止・中村春次郎・田邊一雄、ほかにも結核療養所・石神病院浜寺支院で結核治療に携わっていた医師・石神亨、神戸・東京で結核救済にあたった社会活動家・賀川豊彦などがいた）。

このことはコミュニティが、従来の枠組みを超えて発展するうえで重要な要素となっていた。当初富裕層のみしか恩恵を受けられない状態から緩慢ながらもその対象を広げることができたのは、コミュニティがこのような発展性を有していたからであった。

（4）　新たなイノベーションを取り入れる柔軟性

このコミュニティはある程度の規模をもっており、それゆえ内部に活動の多様性を有していた。そしてコミュニティ内部で生まれた新たなイノベーション（治療法や慈善、療養者の組織化）を、あるときは支援し、排除することなく柔軟に取り入れていった。また大気安静栄養療法は、他の治療法も併用できる柔軟性をもっていた。外部からのイノベーションもまた取り入れることが可能で、そのような柔軟性はコミュニティの発展を助けるものであった。

歴史的には、結核という社会問題が解決されるにはこの時期からさらに三〇年以上、政府による積極的な関与と抗生物質を中心とする化学療法の確立を待たなければならなかった。しかしそれまでの間、大気安静栄養療法は他の治療法とも併用されつつ結核治療の中核としてあり続けたのである。

注

（1）結核治療は、医学的には以下の要素からなっていた。
・感染・発病の原因究明（遺伝か、伝染か、感染源は何か）。
・予防法（含む貧困対策）の確立。
・診断方法の確立。
・対症療法の確立。
また、対症療法には大きく下記の方法がある。
・大気安静栄養療法（サナトリウム療法）――良質の環境で免疫力を高めて病状の進行を止め、治癒を図る。
・虚脱療法――肺を萎縮し、間接的に病巣の治癒を図る（人工気胸、人工気腹、横隔膜神経遮断、胸膜外充塡、胸郭成形など）。
・直達療法――病巣（空洞）の切除（空洞吸引、空洞切開、肺・肺葉切除など）。
・化学療法――結核菌の生育阻害・死滅を図る。

参考文献

青木純一（二〇一六）「日本における結核療養所の歴史と時期区分に関する考察」『専修大学社会科学年報』第五〇号、三一―一二一頁。

稲葉祐之・井上達彦・鈴木竜太・山下勝（二〇一〇）『キャリアで語る経営組織――個人の論理と組織の論理』有斐閣。

川原利也（一九七七）『南湖院と高田畊安』中央公論美術出版。

厚生省医務局編（一九五五）『医制八十年史』印刷局朝陽会。

小松良夫（二〇〇〇）『結核――日本近代史の裏側』清風堂書店。

島村喜久治（一九五六）『療養所』保健同人社。

菅谷章（一九七六）『日本医療制度史』原書房。

高三啓輔（二〇〇四）『サナトリウム残影――結核の百年と日本人』日本評論社。

竹村民郎（二〇〇八）「公衆衛生と『花苑都市』の形成――近代大阪における結核予防に関連して」『日本研究』第三七巻第三号、三二九-三四六頁。

田邊正忠（一九九六）「田邊一雄と複十字会活動」『日本医史学会神奈川地方会だより』第五号、一一-一四頁。

鶴崎範太郎・鶴崎隆一（一九八九）『須磨浦病院創立一〇〇年』須磨浦病院。

白十字会八十周年記念行事準備委員会編（一九九〇）『白十字会八十年史』白十字会。

福田眞人（一九九五）『結核の文化史――近代日本における病のイメージ』名古屋大学出版会。

安井広（一九九五）『ベルツの生涯――近代医学導入の父』思文閣出版。

Inaba, Yushi（2009）*Japan's New Local Industry Creation: Joint Entrepreneurship, Inter-organizational Collaboration, and Regional Regeneration*, Alternative Views Publishing.

終章 ビジネスシステムの日本的叡智

加護野忠男・山田幸三

1 はじめに

日本の産業界では、ユニークな設計思想をもつビジネスシステムが生み出されてきた。独自の設計思想をもつビジネスシステムは、電機や自動車などのさまざまな業界にわたり、企業の一時代を築き上げる役割を担ったといっていい。歴史的にみると、それらのビジネスシステムは、その時代の先端的なシステムであるとともに、日本的な制度や慣行に裏打ちされた持続性をもつものでもあった。

高い業績を上げた企業のビジネスシステムには、将来の経営の手がかりが隠されているはずである。序章では、そのビジネスシステムの新しい設計思想について、「スピード」「組み合わせ」「外部化」の三つのキーワードを挙げた。

本書では、日本の産業社会のビジネスシステムについて、戦後の日本企業の再生と成長を支えたシステム、伝統的な地場産業の中小企業の長寿を支えてきたシステム、その時代にはみられない設計思想をもったユニークで将来のベンチマークとなりうるシステム、の三つの視点から俯瞰してきた。

第1部から第3部までの事例からは、日本企業が自生的につくり出した、顧客価値を創造するための仕組みの特徴を読み取ることができる。最初に、各章でみたビジネスシステムの事例について、何が明らかにされたのかを簡潔に整理しておこう。

2 日本企業の再生と成長を支えたビジネスシステム

まず、第1部では、日本の戦後の経済復興を支えたビジネスシステムの事例とそれを支える経営の思想を検討してきた。

第1章では、日本を代表する企業の歴史を振り返り、「法人企業」「会社」の枠組みを超えたビジネスシステムの構築と、新規事業に必要な新しいビジネスシステムを企業内に構築せず、分社化、あるいはコーポレート・スピンオフによって別法人として設置してきた事例を考察し、その理由を論じている。具体的には、当時の川崎造船所と川崎製鉄、久原鉱業と日立製作所、豊田自動織機製作所とトヨタ自動車のように、「子が親を超える」規模にまで成長して戦後の経済復興を支えた主要な産業の中核企業と、日本のスピンオフの先鞭ともいわれる森村組の事例に焦点を当てている。

これらの現象の背後には、日本企業が志を共有する人々の協働の単位であり、人的結社という制度的な特徴をもっていた事実がある。資本的結社は議決権で最終決着を図ることができるが、人的結社ではそれができない。それゆえに、事業分野とその特性の違い、意思決定の迅速化、労働条件の違い、資金調達やリスク負担などに加え、アントレプレナーシップをもった人材の活用や経営方針の対立を解消する手段となっていたのである。

第2章では、日本の企業間取引の特徴とされる系列を取り上げ、ビジネスシステムとして考察している。自動車産業の競争力は、組立メーカーの生産と製品開発のシステムに加え、開発や生産を含めた部品の取引関係が源泉である。日本的な長期継続的取引関係は、価格メカニズムが基盤の競争的な取引ではなく、最終組立メーカーとサプライヤー、およびサプライヤー間の協調的な取引システムであり、企業間の信頼の構築が鍵となっている。

協調的な取引システムは、事前合理的に設計されたビジネスモデルというよりも、歴史的な経緯のなかで合理性をシステム化していったビジネスシステムとしてとらえられる。トヨタ自動車とサプライヤーの事例から、その取引関係には、相互に学習して知識を創造する仕組みが内在しており、事前の詳細な契約がなくとも共同で問題解決できるような、企業間の強い信頼関係がある。ただし、現代の経営課題として、組立メーカーの海外進出と海外取引先の拡大に伴って、経営のグローバル化と自動車のアーキテクチャの変化がビジネスシステムに影響を与えるため、取引相手や取引システムの見直しが不可欠となっている。

第3章は、日本の自動車企業の製品開発について、組織内と組織間の境界を越えた連携に焦点を合わせている。戦後の自動車企業は、自ら内製できない部品の生産を委託するために部品企業へ技術移転を行い、生産・開発面で連携する関係をつくり上げてきた。自動車開発に顧客ニーズを反映させるには、全国に展開する自動車販売店も大きな役割を果たした。取引の仕組みや関係性は国や地域で異なるが、自動車企業が部品企業や販売店の能力を引き出すには、ビジネスシステムが鍵となる。

海外からの部品調達や海外生産の拡大は、技術や知識の拠点間の移転によって、海外の製品開発拠点全体での能力構築が必要となる。だが、海外拠点の能力水準を高め、拠点間連携のあり方や海外拠点の負荷の平準化は容易ではない。技術や知識は企業の仕組みだけではなく、国や地域の社会的・歴史的な経緯による価値観や制度と深く関わっている。

自動車企業は、開発プロジェクト内の専門技術者間と開発プロジェクト間の連携、部品企業の専門能力を車両開発に活かすデザイン・インなど、内部資源の限界を克服して競争力のあるビジネスシステムを構築してきた。そのビジネスシステムは、自動車という製品の構造特性だけではなく、日本の制度や文化と深く関わっているのである。

第4章では、非財閥系の伊藤忠商事の成立史から、日本特有の組織とされる総合商社が、ビジネスシステムにおける取引ルールの「策定者」「運用者」の役割を担い、企業集団形成やその総合化を推進させるための企業間取引を支えたメカニズムを検討している。

企業集団は、メインバンク、基軸となる総合商社、広範な業界の主要企業を網羅し、集団間の競合が、日本の高度経済成長を支える要因となったことは否めない。伊藤忠商事の総合商社化は、繊維産業の相対的な地位低下、重化学工業化や国際化の進展という産業構造の変化に対応し、旧財閥系の企業集団再編に対抗した生き残りの戦略だった。

この章からは、総合商社が、特定の企業集団のオルガナイザーとして互恵的な取引ネットワークを創出し、銀行融資を補完する商社金融でその互恵的取引関係を柔軟に維持するメカニズムの核となったことがわかる。総合商社は、取引に関連する情報の収集と提供、交渉、債権保証、先行投資、契約順守の監視などで、集団に属する企業の原材料調達と製品販売で売り手と買い手双方のコスト削減やリスク回避を実現し、商社が介在することでつくり出された取引であるがゆえの協働の利益を生み出したのである。

第5章は、製造と販売の統合（製販統合）と協働の意義を明らかにし、その実態を紹介している。製販統合のメリットは、時間とコストの節約にあるが、その理想形は、顧客が必要なものを瞬時に入手できるビジネスシステムの構築である。そのためには、生産と消費の異なるプロセスに対し、製造サイドと販売サイドがいかに調整して協働するかが問われる。この章では、市場の動きに対応する迅速さと、製造と販売の緊密な連携による統合システムを反映して協働のありようを示す、計画ロットと計画先行期間に焦点を合わせる。

製販統合の事例としては、オーダーシステムと製販の協働で最も精緻な仕組みを構築したトヨタ自動車、製品企画・生産・販売の緊密な連携で計画先行期間・計画ロットを短縮し、販売予測の困難さを低減したSPA、多品種少量在庫販売を実現して小売業務を革新したコンビニエンス・ストア（CVS）を取り上げて分析している。

各々のビジネスシステムの中核は、トヨタでは後工程引っ張り方式で平準化された混流生産、洗練されたジャストインタイム（JIT）システム、サプライヤーシステム、SPAでは専用工場と専用ラインの確保、無理のきく協力工場の組織化による柔軟な製品の切り替えと迅速な製品投入、CVSでは店頭注文に素早く対応する専用工場、配送センターでの柔軟な生産と配送である。

3 地場産業・伝統産業のビジネスシステム

次に、第2部では、日本の地場産業や伝統産業が生み出したビジネスシステムの事例をみてきた。それぞれの産業を支える制度や慣行には、成文化された規則もないわけではないが、その多くは成文化されていない規則や契約である。書かれざる規則によって律せられる制度や慣行は共有された規範ともいえる。その意味で、地場産業や伝統産業のビジネスシステムは、地域社会の産業システムを支える規範を維持しているといえるかもしれない。

第6章では、東大阪地域の金型産業を対象にし、同業者組織で成り立つビジネスシステムに焦点を合わせて地場産業の存続を検討している。東大阪の金型産業では、不況期に企業数が増加する傾向があった。単品生産で川上に位置する金型産業は需要変動が大きく、企業の倒産、廃業、リストラなどで放出された熟練工は起業家予備軍を形成し、その一部が独立して創業する。独立の際には、熟練工が同業者の取引で下請としても活用されてきた。

東大阪の金型産業では、同業者が連携して取引するネットワークである「仲間型取引ネットワーク」という、独自のビジネスシステムが企業の新陳代謝のメカニズムを内包し、企業規模を拡大せずに多様な需要とその変動に対応して長きにわたって存続してきた。

仲間型取引ネットワークでは、自己利益を第一にする機会主義的行動の抑止が必要だが、それには評判が重要な役割を果たす。機会主義者という評判が広まれば、同業者から締め出されるリスクが大きく、自らの主要顧客を確保しつつも棲み分けを図ろうとする。ルールに違反すれば、取引ネットワークから排除される制裁を受ける。仲間型取引ネットワークは、企業の新陳代謝のメカニズムを内包するとともに、秩序を形成することでその活力を維持しているのである。

第7章は、伝統建築を専門とする金剛組の事例から、世界最古の歴史をもつ長寿企業を支えたビジネスシステムを考察している。金剛組は、日本で最初の官寺である四天王寺のお抱え大工として、それに相応しい技能を維持できる仕組みによって存続してきた。

金剛組のなかに大工の属する小さな組をおき、棟梁にその采配を任せるという「家元（金剛家）と師匠（各組棟梁）の関係」をつくり、金剛組本体は各組の力量を評価して仕事を割り当てるという仕事をしていた。各組は技術や技能で仕事をとりあって切磋琢磨し、小集団で競いあいながら多能工を育成して後継者の発掘と技能の伝承に努めた。棟梁は自らの組の人材を採用できるが、技能の流出を防ぐため、金剛組本体を通さずに仕事を請け負うことはできないというルールがあった。

江戸期には、地域で相互の援助を図り、同業組合の特徴をもつ太子講が形成されたが、金剛組もこの講を通じて地元の同業者や関連業者と関わり、地域に根差して安定した取引関係を維持してきた。また、金剛家本家、分家、別家は互いに「血のスペア」を備えたガバナンスで支えあい、同族経営のデメリットを打ち消す制度的叡智をもったビジネスシステムによって存続してきたのである。

第8章では、江戸期からの工芸技術を高い水準で維持している彦根仏壇産業の事例を取り上げ、その中核となる仏壇問屋のビジネスシステムを俯瞰した。

彦根仏壇の生産は、工部七職と呼ばれる職人の垂直分業体制であり、仏壇問屋は生産全体のプロセスを管理し、職人たちとの取引を媒介としてガバナンスの機能を備えている。職人は、仏壇生産に必要な工程の仕事に専念できる体制をとり、経営と技能が分離している。仏壇問屋はファミリー・ビジネスだが、必ずしも長子相続にこだわらない。そして、本家からの暖簾分けで独立した分家が、次々にスピンオフして起業していく。

仏壇問屋と職人は、各々の職能で二人ないし三人の職人と数代にわたる長期継続的な取引関係を維持している。職人は、一つの問屋と専属の取引関係にある場合は少なく、仕事がないときには、他の仏壇問屋の仕事を引き受けることが暗黙裡に許容されている。

また、工部七職の職人は疑似家族的な関係で技能を伝承し、仏壇生産の仕事がないときは山車の改修や社寺の改修などにも従事する。仏壇以外のモノづくりでも、比較的自由に外部の仕事を請け負うことが許されているのだ。

第9章は、ビジネスシステムの概念を援用し、陶磁器産地の分業と競争の構造に焦点を合わせて伝統産地の存続を考察している。明治維新という環境の激変後に、陶磁器産地の存続を支えたのは、窯元を中心とした分業と伝統工芸技術を継承する人材を切磋琢磨して育成するための仕組みである。

伝統産地では、疑似家族関係にある集団間の競いあいや集団内の切磋琢磨によって人材を育成している。この章の事例からは、協働と人材育成の仕組みに対する影響要因として、①伝統工芸技術の影響力、②窯元や工房などの中核組織のアントレプレナーシップによる製品イノベーション、③産地の競争形態

（切磋琢磨と競いあい）を挙げることができる。伝統産地では、産地間・産地内・世代間の重層的な競争の組み合わせがイノベーションを生み出していた。

また、伝統文化を担う顧客は、高い品質を求める厳しい目で、焼き物を通じて窯元を選別する。顧客の目利きが窯元の新陳代謝を促し、伝統工芸技術の継承や技能の伝承に影響を及ぼす。伝統産地には競争の不文律が埋め込まれ、モニタリングと自制が働くことで産地での信頼担保の基礎がつくられている。モニタリングだけでは産地内の信頼関係は醸成されないが、自制が働く取引関係になれば、相互の信頼が担保されて収奪的な競争が抑制されるのである。

4 先駆的なビジネスシステム

第3部では、日本のビジネスの歴史における先駆的な事例と、複合的な競争における協同、創造的模倣などの概念を通じてビジネスシステムを構成する要素を再検討した。

第10章では、積水ハウスの事例を取り上げ、世界的にみてもユニークであった、直接販売・責任施工を核とするビジネスシステムに焦点を合わせる。同社は、プレハブ住宅をその黎明期から手がけた住宅産業のリーディング・カンパニーの一つである。一九六三年に就任した田鍋健社長は、積水ハウスへの改称を皮切りに、資材の流通ルートの見直し、プレハブ住宅の主要部材の加工を内部化する生産体制の拡充、代理店方式から直接販売方式への転換、積水化学工業からの出向者の積水ハウスへの移籍という、仕入れ・生産・販売・雇用についてのビジネスシステムの改革を進めた。

積水ハウスは、自由設計と直接販売・責任施工を創業以来の一貫した基本方針としていたが、田鍋社長の顧客第一主義のもと、ビジネスシステムを構成する労働や生産の仕組みの改革と整合させることで成長の基盤を構築した。同社は、積水化学工業のハウス事業部をスピンオフさせるかたちで設立されたが、制度的に独立することで労働の仕組みを見直し、田鍋社長のアントレプレナーシップを可能にしたのである。

第11章では、競争しつつ共存するという企業の棲み分けが市場で生じている現実から、市場を異質なビジネスシステムが競合する場ととらえ、その背後にあるビジネスシステムの設計思想がパラドクスを内包するがゆえに、複合的な競争を生み出すことを分析している。

スピードの経済や組み合わせの経済というビジネスシステムの設計思想は、顧客価値とともに経営効率の向上や情報・設備の多重利用を可能にする。だが、スピードの経済による短時間化や短サイクル化に対して物財の消耗を引き延ばすスローダウンの経済、百貨店に対する専門店の集中特化などのように、消費の二面性が事業収益の幅を広げているという現実もある。

さらに、ある状況下での人々や組織の行為が、時間の流れのなかで新たな行為を引き起こし、意図せざる状況が構成されてしまうことが少なくない。この時間的な順序展開が生み出す中長期的影響を考慮すると、スピードの経済はパラドクスを避けられない。市場では、同質的な企業間競争だけが展開しているのではなく、相対立するようにみえるシステム間の競争があり、結果的にそれが顧客へより十全な価値を提供するという複合的な競争における協同という現象が、ビジネスシステムの新たな設計につながるのである。

第12章では、ビジネスシステムの設計にあたって創造的な模倣の重要性を説き、日本企業ならではの対象の選択と応用力について考察している。

日本では、模倣（アナロジー）によってトヨタ自動車、セブン‐イレブン、ヤマト運輸などが新しいビジネスシステムを生み出してきた。模倣対象の選定では、身近にある既存の知をうまく活用することで効率的に学ぶ活用的学習と、普段扱わないような知識を探し出して既存の知識と結びつける探索的学習が有効である。既存の知識であっても、新しい結合ができればイノベーションを引き起こせる。

本章では、アナロジー発想からモデルを探索して選定し、ビジネスシステムをデザインする事例としてＫＵＭＯＮ（公文教育研究会）を取り上げ、同社の発展途上国向けと高齢者介護施設向けのビジネスシステムに焦点を合わせて、複数の国や地域、複数の業界とのネットワーク構築、関連性のあるものを組織に蓄積し適用するためのスタンバイ、組織内での課題と解決策の仲介部門の設置、マッチングの多様性確保など、模倣からイノベーションを生み出すのに必要な組織の行動特性を分析している。

第13章では、社会問題の解決の担い手としての社会企業家を取り上げ、複雑な社会問題は市場・政府・慈善・事業の組み合わせによって、多くのプレーヤーが解決に関わっているとする視点から、問題解決のための仕組みを考察している。先駆的な事例として、明治期に流行が始まった結核とその治療法を対象とし、流行の初期段階で革新的な医師たちが、有力な治療法として認識され始めた大気安静栄養療法（サナトリウム療法・自然療法）を導入して定着させる経緯をたどっている。

大気安静栄養療法は、民間結核療養所の開設、療養旅館・療養下宿の参入、施療組織の発足、結核療

養者の組織化を通じて結核患者に受け入れられた。一連の活動は、相互に無関係に行われてきたわけではない。問題解決コミュニティともいうべきコミュニティの創発・成長・発展がその背後にあり、白十字会のような慈善、あるいは自然療養社のような事業という、コミュニティから内発的に生まれた新機軸が加わることによって、市場メカニズムによる解決法では包含できなかった人々に対して、解決法を提供することができたとしている。

5 ビジネスシステムの日本的叡智——真の企業競争力の源泉

情報ネットワーク化とグローバル化の進展が著しい経営環境では、短期の業績を上げて投資家から多額の資金を引き出し、規模の経済や範囲の経済の実現によって競争力を向上させようとする企業も多い。だが、企業にとっての真の競争力の源泉は、画期的なイノベーションであり、長期的な戦略とその実現のための仕組みによる差別化こそが、日本企業の競争力確立に必要ではないだろうか(1)。

本書で取り上げた事例は、「スピード」「組み合わせ」「外部化」の三つの設計思想の一つ、もしくはそれ以上に基づく組織間の協働の仕組みであり、業界や地域の歴史的・社会的なコンテキストで生み出された集合的な知恵を反映している。さらに、日本のビジネスシステムからは、取引関係を短期的なものとは考えず、協働によって相互のメリットを生み出そうとする取引当事者の経営判断が読み取れる。最後に、現代の厳しい経営環境に直面する日本企業への示唆を考えてみたい。

❖長期継続取引による協働関係

日本のビジネスシステムの基本的な共通点は、長期継続的な取引関係をもとにした組織間協働のシステムとしての性格をもち、その協働によって互いにメリットを得ようとすることである。長期継続的な取引は、日本に固有のものではないが、長期的な取引関係の構築を前提として、組織間の協働関係が形成されることに日本的な特徴がみられる。

たとえば、総合商社は、企業集団のオルガナイザーとしての役割と銀行融資を補完する商社金融で互恵的な取引関係の核となり、取引に関する情報の収集と提供や交渉、契約順守のモニタリングなどによって、集団内の企業間協働による原材料調達と製品販売で売り手と買い手双方のコストの削減とリスクの回避を実現した。

また、自動車企業と部品企業や販売店との取引と同様に、地場産業や伝統産業の企業・業者間の取引では、信頼関係の構築が大切であり、自己利益第一の機会主義的、あるいは収奪的な行動を抑止するモニタリングがなされており、ルールに違反すれば取引関係から排除する慣行があった。価格よりも取引当事者間の信頼関係や経営者の姿勢が重視されているのだ。

たとえば、東大阪の金型産業の事例のように、ビジネスシステムのルールに違反すれば、取引関係から排除される制裁を受ける。陶磁器の伝統産地には、技術や技法までも真似たコピー商品をつくらず、当事者間での収奪的な行動を避けるという競争の不文律が埋め込まれ、産地でのモニタリングと自制が働くことで、組織間協働における信頼担保の土壌がつくられており、そのうえに産地の協働と人材育成の仕組みが構築されていた(2)。

❖高度な垂直的分業

長期継続的な取引関係のもと、日本のビジネスシステムでは、システムを構成する組織の垂直的分業、企業側からみると業務の外部化が高度に進められている。

アメリカのビジネスシステムが一つの企業内で完結するか、もしくは市場を媒介とした企業間の競争的な取引関係として構築されることが基本となるのに対し、日本では、垂直的な取引関係にある複数企業が協働し、ビジネスシステムの構築がなされることが多い。

垂直的分業が徹底して追求されている事例は、伝統的な地場産業の工程別分業にみられるが、同じような垂直的分業は、自動車・電機などの近代的な産業の顕著な特徴でもあり、自動車産業では外部の協力企業に部品の生産をアウトソーシングしている。内部のメンバーに業務を担当させる代わりに、外部の業者に委託する方式でのアウトソーシングが地場の伝統的な産業にみられることから、日本のビジネスシステムには、歴史的・社会的な叡智が凝縮されているといっていい。地場産業や伝統産業で蓄積された知識や経験に基づく方式を近代産業が学び、業界の特性にあわせて応用力を確立したと考えるべきなのかもしれない。

しかも、うまく機能しているビジネスシステムは、入札などの価格中心の競争にならない仕組みとなっている。たとえば、自動車部品や電子部品の取引では、取引開始に先立ち、製品自体の評価とともに売り手である部品メーカーの技術や経営の質が厳しく問われる。取引を開始する際には、取引相手の能力や信頼性が慎重に評価され、価格は二の次で経営者や技術の評価のほうが厳しいのだ。

むしろ、価格は取引開始の決定に関してではなく、取引開始後に重視される。自動車の組立メーカーには、部品の取引で毎年の価格引下げの厳しい目標を決めている場合もあるが、最初から価格だけの競争にしないように取引関係が工夫されているのである。

価格による競争は公平で合理的にみえるかもしれないが、企業間の継続的な取引では、売り手にも買い手にもデメリットが生じる。たとえば、厳しい価格競争は売り手の利益を低下させるだけでなく、株主への配当や従業員へ給料の支払い、あるいは将来への投資に影響を及ぼす。買い手にとっても、売り手が低価格の実現のために品質を落としたり、品質改善のための中長期的な投資を減らすことにつながる。買い手側が品質基準を示せば、品質低下を抑えられるという見方もあるが、買い手側に用途開発や汎用性の知識はあっても、高い品質を生み出す生産プロセスを熟知しているのは生産者である売り手だ。

このようなデメリットを避けるためには、価格による収奪的な競争から品質や技術による競争へ移行することが必要なのである。長期継続的な取引関係のもとでビジネスシステムを構成してきた企業間には、価格を第一のメルクマールとしない競争という思想が形成されているのではないだろうか。

❖協働の利益——日本的な取引観による組織間協働

日本のビジネスシステムにおける組織間協働の仕組みが、取引を媒介としてつくり出されてきたのは、日本的な取引観によるところが大きい。取引の当事者は、取引条件の交渉を通じて付加価値を奪いあう相手ではなく、信頼できる協働者として考えられているのだ。それゆえに、取引関係に入る前に、当事者間で信頼や評判をもとに、相手方の評価と選択が慎重になされる。信頼できない相手と評価されると、どれほど良い技術や商品をもっていても取引関係には入らない。取引相手の能力と信頼度が時間をかけて慎重に評価され、最も有利な条件を提示した相手を選択するという単純な方法は採用されないのである。

長期継続的な取引関係では、裏切ったり約束を破ったりすると次の長期的な関係に入るのは難しくなるだけはなく、そうした前歴のある当事者は、他の取引ネットワークからも相手にされなくなる。もちろん、信頼できると判断した相手が裏切る可能性はあるが、長期継続的な取引関係が根強く残る社会では、裏切りのコストは非常に大きく、裏切りが生じる確率は低いと考えることができる。

取引関係をもつことで、どのような利益が得られるか、その利益を得るのにどのような犠牲を払わなければならないかを判断するには、取引関係にある当事者間で利益の分配とリスク負担のルールを決める必要がある。その決定が、取引当事者間での仕事や業務の分担とともに、ビジネスシステムの設計の際に重要な意味をもっているのである。

日本のビジネスシステムでは、利益分配という考え方にみられるように、取引当事者間の協働を促進するための仕組みに注目する必要があるといってよい。ＪＩＴによる部品供給で削減できるサプライチェーン全体の在庫リスクや、売り手が生産工程で品質をつくり込むことによって削減できる品質検査のコストなど、取引当事者間に信頼関係があることで成り立つ協働によって得られる利益は大きい。その意味では、日本のビジネスシステムは、取引当事者間の協働による利益を設計の基軸に据えているといってよい。

日本のビジネスシステムは、コーポレート・ガバナンスとも深く結びついている。コーポレート・ガバナンスは、広く定義すれば、経営者に良い経営をさせるための制度と慣行である。アメリカやイギリスでは、企業経営者は株主の意志を実現するという極端な見方もあるように、株主がコーポレート・ガバナンスの中心的役割を担う。だが、日本では、組織間協働における取引のパートナーが重要な機能を果たしている。取引関係を通じたコーポレート・ガバナンスが、企業の経営者に良い影響を与えることができたのだ。

長期継続的な取引関係のもとでは、取引関係にある企業間でコーポレート・ガバナンスに高い関心をもたざるをえない。組織間協働の相手方である取引企業の経営が危うくなるとビジネスシステムが崩壊し、協働の利益が得られないばかりか、自らの存続自体が危うくなるからである。

取引関係にある企業は、日常の取引を通じて、相手企業の経営の状態を外部の株主よりもより早く、詳しく知ることができ、取引関係を継続することで効果的なガバナンスを生み出せる。組織間協働における取引パートナーは、アクティビストのような株主とは異なって長期的な取引利益を期待して投資しているが、その投資への見返りを確保するには、取引相手の経営が安定する必要があるのだ。

6 おわりに――日本企業の経営の精神再興に向けて

ビジネスシステムは永遠に不変ではない。だが、日本のビジネスシステムは、産業や地域に埋め込まれた歴史的・文化的な要因と深く結びついてきたという事実が重要である。たとえば、金剛組は、地域で相互扶助を図る同業組合の特徴をもつ太子講をつくり、この組織を通じて江戸期から地域に根差し、地域地元の同業者や関連業者との間で安定した取引関係を維持してきた。長期継続的な取引関係を維持する意味を深く理解するには、地場産業や伝統産業が生み出したビジネスシステムの集合的な叡智に注目する必要があるのだ。

伝統産業のビジネスシステムでは、垂直的な分業関係にある組織間の協働のための制度と慣行がつくり出されている。それらは、産業固有の問題に対応して、伝統技術の継承や技能の伝承を担う人々が真摯に仕事と向きあう制度と慣行を生み出すだけでなく、産業の存続に必要な人材を育成している。つくり出された制度や慣行は、一つの産業を長期間存続させてきた強さをもち、その強さの背後には産業の存続を支えてきた人々の叡智があるのだ。

地場産業や伝統産業は、地域に組み込まれているという意味で土着性をもち、ビジネスシステムを構成する長期継続的な取引関係では、産業や地域の歴史的な要因が制度や慣行の特徴を生み出す。逆に、産業や地域の制度と慣行が文化的な特徴をつくり出した側面もあるといっていいだろう。

日本のビジネスシステムでは、組織間協働の基盤となる当事者間の取引が長期継続的に行われ、それを支える思想がある。顧客価値創造のための組織間協働としてのビジネスシステムは、歴史的、および社会的な視点から日本企業の戦略と組織を分析する重要な概念なのである。企業の基本目的は利潤、それも短期の利潤の最大化ではなく、長期の存続にある。日本のビジネスシステムを改めて俯瞰することは、日本企業が失いかけている真の強みとその経営の精神を再興するきっかけとなるだろう(3)。

注

（1）小池（二〇一五）は、研究開発などの長期の視点からの競争の重要性を指摘し、短期の競争を念頭においた「市場」と「制度」の対比よりも、「短期の競争」と「長期の競争」の対比という枠組みこそが枢要であると主張している（一―九頁）。
（2）山田（二〇一三）。
（3）加護野（二〇一〇／二〇一四）。

参考文献

加護野忠男（二〇一〇）『経営の精神――我々が捨ててしまったものは何か』生産性出版。

加護野忠男（二〇一四）『経営はだれのものか――協働する株主による企業統治再生』日本経済新聞出版社。

小池和男（二〇一五）『なぜ日本企業は強みを捨てるのか――長期の競争vs.短期の競争』日本経済新聞出版社。

山田幸三（二〇一三）『伝統産地の経営学――陶磁器産地の協働の仕組みと企業家活動』有斐閣。

索　引

事項索引

さ 行

IV　索　引

❖な　行

❖は　行

ま・や 行

ら・わ 行

企業・商品名等索引

アルファベット

ま　行

や・ら・わ 行

人名索引

な 行

は 行

ま 行

や・ら 行

● **編者紹介**

加護野 忠男（かごの・ただお）

甲南大学特別客員教授，神戸大学名誉教授。経営学博士。

1947 年生まれ。神戸大学経営学部卒業，1973 年 神戸大学大学院経営学研究科博士課程修了。1988 年 神戸大学経営学部教授，1999 年 神戸大学大学院経営学研究科教授，2011 年より現職。

主要著作 『経営はだれのものか』（日本経済新聞出版社，2014 年），『経営の精神』（生産性出版，2010 年），『組織認識論』（千倉書房，1988 年），『日米企業の経営比較』（共著，日本経済新聞社，1983 年。組織学会高宮賞），『日本企業の多角化戦略』（共著，日本経済新聞社，1981 年。日経・経済図書文化賞）。

山田 幸三（やまだ・こうぞう）

上智大学経済学部教授。博士（経営学）。

1956 年生まれ。神戸大学経済学部卒業，7 年間の東京海上火災保険株式会社勤務を経て，1991 年 神戸大学大学院経営学研究科博士課程修了。2000 年 岡山大学経済学部教授，2002 年より現職。

主要著作 『伝統産地の経営学』（有斐閣，2013 年），『新事業開発の戦略と組織』（白桃書房，2000 年。日本経営協会経営科学文献賞），『スウェーデン流グローバル成長戦略』（共編著，中央経済社，2015 年），『日本のベンチャー企業』（共編著，日本経済評論社，1999 年。商工総合研究所中小企業研究奨励賞本賞）。

日本のビジネスシステム――その原理と革新

Japanese Business Systems in Managing Transaction Relationships

2016 年 11 月 20 日　初版第 1 刷発行

編　者　加護野　忠　男
　　　　山　田　幸　三

発行者　江　草　貞　治

発行所　株式会社 有　斐　閣

郵便番号 101-0051
東京都千代田区神田神保町 2-17
電話 (03) 3264-1315〔編集〕
(03) 3265-6811〔営業〕
http://www.yuhikaku.co.jp/

組版 有限会社 ティオ／印刷 株式会社理想社／製本 牧製本印刷株式会社

ISBN 978-4-641-16491-8